Word für
Windows 95

Word für Windows 95

optimal anwenden

NAUMANN & GÖBEL

Word für Windows 95

© Naumann & Göbel Verlagsgesellschaft mbH in der
VEMAG Verlags- und Medien Aktiengesellschaft, Köln

Autor: Uwe Schaffmeister
Umschlaggestaltung: Rincon^2

Gesamtherstellung: Naumann & Göbel Verlagsgesellschaft mbH

ISBN 3-625-15118-9

Inhalt

9 Numerierungen und Aufzählungen 264

10 Formatvorlagen 285

1 Vorwort

Das Programm Word für Windows 95 bietet Ihnen alles, was Sie von einer ausgereiften Textverarbeitung erwarten können: Automatische Korrektur von Tippfehlern, Einbinden von Grafiken, Tabellengestaltung, Serienbrieffunktion, intelligente Assistenten usw. Der Funktionsumfang ist nicht mehr mit dem einfacher Textverarbeitungen zu vergleichen.

In nahezu allen Büros, in denen PCs mit Windows eingesetzt werden, wird Word für Windows für den Schriftverkehr angewendet. Sei dies nun für einen einfachen Brief, eine technische Dokumentation, einen persönlichen Werbebrief - es gibt fast keine Aufgabe, die Sie nicht mit Word lösen können.

Wie bei fast allen modernen Computerprogrammen (besonders den Windows-Anwendungen) erscheint der gewaltige Funktionsumfang dieser Textverarbeitung gerade dem Einsteiger fast unübersehbar. Viele Möglichkeiten sind zwar vorhanden, aber ohne das Wissen wo und wie diese eingesetzt werden können, bleiben sie ungenutzt. Genau hier setzt dieses Buch an. Ausgehend von einfachen Texterfassungen führen wir Sie langsam aber zielstrebig durch das Programm, so daß Sie nach und nach zum Word-Profi werden.

Das Microsoft Office 95-Paket

Word für Windows ist ein Bestandteil des Microsoft Office 95-Pakets. Dieses Programmpaket besteht aus Spezialprogrammen zur Textverarbeitung, Tabellenkalkulation, Datenbank, Präsentation und Terminplanung. Wer bisher mit einem integrierten Paket, z.B. Works, gearbeitet hat, wird sich umstellen müssen, da dem Anwender mit Microsoft Office wesentlich mehr Möglichkeiten geboten werden. So werden z.B. Tabellen, in denen viele Berechnungen erfolgen, in Excel erzeugt. Excel-Tabellen können Sie über den Datenaustausch OLE2.0 in Word-Dokumente einbetten und direkt ändern.

1.1 Versionen von Word für Windows

Bisher gibt es von Word für Windows drei Versionen, die sich hinsichtlich des Leistungsumfangs aber auch der Anforderungen an den Rechner unterscheiden. Die Dokumente lassen sich zwischen den Versionen austauschen, sofern Sie ein paar kleine Regeln beachten.

Version 2.0

Die Version Word für Windows 2.0 (auch Winword) genannt ist vor allem für langsame Rechner mit wenig Hauptspeicher (um 4 MB) geeignet. Dieses Programm ist sozusagen ideal für Notebooks und 386er PCs.

Version 6.0

Der Versionsnummersprung von Word für Windows erfolgte direkt von 2.0 auf 6.0 - vor allem auf Grund von Marketingstrategien.

Viele Funktionen, die in der älteren Version vorhanden waren - sich aber umständlich benutzen ließen wurden vereinfacht, zudem wurden kontextsensitive Menüs und Assistenten eingeführt. Natürlich ist auch der gesamte Funktionsumfang erweitert worden. Die Menüstruktur zwischen Version 2.0 und 6.0 hat sich gewaltig geändert, daher werden Sie bei einem Wechsel zwischen diesen Versionen ggf. die Befehle erst suchen müssen.

Um die 6.0er Version einzusetzen, sollte Ihr Rechner mindestens 8 MB Hauptspeicher und einen 66 MHz DX2-Prozessor beherbergen, mehr schadet nicht, bei weniger werden Sie keine Freude an diesem Programm haben.

Die alten Word für Windows Versionen laufen auch unter Windows 95. Allerdings teilen sie sich dann den gleichen Adressbereich wie andere alte Windows-Programme. Eine *Allgemeine Schutzverletzung* kann hierbei auch Word für Windows zum Absturz bringen.

Mit der Einführung von Windows 95 sind auch neue Programmversionen des Office 95-Pakets erhältlich. Der Funktionsumfang von Word für Windows wurde gegenüber der 6.0er nochmals erweitert. Die AutoKorrektur mit erweiterten Definitionsmöglichkeiten von Ausnahmen wurde überarbeitet, ein Adressmanager kam hinzu. Die Menüstruktur und Funktionalität gleicht der Version 6.0, wodurch ein sofortiger Umstieg problemlos erfolgen kann.

Verwirrung schafft die Programmbezeichnung, da sowohl Word für Windows 95 als auch Word für Windows 7.0 verwendet werden

An Hardware sollten Ihr Rechner über mindestens 16 MB Hauptspeicher und einen schnellen Prozessor verfügen – für Notebooks und Desktop-Rechner in Grundausstattung ist diese Version eher ungeeignet.

1.2 Zum Buch

Dieses Buch beschreibt das Programm Word für Windows sehr ausführlich. In der täglichen Praxis werden Sie mit Sicherheit nur einen Bruchteil dessen einsetzen, was dieses Programm zur Verfügung stellt. Wenn Sie Einsteiger sind, sollten Sie sich intensiv mit dem *Grundlagen der Textverarbeitung* beschäftigen. Als Fortgeschrittener und Profi sollten Sie auch die vorderen Kapitel zumindest streifen, da hierin einige gute Tips für den täglichen Umgang mit Word für Windows enthalten sind.

Sind alle Möglichkeiten von Word für Windows in diesem Buch enthalten? Diese Frage ist nicht eindeutig mit ja zu beantworten. Der Autor gibt Schulungen zu diesem Programm und lernt bei jedem Kurs etwas dazu, so wird vieles, was in den Kursen als Frage auftauchte, in diesem Buch beantwortet werden.

Wenn Sie meinen, die Grenzen von Word für Windows erreicht zu haben, ist es an der Zeit, sich mit der Makroprogrammierung zu beschäftigen. Diesen Themenkomplex sollten Sie allerdings erst nach mindestens einem halben Jahr intensiver Praxis angehen. Viele Aufgaben von denen man meint, daß nur eine Programmierung sie lösen könnte, lassen sich auch über zwei oder drei Mausklicks erledigen. Das Thema Makroprogrammierung ist daher nicht in diesem Buch enthalten, wird aber hier und da gestreift.

Wie leistungsfähig das Textverarbeitungsprogramm Word für Windows ist, zeigt nicht zuletzt auch dieses Buch. Es ist komplett mit diesem Programm geschrieben und gesetzt worden. Jedes Kapitel ist als separates Dokument erzeugt worden, wobei sich alle Dokumente in einem Zentraldokument vereinen. Nach etlichen Korrekturausdrucken sind alle Seiten auf einem PostScript-Belichter ausgegeben worden. Das hierbei die Vorzüge der einfachen Formatanweisungen und ein wenig Makroprogrammierung (man macht sich das Leben dadurch leichter) zusammenkommen, spricht für Word für Windows.

1.3 Was ist neu?

Lesen Sie zuerst, was sich nicht geändert hat: Das Dateiformat der Word für Windows Versionen 6.0 und 7.0 ist gleich – Sie können daher Dokumente problemlos austauschen.

Veränderungen in der Dokumentenverwaltung

Das Suchen, Öffnen und Verwalten von Dokumenten wurde in einem einzigen Dialogfenster zusammengefaßt. Dies ersetzt den Datei-Manager von Version 6.0. Das neue Dialogfenster *Öffnen* enhält nun alle Funktionen zum Laden, Drucken und Suchen von Dokumenten, sowie eine Volltextrecherche.

Dateien können in Sammelmappen zusammengefaßt werden.

In einer Sammelmappe können verschiedene Dateien des Office 95-Pakets, beispielsweise Word-Dokumente, Excel-Tabellen usw. abgelegt werden. Alle Dateien der Mappe werden in einer Liste angezeigt. Eine markierte Datei kann von der Sammelmappe aus kopiert, gedruckt und geöffnet werden. Die Funktionen des Datei-Managers sind auch in der Sammelmappe enthalten.

Indem Sie eine Datei, die nun Abschnitt heißt, in der Mappe selektieren, wird das dazugehörige Programm gestartet.

Der Hilfe-Assistent

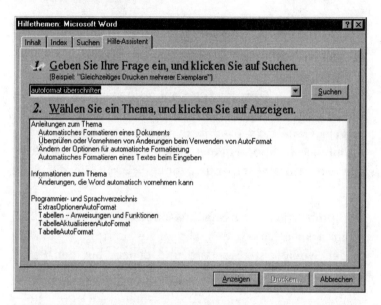

Mit dem Hilfe-Assistenten können Sie nun eine Frage auch über eine umgangssprachliche Eingabe suchen lassen. Der Hilfe-Assistent sucht zu dem entsprechenden Themen die möglichen Antworten in abgestufter Form.

Anleitungen zum Thema

Sie werden Schritt für Schritt in das ausgewählte Thema eingeführt. In manchen Fällen gelangen Sie gleich zu dem entsprechenden Befehl im Programm Word für Windows 95, ansonsten zu der entsprechenden Textseite der Hilfedatei.

Informationen zum Thema

Die visuellen Anleitungen veranschaulichen Arbeitsweisen, zudem sind hier Hintergrundinformationen zum Programm zu finden.

Programmier Referenz

Hier sind die Informationen für Programmierer enthalten.

Die Infofelder in den Dialogfenstern

Informationen in Dialogfeldern

Sie können sich Informationen über ein Dialogfeld-Element direkt in einem PopUp-Fenster anzeigen lassen. Klicken Sie zuerst auf das *Fragezeichen-Symbol* in der Titelleiste des Dialogfensters und dann auf das gewünschte Element. Sollte kein Fragezeichen vorhanden sein oder benötigen Sie ausführlichere Informationen, klicken Sie auf die Schaltfläche *Hilfe* (sofern vorhanden) oder drücken Sie die Taste F1.

Informationen zu einem Menübefehl oder Bildschirmelement

Um Informationen zu einem Menübefehl oder einem Bildschirmelement zu erhalten, klicken Sie auf das Symbol *Hilfe* in der Symbolleiste *Standard* und danach auf den Befehl bzw. das Element.

Der Tip-Assistent

Bei den vorangegangenen Versionen von Word für Windows wurden Tips beim Programmstart in einem Dialogfenster angezeigt. Die Auswahl der Informationen wurde zufällig ausgewählt.

Mit der Version 7.0 hat sich dieses schlagartig geändert. Ab jetzt werden die Tips in einer eigenen Symbolleiste angezeigt. Der *Tip-Assistent* verfolgt welche Änderungen Sie am Dokument vornehmen oder welche Befehle Sie aufrufen und schlägt eine Methode zur Ausführung vor. Einen Vorschlag können Sie über die Schaltfläche *Ändern* sofort im Word-Dokument durchführen lassen.

Automatische Formatierungen während der Eingabe

Durch bestimmte Zeichenkombinationen können zum Beispiel Rahmenlinien, Überschriften sowie Numerierungen und Aufzählungen schon während der Texteingabe formatiert werden.

Automatische Korrektur während der Eingabe

Durch die Feststelltaste verursachte Fehleingaben, bei denen ein Wort mit kleinem Buchstaben beginnt und mit Großbuchstaben weitergeschrieben wird, werden korrigiert.

Bestimmte Sonderzeichenkombinationen werden durch Sonderzeichen ersetzt.

Wörter, die durch die AutoKorrektur nicht geändert werden sollen, können in einer Ausnahmenliste verwaltet werden.

AutoKorrektur

Wörter, die nicht im Wörterbuch enthalten sind, werden bereits während der Eingabe gekennzeichnet. Die Rechtschreibkorrektur kann permanent im Hintergrund arbeiten. Durch Anklicken eines markierten Wortes gelangen Sie in ein Kontextmenü, das Vorschläge zur Korrektur enthält.

Rechtschreib-korrektur

WordMail

Word kann jetzt noch viel besser als E-Mail Programm eingesetzt werden. So können ansprechend gestaltete Texte als Mail verschickt werden. Zusammen mit *Schedule+* steht ein gemeinsames Adressbuch zur Verfügung, auf das alle Office 95 Anwendungen zurückgreifen können. WordMail ist eine speziell konfigurierte Version von Word für Windows.

Neue Formatierungsanweisung

In einem Dokument können wichtige Passagen farbig hervorgehoben werden. Eine derartige Funktion ist vor allem in der E-Mail-Kommunikation von Bedeutung.

WordViewer

Bereits bei der Installation von Windows 95 können Sie ein Zusatzprogramm installieren lassen, mit dem Word für Windows-Dokumente geöffnet und gedruckt werden können. Dieses Programm heißt *WordViewer*. Der Vorteil für Sie besteht nun darin, daß der Dokumentenaustausch zwischen Windows 95 Arbeitsplätzen direkt mit Word-Dokumenten erfolgen kann.

2 Die Installation

Vor Beginn der Arbeit mit dem Programm Word für Windows 95 müssen Sie dieses auf der Festplatte installieren. Das Installationsprogramm für die Einzelversion und die Version im Rahmen des Office 95-Pakets stimmen in weiten Teilen überein, daher wird hier die Installation anhand des Office-Pakets beschrieben.

Einzelversion, Office 95 oder Office 95-Pro

In vielen Büros wird Word für Windows eingesetzt. Da dieses Programm eine Textverarbeitung ist, fehlen naturgemäß die mächtigen Tabellenkalkulations- und Datenbankfunktionen. Wer diese ohnehin nicht oder nur sporadisch benötigt, findet in Word für Windows sein Allround-Programm. Anders sieht es aus, wenn umfangreiche Tabellen zu kalkulieren oder viele Daten zu verwalten sind. Dann lohnt sich die Anschaffung spezieller Programme. Microsoft bietet mit dem *Office 95*-Paket eine solche Programmzusammenstellung, bestehend aus dem Textverarbeitungsprogramm Word für Windows, der Tabellenkalkulation *Excel 7.0* und dem Präsentationsprogramm *PowerPoint 7.0*. Zudem ist in dem Paket *Schedule+* ein Terminplaner- und Adressenverwaltungsprogramm enthalten.

Benötigen Sie zusätzlich ein Datenbankprogramm, so bietet sich das *Office 95-Pro* Paket an, in dem zusätzlich die relationale Datenbank *Access* enthalten ist.

Die Programme des Office 95-Pakets können Sie unter *Windows 95* oder unter *Windows NT* ab Version 3.51 installieren, nicht jedoch unter Windows 3.1x.

2.1 Die Erstinstallation starten

Starten Sie das Programm *Setup.exe* von der ersten Diskette oder CD. Je nachdem, welches Programmpaket Sie beabsichtigen zu installieren, erscheint eine entsprechende Meldung und es erfolgt der Hinweis, daß Sie warten sollen. Nehmen Sie diesen Hinweis bitte wörtlich.

Hinweis: Ein langsames CD-ROM Laufwerk (Single-Speed) kann schon hierbei die erste in Ruhe getrunkene Tasse Kaffee bedeuten. Auch wenn der Rechner eine Zeitlang scheinbar nichts tut (weder Festplatten- noch CD-ROM Zugriff), brechen Sie den Vorgang bitte nicht durch einen *Reset* ab.

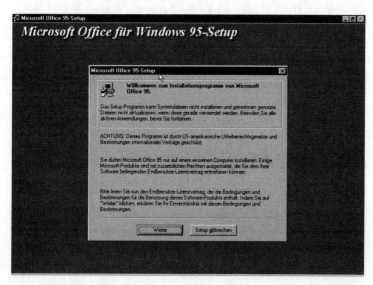

Begrüßung und Urheberrecht beginnen die eigentliche Installation

Nach der Wartezeit erscheint eine Begrüßung, die gleichzeitig auf bestehende Urheberrechte hinweist.

Sofern Sie nun auf die Schaltfläche *Weiter* klicken, erkennen Sie die Lizenzbedingungen an. Über die Schaltfläche *Setup abbrechen* verlassen Sie das Installationsprogramm sofort.

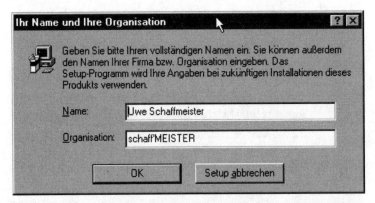

Zu jedem Zeitpunkt können Sie das Setup-Programm abbrechen

Sie haben sich für *Weiter* entschieden und sollen nun Ihren *Namen* und den *Namen der Organisation* (Firma) angeben. Die Vorgabe der Einträge wird von der bereits erfolgten Windows 95-Installation übernommen.

Hinweis: Der Name und die Organisation werden neben anderen Informationen in der Datei des Word-Dokuments gespeichert. Sofern Sie die Datei weitergeben, geben Sie gleichzeitig Ihre Programmnummer, Ihren Namen, die Bearbeitungszeit etc. bekannt. Alle in den sogenannten *Eigenschaften* festlegbaren Kriterien kommen so unbemerkt auf einen anderen Rechner.

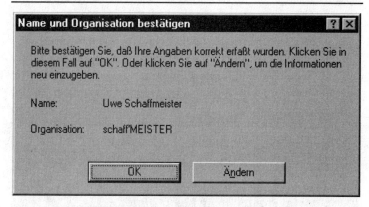

Nach einem Klick auf die Schaltfläche *OK* müssen Sie den eingegebenen *Namen* und die *Organisation* nochmals bestätigen. Gegebenenfalls können Sie die Einträge *Ändern*. Stimmen alle Einträge klicken Sie auf die Schaltfläche *OK*.

Eine kleine Sicherung gegen unbefugtes Kopieren

Nun brauchen Sie den „*CD Key*", der auf der CD-Hülle oder im Begleitheft steht. Geben Sie die Ziffernfolge genau wie dort vorgegeben ein.

Tip: Niemand kann von Ihnen verlangen, die CD-Hülle bzw. das Begleitheft in ständiger Nachbarschaft zu der Installations-CD aufzubewahren. Für den Fall eines Festplattendefekts sollten Sie den „CD Key" mit einem Filzstift direkt auf der CD-Oberseite vermerken.

Aus dem „CD Key" wird eine „Product ID", die Sie sich notieren sollten, wenn absehbar ist, daß Sie die Microsoft-Hotline anrufen werden. Ansonsten finden Sie die „Product ID" später im Programm im Menü ?//Info.

Das Setup-Programm sucht nun nach bereits installierten Programmen und findet bei einer Erstinstallation daher nichts. Bei Änderungen an einer bestehenden Installation kann dieser Suchvorgang etwas länger dauern.

Wo sollen die Programme gespeichert werden?

Die Programme des Office-Pakets werden standardmäßig in einem Verzeichnis mit dem Namen *MSOffice* auf dem ersten zur Verfügung stehenden Festplattenlaufwerk gespeichert. Dieses ist das Laufwerk C:. Haben Sie mehrere Festplatten zur Auswahl, sollten Sie ein Laufwerk mit möglichst viel freiem Speicherplatz auswählen.

Zudem sollten Sie bedenken, daß die Festplatte auf der sich *Windows 95* befindet, zusätzlich durch temporäre Druckdateien, eine Ansammlung von Systemdateien usw. belegt wird. Auf dem Windows 95-Laufwerk sollten daher immer mindestens 100 MB frei bleiben.

Um den vorgegebenen Installations-Pfad zu ändern, klicken Sie auf die Schaltfläche *Ordner wechseln*.

Ordner wechseln

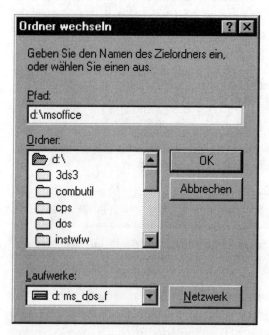

Eine nicht Windows 95 konforme Dateiauswahl im Setup-Programm

Auch wenn die Reihenfolge in dem Dialogfenster anderes vermuten läßt, wählen Sie zuerst das Laufwerk und dann den bestehenden Ordner auf dem Laufwerk (bzw. das Hauptverzeichnis) aus. Zum Schluß geben Sie in das Eingabefeld *Pfad* den Namen des zu erzeugenden Ordners ein. Natürlich können Sie den Pfad auch von Anfang an direkt in dieses Feld eingeben.

Netzwerk

Über die Schaltfläche *Netzwerk* verbinden Sie eine bis jetzt noch nicht angebundene Festplatte, die sich in einem anderen Rechner befindet, über das möglicherweise installierte Netzwerk. Natürlich können Sie auch eine Installation direkt auf eine Netzwerk-Festplatte durchführen. Die erforderlichen Systemdateien werden aber im Windows 95-Verzeichnis des Rechners gespeichert, von dem aus das *Setup*-Programm gestartet wurde. Starten Sie daher im Bedarfsfall das *Setup*-Programm auf dem Zielrechner über das Netzwerk.

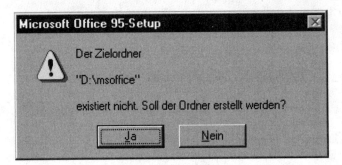

Sofern Sie einen anderen Pfad zur Ablage der Programmdateien angegeben haben, erscheint diese Mitteilung.

Sie gelangen nach der Pfadänderung in das Zielordner-Dialogfenster zurück. Klicken Sie auf die Schaltfläche *OK*. Das Setup-Programm sucht wiederum nach bereits installierten Komponenten.

Je nachdem, ob Sie die Einzelprogrammversion oder ein Office 95-Paket installieren können, Sie nun unterschiedlich viele Angaben zum Installationsumfang machen.

Hinweis: Für welche der möglichen Installationsarten Sie sich auch entscheiden, Sie können zu einem späteren Zeitpunkt fehlende Dateien installieren oder nicht benötigte Komponenten entfernen.

„Wieviel Programm hätten Sie denn gerne?"

Standard bedeutet, das alle notwendigen Programmdateien, Beispiele usw. installiert werden. Diese Installation eignet sich für alle Benutzer, die Word für Windows für täglich wiederkehrende Aufgaben benutzen und ansonsten jemanden haben, der die Dokumentenvorlagen und die Systemwartung übernimmt.

Standard

Minimal

Minimal spielt eine magere Programmversion auf die Festplatte, bei der nur die wirklich notwendigen Dateien Speicherplatz verbrauchen. Zum einen ist diese Installationsvariante für Notebooks interessant, zum anderen aber auch zum Hineinschnuppern in die Programme.

*Benutzer-
definiert*

Während die *Standard*- und *Minimal*-Installation weitestgehend automatisch ablaufen müssen, Sie bei der *benutzerdefinierten* Variante weitere Angaben zum Installationsumfang machen. Dieser scheinbare Nachteil hat aber einen riesigen Vorteil: Sie entscheiden darüber, was auf die Platte kommt und was nicht.

2.2 Die benutzerdefinierte Installation des Office-Pakets

Diese Auswahl erscheint nur wenn Sie das Office 95 / Office Pro 95-Paket installieren

Wenn Sie das Office 95-Paket installieren, können Sie entscheiden, welche Programme und Hilfsmittel auf die Platte kopiert werden sollen. Sofern Sie nur die Programmversion von *Word für Windows* installieren, stehen die *Office-Hilfsmittel* nicht zur Verfügung.

Für jede einzelne Option können Sie über die Schaltfläche *Alle auswählen* sämtliche Optionen installieren lassen. Für das komplette Office 95-Paket kommen dabei etwa 60 MB zusammen.

Alle auswählen

Zu jeder einzelnen Option können Sie zusätzlich entscheiden, welche Programmteile installiert werden sollen und welche nicht. Selektieren Sie hierzu die entsprechende Option und klicken Sie dann auf die Schaltfläche *Option ändern... .*

Optionen ändern

Shortcut-Leiste und Office-Sammelmappe

Die *Microsoft Office Shortcut-Leiste* ist eine zusätzliche Symbolleiste zum schnellen Programmstart, die auf dem Desktop Platz beansprucht. Wenn Sie über einen kleinen Bildschirm verfügen, sollten Sie sich genau überlegen, ob Sie Programme nicht besser über die *Start*-Schaltfläche des Windows 95 Desktops starten. Ansonsten kann die Shortcut-Leiste aber beliebig ausgebaut werden und ersetzt damit die „alternativen" Benutzeroberflächen.

Microsoft Office Shortcut-Leiste

Die *Office-Hilfe* enthält Hinweise und Infos zum Umgang mit dem Office-Paket.

Office-Hilfe

Die *Office-Sammelmappe* ist eine Neuheit des Office 95-Pakets. In den Sammelmappen werden Dateien aus Word für Windows, Excel und PowerPoint zusammengehalten. Da sich die Sammelmappen auch hervorragend zur Dateiverwaltung eignen, sollten Sie diese Option installieren.

Microsoft Sammelmappe

Microsoft
Sammelmappe-
Hilfedateien

Die *Microsoft Sammelmappe-Hilfedateien* enthalten Hinweise und Infos zu den Sammelmappen.

Office-
Sammel-
mappen-
vorlagen

Schon vorgefertigte Sammelmappen finden Sie unter den *Office-Sammelmappenvorlagen*. Hierbei können Sie über die Schaltfläche *Option ändern* angeben, ob die Vorlagen für *Bericht, Kundenrechnung, Angebot, Marketingplan* und die *Planungsbesprechung* installiert werden sollen.

Installationsempfehlung:

* Microsoft Sammelmappe

* Office-Sammelmappenvorlagen

Microsoft Word

Microsoft
Word-
Programm-
dateien

Die *Microsoft Word-Programmdateien* sind auf jeden Fall für die Arbeit mit der Textverarbeitung erforderlich.

Online-Hilfe

Die *Online-Hilfe* enthält Tips und Tricks, sowie allgemeine Informationen zu den einzelnen Befehlen des Programms Word für Windows 7.0. Oftmals geht das Suchen nach einem bestimmten Sachverhalt hierüber schneller als in den gedruckten Unterlagen.

Assistenten,
Vorlagen und
Briefe

Dokumentenvorlagen, Assistenten und Musterbriefe können Sie installieren lassen. Sie kommen allerdings auch ohne diese Vorlagen aus, wenn Sie sich die Mühe machen, eigene Dokumentenvorlagen zu erstellen.

* Faxe   320 KB

* Briefe   288 KB

* Memos   232 KB

- Berichte   152 KB

- Formulare   216 KB

- Weitere Assistenten   1204 KB

- Rundschreiben   704 KB

- Publikationen   152 KB

- Publikationen   288 KB

- Lebenslauf   248 KB

- Tabellen-Assistent   160 KB

- Briefe   192 KB

- Beispielmakros   504 KB

Der *Thesaurus* (Synonymlexikon) und die Silbentrennung   *Korrekturhilfen*
sind sprachenabhängig und müssen über die Option *Kor-*
rekturhilfen ausgewählt werden. Die *Grammatikprüfung*
funktioniert nur bei englischsprachigem Text.

- Silbentrennung   138 KB

- Grammatik (englisch) 1557 KB

- Thesaurus   1725 KB

Das *Word-Adressbuch* ist eine kleine Datenbank, in der   *Adreßbuch*
Adressen verwaltet werden. Verwenden Sie gleichzeitig
Schedule+ oder ein Datenbankprogramm wie *MS Access*,
brauchen Sie diese Option nicht.

Sofern Sie über E-Mail kommunizieren (*MSN*, *Internet*   *WordMail*
usw.), kann *Word für Windows* komplett umkonfiguriert

werden. Sie arbeiten dann in einer speziell angepaßten Word-Version, die sich *WordMail* nennt.

Dialog-Editor

Der *Dialog-Editor* ist nur für WordBasic-Programmierer interessant. Hiermit werden die Dialogfenster entworfen.

Text-Konverter

Zwei spezielle *Text-Konverter* gibt es unter Word für Windows. Einen für *Lotus 1-2-3* und einen der *gestaltete Textdokumente* einliest. Diese Textkonverter brauchen Sie nur zu installieren, wenn Daten aus Lotus 1-2-3 oder von DOS-Textverarbeitungsprogrammen übernommen werden sollen.

- Lotus 1-2-3 -Konverter   110 KB

- Text mit Layout-Konverter   191 KB

Installationsempfehlung:

- Microsoft Word-Programmdateien

- OnLine-Hilfe

- Assistenten, Vorlagen und Briefe (nach Bedarf)

- Korrekturhilfen

  Grammatik nur, wenn Sie englische Texte schreiben

- Adreßbuch (sofern keine Datenbank vorhanden)

- WordMail nur, wenn Sie mit E-Mail arbeiten

Office-Hilfsmittel

Alle Optionen der *Office-Hilfsmittel* werden von den Office 95-Programmen gemeinsam genutzt. Die meisten Hilfsmittel lassen sich über OLE in das Programm einbinden und sind an sich eigenständige Programme.

Rechtschreib-prüfung

Die *Rechtschreibprüfung* wird von Word für Windows automatisch durchgeführt, sofern Sie dieses wünschen. Da hier zumindest ein Grundwortschatz vorhanden ist, sollte diese Option installiert werden.

WordArt ist ein Zusatzprogramm, mit dem sich Schrift-effekte erzeugen lassen. Sofern Sie in Word für Windows auch gestalterisch tätig werden wollen, sollten Sie die Option installieren.

WordArt

Hinweis: Damit Sie WordArt benutzen können müssen True-Type-Schriftarten auf Ihrem Rechner installiert sein.

Wenn die Gestaltung von Flußdiagrammen und Hierarchien von Firmen zu Ihren Hauptaufgaben gehören, können Sie das Hilfsmittel *Organisationsdiagramm* installieren. Ansonsten kann man solche Ergebnisse aber auch mit PowerPoint erzielen.

Organisations-diagramm

Microsoft Graph 5.0

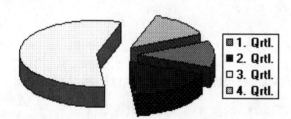

Ein Tortendiagramm in Word für Windows, erzeugt über das OLE-Programm Microsoft Graph 5.0

Um Tabellen mit Zahlen anschaulich darzustellen, ist das Hilfsmittel *Microsoft Graph 5.0* notwendig. In diesem Programm können Sie Balken-, Torten- und Säulendiagramme erzeugen, Beschriftungen vornehmen und Legenden einfügen.

Graph 5.0 Hilfedateien

Die Graph 5.0 Hilfedateien sind eine OnLine-Hilfe zu Graph 5.0. Da die Bedienung des OLE-Programms nicht immer leicht zu durchschauen ist, sollten Sie diese Hilfe installieren.

Formeleditor

Der *Formeleditor* ist zur Eingabe von mathematischen Ausdrücken geeignet.

MS-Info

Wenn Sie wissen wollen, welche Programme, Konverter etc. auf Ihrem Rechner installiert sind, sollten Sie *MS-Info* installieren.

ClipArt Gallery (PowerPoint)

Die *ClipArt-Gallery* ist ein Album, in das Sie Bilder und Grafiken einfügen, um diese dann als Objekt in ein Dokument integrieren zu können.

ClipArt

ClipArts sind vorgefertigte Grafiken, die Sie nutzungsrechtfrei in Ihren Dokumenten zur Gestaltung einsetzen können.

- Beliebte Clipart   1361 KB
- Word Clipart   1217 KB

Indexerstellung

Die *Indexerstellung* ist ebenfalls eine Neuigkeit des Office-Pakets und soll bei der Suche nach bestimmten Dokumenten helfen.

Klänge über Klänge – alles Geschmackssache, daher an dieser Stelle keine Empfehlung.

Klänge für Animationseffekte

Was über die *Klänge für Animationseffekte* gesagt wurde gilt auch hier: Anfangs ist ein ewig plärrender Computer vielleicht ganz nett, aber nach ein paar Tagen nervt er gewaltig.

Zusätzliche Klänge

Sofern Sie nicht schon genug TrueType-Schriftarten installiert haben, finden Sie eine weitere Auswahl unter der Option *Microsoft TrueType-Schriftarten*. In 95% aller Büros werden nur die Schriftarten *Arial* und *Times New Roman* benutzt. Die neuen Schriftarten brauchen Sie nur für Gestaltungsaufgaben.

Microsoft TrueType-Schriftarten

Installationsempfehlung:

- Rechtschreibprüfung

- Microsoft Graph 5.0

- Graph 5.0-Hilfedateien

- ClipArt

- Indexerstellung

- Microsoft TrueType-Schriftart *Garamond* (sofern Sie keine PostScript-Schriften verwenden)

Sofern Sie den *Adobe TypeManager* installiert haben und PostScript-Schriften verwenden, können Sie auf TrueType verzichten, es sei denn Sie benötigen Schrifteffekte aus dem OLE-Programm *WordArt*.

PostScript Schriften

Konverter, Grafikfilter, Datenbankzugriff

*Konvertierungs
programme*

Bei den *Konvertern* sollten Sie genau überlegen, welche Dokumente Sie voraussichtlich mit Word für Windows bearbeiten werden. Arbeiten alle Benutzer mit Word für Windows in der Version 6.0 oder 7.0, brauchen Sie keinen Konverter zu installieren.

Kursiv geschriebene Konverter sind empfehlenswert

- *Word für Windows 2.0 Konverter*

- Word für Macintosh 4.0 - 5.1 Konverter

- *Microsoft Excel-Konverter*

- Word für MS-DOS 3.0 - 6.0 Konverter

- *RTF-DCA Konverter*

- *Write für Windows-Konverter*

- Word6.0 Konverter (PC <-> Mac)

- WordPerfekt 6.x-Konverter

- WordPerfekt 5.x-Konverter

- Works für Windows 3.0 Konverter

- Works für Windows 4.0 Konverter

- WordStar für DOS/Windows Konverter

Wie bei den Konvertern gibt es auch bei den *Grafikfiltern* *Grafikfilter*
eine reichhaltige Auswahl an Formaten, für die jeweils ein
spezielle Filter existiert. Für BMP-Dateien und ClipArts brauchen Sie keinen zusätzlichen Grafikfilter zu installieren.

- *TIFF-Import-Filter*

- Encapsulated PostScript-Import-Filter

- *Windows DIB-Import Filter*

- Truevision Targa-Import-Filter

- AutoCAD DXF-Import-Filter

- Computer Graphics Metafile-Import-Filter

- PCX-Import-Filter

- Micrografx Designer/Draw-Import-Filter

- DrawPerfekt-Import-Filter

- DrawPerfekt-Export-Filter

- HPGL-Import-Filter

- Macintosh PICT-Import-Filter

- *CompuServe GIF-Import-Filter*

- Kodak PhotoCD-Import-Filter

- JPEG-Import-Filter

Für die meisten Datenbanken gibt es Treiber, von denen Sie die notwendigen installieren sollten. Im Zusammenhang mit dem Office 95-Paket sollten Sie die Treiber zur Datenbank *Access* auf jeden Fall installieren. Empfehlenswert ist zudem die Installation der *dBase* und *Excel*-Treiber. Nicht alle hier aufgeführten Datenbank-Treiber sind im Lieferumfang der Word für Windows-Version enthalten.

- *Microsoft Query*

- DataAccess-Objekte für Visual Basic

- *Microsoft Access-Treiber*

- *dBase- und Microsoft FoxPro-Treiber*

- *Microsoft Excel-Treiber*

- Paradox-Treiber

- Microsoft SQL-Server-Treiber

- Text-Treiber

Die Installation endgültig starten

Über die Schaltfläche *Weiter* in dem Dialogfenster *Maintenance* beginnt die eigentliche Installation. Diese kann je nach Installationsumfang bis zu 1 Stunde dauern.

Sofern sich ältere Versionen der Programme auf dem Rechner befinden, erscheint die folgende Abfrage:

Ältere Versionen von Word für Windows

Setup hat Microsoft Word Version 6.0 auf Ihrer Festplatte gefunden. Möchten Sie die vorherige Word-Version entfernen? JA / NEIN

Da das Datenformat der Versionen 6.0 und 7.0 gleich ist, können Sie die Word-Dokumente und Dokumentenvorlagen sofort weiter benutzen. Trotzdem sollten Sie derzeit eine ältere Word für Windows-Version auf der Festplatte belassen, da es durchaus vorkommen kann daß die neue Version bei bestimmten Dokumenten einen „Bug", d. h. einen Fehler aufweist. Hier gilt das Motto „Sicher ist sicher".

Datenformat

Der Abschluß einer Word für Windows/ Office 95- Installation

2.3 Hinzufügen und Entfernen von Komponenten

Legen Sie die erste Installations-Diskette bzw. die Installations-CD in das Laufwerk und starten Sie das *Setup-Programm* erneut.

Schließen Sie alle Programme des Office 95-Pakets inklusive der *Office-Shortcut-Leiste*.

Das *Office für Windows 95-Setup* wird gestartet und mit der Suche nach den bereits installierten Komponenten fortgesetzt.

Da bereits Word für Windows / Office 95 - Komponenten installiert wurden, wird nun das Wartungsprogramm gestartet.

Über die Schaltfläche *Hinzufügen/Entfernen...* können Sie, wie bei der benutzerdefinierten Installation, einzelne Programmkomponenten nachträglich installieren oder nicht benötigte Komponenten von der Festplatte löschen.

Hinzufügen/ Entfernen...

Fehlerhafte Installationen

Sollte durch einen Festplattenfehler, durch versehentliches Löschen oder durch einen Kopierfehler eine Programmkomponente defekt sein, können Sie über die Schaltfläche *Neuinstallation* die letzte Programminstallation wiederholen.

Neuinstallation

Hinweis: Änderungen an der *Normal.dot,* der globalen Dokumentenvorlage von Word für Windows werden bei der Neuinstallation ggf. überschrieben. Die *Normal.dot* enthält Informationen über das Aussehen des Arbeitsfensters, Makros, AutoTexte usw. Kopieren Sie daher die Normal.dot in ein anderes Verzeichnis, um ihre Arbeitsumgebung zu retten. Dieses betrifft zudem alle anderen Dokumentenvorlagen, sofern Sie Änderungen daran vorgenommen haben.

Entfernen von Word für Windows

Zum Entfernen der Programme des Office 95-Pakets müssen Sie ebenfalls das *Setup.exe* starten. Klicken Sie auf die Schaltfläche *Alle Entfernen,* um *Word für Windows / Office 95* von der Festplatte zu löschen. Eventuell erzeugte eigene Dokumente werden hierdurch nicht gelöscht.

Alle entfernen...

2.4 Online-Registrierung

Wichtig: Eine wichtige Hardware-Voraussatzung zur Online-Registrierung ist ein an eine serielle Schnitt-
stelle angeschlossenes Modem.

Wenn Sie sich bei Microsoft per Modem registrieren lassen
wollen, klicken Sie auf die Schaltfläche *Online-Registrierung.*

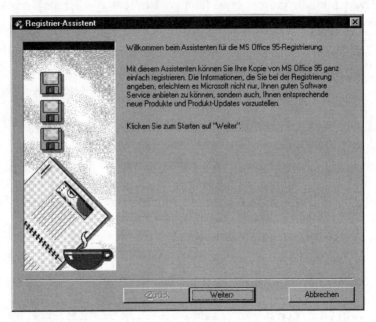

Der Registrier-Assistent

Über die Schaltfläche *Weiter* gelangen Sie auf die nächste
Seite des Registrier-Assistenten. Da die Online-Registrierung
nichts anderes als eine elektronische Postkarte ist, die per
Datenübertragung an Microsoft geschickt wird, müssen Sie
sich Fragen hinsichtlich persönlicher Daten gefallen lassen.
Mit der Eingabe Ihres *Names* und der *Organisation* (Firma/
privat) beginnt die Registrierungsvorbereitung.

Hinweis: Im Gegensatz zu einer herkömmlichen Postkarte
können Sie bei der elektronischen Online-
Registrierung nicht sehen, was wirklich übertragen wird, sondern müssen auf die Zusicherung
des Softwareherstellers vertrauen, keine weiteren
Daten zu übertragen.

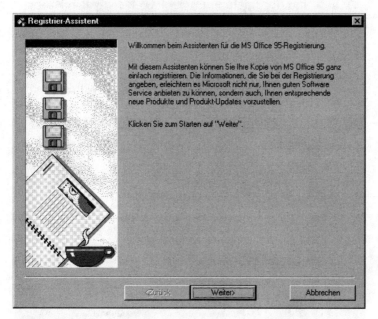

Privat oder Firma – wer bekommt später mehr Werbung von Microsoft?

Geben Sie Ihre Adresse ein, die Telefonnummer ist optional
und sollte zumindest bei Privatanschlüssen nicht angeben
werden: Telemarketingfirmen könnten Sie später mit Anrufen überhäufen.

Vorsicht: Wenn Sie die Option *Ja* hinter der Frage *Möchten Sie diese Angebote erhalten?* aktiviert lassen, dann geben Sie Microsoft die Erlaubnis, Ihre Daten anderen Software- und Hardwareanbietern zu Werbezwecken zu verkaufen – mit der Folge, daß Sie mit viel Post rechnen können. In Kombination mit der Telefonnummer ist dann sogar Telefonmarketing erlaubt.

Seriennummer

Auf der folgenden Assistenten-Seite erhalten Sie Ihre *Seriennummer*, die auch von einem Programm des Office 95-Pakets aus über den Befehl *?/Info* eingesehen werden kann.

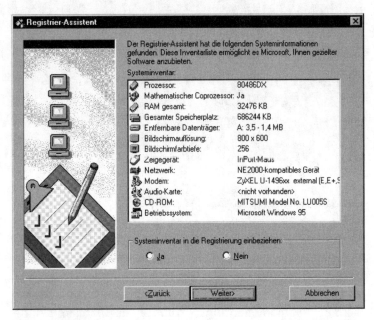

Dieses ist Ihr Computer

Systeminventar

Der Registrierungs-Assistent war im Hintergrund aktiv und hat sich Ihren Computer genau angeschaut. Prozessor, Grafikkarte, Modem etc. werden haargenau erfaßt. Auch wenn Microsoft hierzu sagt, daß dies Informationen sind, die bei

einer Fehlerbesprechung mit der Hotline wichtig sind, dürfte es sich eher um vorbereitende Werbemaßnahmen han-
deln. Das *Systeminventar* können Sie in die Registrierung
einbeziehen, aber auch über die Option *Nein* verhindern,
daß diese Daten weitergeschickt werden.

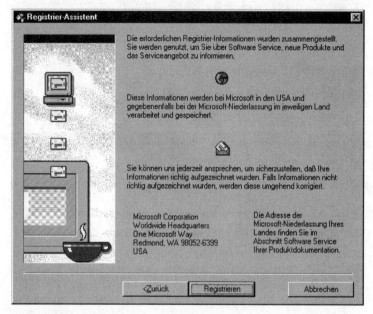

Die Registrierungsphase ist abgeschlossen

Mit einem Klick auf die Schaltfläche *Registrieren* starten Sie
die Online-Registrierung per Modem. Schalten Sie daher
spätestens jetzt das Modem ein.

Da der Anruf über eine 0130er-Nummer erfolgt, zahlt
Microsoft die Gebühren.

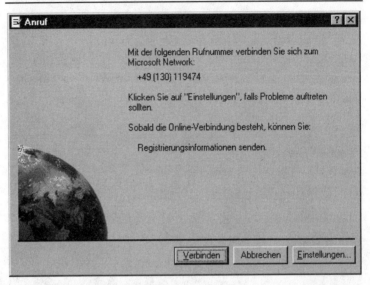

Die Verbindung zu Microsoft aufbauen...

Über die Schaltfläche *Verbinden* starten Sie das *MSN* (Microsoft Network), welches ggf. erst jetzt installiert wird. Sollte es Probleme mit dem Modem geben, können Sie dessen Einstellungen über die Schaltfläche *Einstellungen...* ändern.

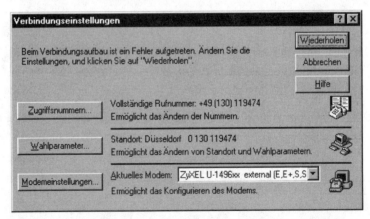

Bei fehlerhaften Verbindungseinstellungen wird dieser Dialog automatisch aufgerufen

2.5 Das erste Mal Word für Windows starten

Beim ersten Programmstart von Word für Windows 95 erscheint ein Fenster, in dem Sie sich über die Neuerungen dieser Version informieren können. Ein entsprechendes Fenster erscheint im übrigen auch beim erstmaligen Starten der neuen Programmversionen von Excel, PowerPoint und dem Office 95-Paket.

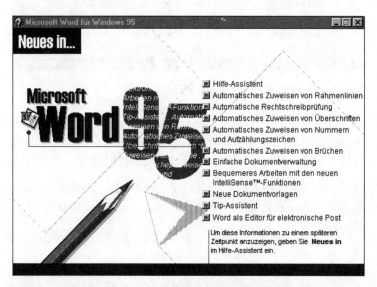

Der erste Programmstart von Word für Windows 95

Nach der Auswahl eines Themas erscheint ein weiteres Fenster, in dem speziellere Informationen ausgewählt werden können. Klicken Sie das Symbol vor einem der Themen an, um ein *Themenfenster* zu öffnen.

Zu jedem Thema gibt es weitere Informationen

In einem *Themenfenster* klicken Sie auf eines der Unterthemen, um ein Textfenster zu erhalten, das anschließend zeigt, was es Neues in Word für Windows 95 gibt.

Zurück   Über die Schaltfläche *Zurück* gelangen Sie wieder in das Fenster *Neues in...* und können ein anderes Thema auswählen.

Das „Neues In"-Fenster bei späteren Programmstarts aufrufen

Dieses Neuigkeitenfenster erscheint nur beim ersten Programmstart. Um bei späteren Arbeitssitzungen dieses Fenster zu öffnen, müssen Sie im Menü *?* den Befehl *Hilfe-Assistent* aufrufen.

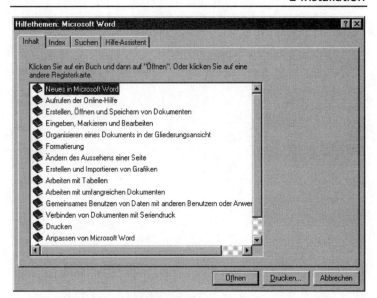

Die neue Hilfe unter Windows 95

Wechseln Sie auf die Registerkarte *Inhalt* und wählen Sie den Eintrag *Neues in Microsoft Word* aus.

Über die Schaltfläche *Öffnen* werden in der Liste die Unterthemen eines Haupteintrags angezeigt. Über einen Doppelklick auf ein Hauptthema öffnen Sie die Unterthemen, über einen Doppelklick auf einen Untereintrag lassen Sie sich das Thema am Bildschirm anzeigen. Über die Schaltfläche *Drucken* können Sie das Thema auf Papier ausgeben.

Das Neuigkeiten-Fenster können Sie über das *Schließen*-Symbol oder durch einen Mausklick auf die Schaltfläche in der Titelleiste vom Bildschirm schließen. Das Symbol ist durch ein „x" gekennzeichnet.

Schließen des Fensters

3 Der Word Arbeitsplatz

Bevor Sie mit der eigentlichen Arbeit in Word für Windows beginnen, sollten Sie sich mit der Arbeitsoberfläche vertraut machen. In diesem Kapitel werden die einzelnen Bildschirmelemente und spezielle Word für Windows-Eigenheiten erklärt. Da viele Einstellungen gleichzeitig auch für das Programm *Word Viewer* gelten, stellen wir Ihnen dieses kurz vor. Der Word Viewer befindet sich im Lieferumfang von Windows 95.

3.1 Der Word Viewer

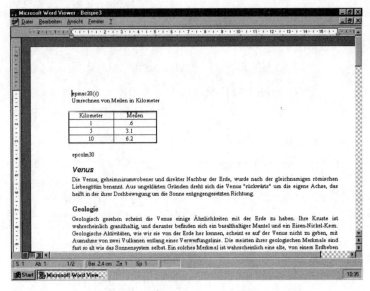

Die Arbeitsfläche des Word Viewer

Haben Sie Windows 95 installiert, ohne daß Word für Windows in einer älteren Version auf der Festplatte gefunden wurde, so befindet sich das Programm *Word Viewer* im

Start-Menü. Mit diesem Programm können Sie Word-Dokumente auch ohne das Textverarbeitungsprogramm Word für Windows betrachten und ausdrucken. Hierdurch ist nun jeder PC-Besitzer, der Windows 95 installiert hat, in der Lage Ihre Dokumente zu lesen. Im Sinne der E-Mail-Kommunikation ist dies ein Fortschritt, da es nun ein einheitliches Datenformat gibt.

Die Einschränkung des *Word Viewer* besteht darin, daß keine Dokumente geändert werden können. Allerdings keine Regel ohne Ausnahme: Die Seitenränder lassen sich den jeweiligen Bedürfnissen anpassen.

Einschränkung des Word Viewer

Wer bereits mit Word für Windows gearbeitet hat, wird sich auch im *Word Viewer* schnell zurechtfinden, da es sich um eine stark abgespeckte Word-Version handelt. Umgekehrt gilt natürlich ebenso: Wer den *Word Viewer* kennengelernt hat, kommt auch in Word für Windows schnell zurecht.

3.2 Word für Windows 95

Seit 12 Jahren gibt es das Programm Word nun auf dem Markt, zuerst als reine DOS-Version und inzwischen in der neuesten Version für Windows 95. Rund 21 Millionen Anwender weltweit erfassen ihre Texte mit Word für Windows - und alle arbeiten unter einer nahezu gleichen Oberfläche.

Zwischen den Versionen 6.0 und 7.0 gibt es im Oberflächendesign kaum noch Unterschiede, daher dürfte ein Umstieg keine Probleme bereiten. Allerdings hat sich die Art und Weise der Dokumentenverwaltung entscheidend geändert.

3.3 Word für Windows 95 starten

Wie man mit Word für Windows 95 arbeitet, ist dem persönlichen Geschmack überlassen. Wie man das Programm startet, hängt direkt mit der Aufgabenstellung zusammen.

Über das Windows 95 Start-Menü

Über das *Start*-Menü der *Taskbar* haben Sie im Ordner *Programme* die Möglichkeit, den Eintrag *Microsoft Word* auszuwählen.

Das Start-Menü von Windows 95

Word startet in diesem Fall in einem eigenen Programm-
fenster. Es wird ein leeres Dokument auf Basis der Dokumentenvorlage *Normal* geöffnet. Sie können sofort mit der
Texteingabe beginnen.

Über ein Symbol auf dem Desktop

Die gleiche Arbeitsweise können Sie auch über ein Symbol
auf dem Desktop erreichen. Ein Symbol auf dem Desktop
erzeugen Sie wie folgt:

- Positionieren Sie den Mauszeiger über dem Desktop-
  Hintergrund und drücken Sie auf die rechte Maustaste.
  Es erscheint ein Kontextmenü.

*Ein Desktop-
Symbol erzeu-
gen*

- Im Kontextmenü wählen Sie den Befehl *Neu* aus.

- Im Untermenü *Neu* rufen Sie den Befehl *Verknüpfung*
  auf.

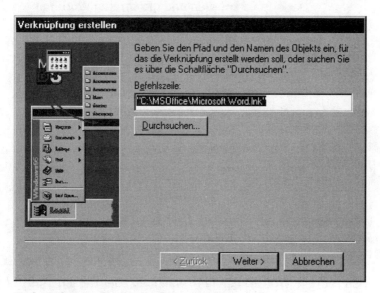

Verknüpfungen für den Desktop erstellen

- Im Dialogfenster *Verknüpfung erstellen* klicken Sie auf die Schaltfläche *Durchsuchen* und geben in der Dateiauswahl den Pfad und Programmnamen von Word für Windows 95 an.

- Mit der Schaltfläche *Weiter* gelangen Sie auf die nächste Seite des Verknüpfungs-Assistenten. Sie können dem Programm einen Namen geben, vorgeschlagen wird „Microsoft Word". Sofern Sie eine ältere und die neue Version auf dem Rechner installiert haben ändern Sie den Namen in „Word 95".

- Klicken Sie nochmals auf *Weiter*, um das Symbol auf dem Desktop zu erzeugen.

Um das Programm zu starten, führen Sie im Desktop einen Doppelklick auf das Programmsymbol aus.

Hinweis: Sie können auch Dokumente oder Dokumentenvorlagen, die Sie häufig benötigen, mit dem Desktop verknüpfen und gleichzeitig Word mit dem entsprechenden Dokument starten.

Über die Symbolleiste Office

Die Symbolleiste Office

Sofern Sie das Office 95-Paket installiert haben steht Ihnen die Symbolleiste *Office* zur Verfügung. Sie finden hierin standardmäßig keinen Eintrag für das Programm. Dies läßt sich allerdings schnell ändern, sofern Sie es wünschen.

Über die Schaltfläche *Ein neues Dokument beginnen* können Sie ein Word-Dokument erzeugen, bei dessen Aufruf gleichzeitig das Programm Word für Windows gestartet wird. Zudem haben Sie die Auswahl, eine neue Excel-Arbeitsmappe, eine PowerPoint-Präsentation oder eine Access-Datenbank zu erzeugen, sofern diese Programme installiert sind.

Hinweis: Das Symbol *Ein neues Dokument beginnen* befindet sich zusätzlich im Windows 95 *Start*-Menü.

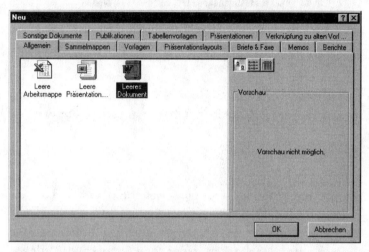

Die Kommandozentrale für neue Dateien im Office 95-Paket.

Auf der Registerkarte *Allgemein* finden Sie einen Eintrag für *Leeres Dokument*. Wählen Sie diesen Eintrag aus, und klikken Sie auf die Schaltfläche *OK*.

Hinweis: *Leeres Dokument* bedeutet ein neues Dokument auf Basis der Dokumentenvorlage *Normal*.

Auf den anderen Registerkarten finden Sie Einträge für verschiedene Dokumentenvorlagen. Alle Symbole in dem Dialogfenster *Neu* die mit einem „W" gekennzeichnet sind weisen auf die Zugehörigkeit zu Word für Windows 95 hin. Sofern Sie eine Vorlage oder einen Assistenten anklicken, wird im Vorschaufenster dieses Dokument abgebildet.

Um auf Dokumentenvorlagen einer älteren Version von Word für Windows zurückzugreifen, wechseln Sie auf die Registerkarte *Verknüpfung zu alten Vorlagen.*

Über die Schaltfläche *OK* starten Sie Word für Windows 95 mit der ausgewählten Dokumentenvorlage.

3.4 Das Sammelmappen-Konzept

Hinweis: Sammelmappen stehen Ihnen dann zur Verfügung, wenn Sie Word für Windows 95 als Teil des Office 95-Pakets installiert haben.

Sie können Word für Windows 95 auch über die Sammelmappe starten, indem hier ein Dokument eingefügt wird.

Was ist eine Sammelmappe?

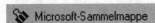

Die Sammelmappen sind eine Neuerung des Office 95-Pakets. In den Mappen werden Dokumente unterschiedlicher Anwendungen zusammengehalten und bearbeitet. Die Arbeitsweise ähnelt dem eines herkömmlichen Ordners. Einzelne Dokumente werden darin abgeheftet und nach Auswahl in das dazugehörige Programm geladen. Sie können verschiedene Sammelmappen mit z.B. Rechnungen und Kundenanschreiben anlegen, aber Sie können auch komplette Projekte mit unterschiedlichen Dateien aus Word für Windows, Excel, PowerPoint und Access zusammenfassen.

Eine neue Sammelmappe anlegen

Klicken Sie im Start-Menü im Ordner *Programme* oder in der Symbolleiste *Office* auf das Symbol *Microsoft-Sammelmappe*. Sie erhalten eine leere Sammelmappe mit dem Namen *Sammelmappe1*. In einer Mappe werden die einzelnen Dokumente als *Abschnitt* bezeichnet. Mit dem Menübefehl *Abschnitt/Hinzufügen* können Sie ein leeres Teilstück der Mappe erzeugen.

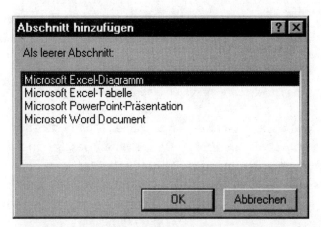

Ein Abschnitt einer Sammelmappe besteht aus einer Datei, die mit den Programmen des Office 95-Pakets erzeugt werden.

Wählen Sie *Microsoft Word Dokument* und klicken Sie auf die Schaltfläche *OK*. Nun passiert zweierlei: Zum einen erscheint die Sammelmappe, zum anderen ein geändertes Menü von Word für Windows 95, das spezielle Sammelmappen-Befehle enthält.

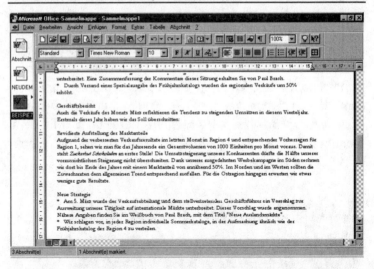

Der Word Arbeitsbildschirm innerhalb einer Sammelmappe

Das Sammel-mappenArbeits fenster

Auf der linken Seite werden die einzelnen Abschnitte der Mappe als Symbole angezeigt. Den Großteil des Sammel-mappen-Fensters nimmt das Programmfenster mit dem Dokument ein.

Abschnitt bearbeiten

Durch das Selektieren eines Abschnitts wird dieser auf-gerufen, d.h. das entsprechende Programm mit dem Do-kument wird gestartet. Sie können mehrere Abschnitte markieren. Der selektierte Abschnitt wird mit einem kleinen Dreieck oben rechts neben dem Symbol gekennzeichnet.

Abschnitte umbenennen

Wenn Sie auf den Symbolnamen eines Abschnitts klicken können Sie diesen direkt umbenennen. Alternativ steht das Kontextmenü über die rechte Maustaste zur Verfügung.

Mit dem Symbol *Abschnittsanzeige an/aus* wird der Fen-sterbereich der Abschnitte ausgeblendet. Das Programm-fenster weitet sich um den freigegebenen Bereich aus. Ein erneutes Anklicken bringt die Abschnittsanzeige wieder hervor. Diese Option dürfte vor allem bei Bildschirm-auflösungen unter 800x600 Pixel oft genutzt werden.

Hinweis: Auf bestehende Sammelmappen können Sie auch über das Symbol *Ein neues Dokument beginnen* auf der Registerkarte *Sammelmappe* zurückgreifen.

3.5 Die Arbeitsfläche von Word für Windows

Die Arbeitsfläche von Word für Windows 95 erklären wir anhand eines Programmstarts über das Windows 95 Start-Menü. Bei den anderen Möglichkeiten des Programmstarts sind die Bedienungselemente gleich, einzig die Menüstruktur ist unter den Sammelmappen anders.

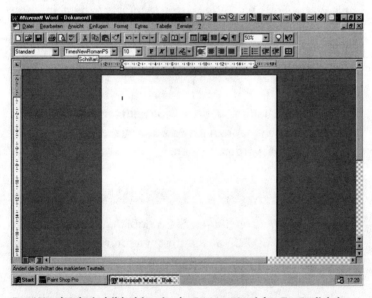

Der Word Arbeitsbildschirm in der Layout-Ansicht. Zusätzlich befindet sich oben in der Titelleiste die Symbolleiste Office, unten die Windows 95 Taskbar.

Die Titelleiste

Word für Windows 95 optimal nutzen

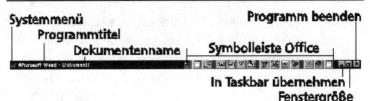

Systemmenü   Programm beenden
    Programmtitel
         Dokumentenname   Symbolleiste Office

                              In Taskbar übernehmen
                                  Fenstergröße

Die *Titelleiste* enthält neben den üblichen Windows 95 Systemsymbolen den Programmtitel und den Titel des derzeit aktivierten Word-Dokuments. Bei aktivierter Symbolleiste *Office* kann diese in der Titelleiste plaziert werden.

Die Menüleiste

Die *Menüleiste* enthält die *Menüs*, die wiederum alle Befehle beinhalten. Wenn im folgenden von Befehlen gesprochen wird, sind die Befehle der Menüleiste gemeint. Der Befehl *Datei/Öffnen* besagt, daß Sie den Eintrag *Datei* aus der *Menüleiste* und dann den darin enthaltenen Befehl *Öffnen* mit der linken Maustaste anklicken.

Hinweis: Die *Titelleiste* und *Menüleiste* können Sie nicht ausschalten, während alle anderen Arbeitsflächenelemente nach Bedarf angezeigt oder versteckt werden können.

Die Symbolleisten

In den *Symbolleisten* finden Sie Sinnbilder, mit denen ein Befehl per Mausklick ausgeführt werden kann. Symbolleisten können ein- und ausgeschaltet werden. Die Sichtbarkeit einer Symbolleiste stellen Sie über den Befehl *Ansicht/Symbolleisten* ein. Zudem erscheint das entsprechende Kontextmenü, wenn Sie die rechte Maustaste über einer Symbolleiste drücken.

Symbolleisten können Sie innerhalb der Arbeitsfläche verschieben. Klicken Sie zum Verschieben auf den Hintergrund einer Symbolleiste und halten Sie die linke Maustaste gedrückt. Jetzt können Sie die Symbolleiste über den Bildschirm bewegen und entweder am Programmfensterrand oder über dem Dokument ablegen. Die Symbolleisten können auch außerhalb des Word für Windows-Programmfensters plaziert werden.

Den Hauptteil des Bildschirms nimmt bei einem geöffneten Dokument das *Dokumentenfenster* ein. Hier sehen Sie das eigentliche Word-Dokument in der derzeit aktiven Ansichtsart und Vergrößerung.

Das Dokumentenfenster

Dokumentenfenster können wie alle Fenster unter Windows den gesamten ihnen zur Verfügung stehenden Raum einnehmen (Vollbildmodus) oder beliebig skaliert werden. Einzig und allein ein Verschieben des Dokumentenfenster außerhalb des Word für Windows Programmfensters ist nicht möglich.

Ist mehr als ein Dokumentenfenster geöffnet, können diese über die Befehle des Menüs *Fenster* angeordnet werden. Mit der Tastenkombination [Strg]+[F6] wechseln Sie schnell zwischen den einzelnen Dokumenten.

Wechsel von Dokumentenfenstern

Rechts und unten im Dokumentenfenster befinden sich *Bildlaufleisten*, mit denen Sie den sichtbaren Ausschnitt des Dokuments verändern können.

Die Bildlaufleisten

Mit der vertikalen Bildlaufleiste bewegen Sie sich schnell zwischen den Seiten eines längeren Dokuments. Neu in der Version 7.0 ist die Seitenanzeige beim Verschieben. Halten

Sie einfach an einer Position kurz inne, bevor Sie die Maustaste wieder loslassen.

Mit der *horizontalen Bildlaufleiste* verschieben Sie den sichtbaren Dokumentenfensterbereich in waagerechter Richtung.

Die Ansicht-Symbole

Vor der horizontalen Bildlaufleiste befinden sich drei Symbole, mit denen Sie die Ansicht eines Dokuments ändern.

Ein Dokument in Normal, Layout und Gliederungs-Ansicht

Hinweis: Die *Ansicht-Symbole* sind nur bei aktivierter *horizontaler Bildlaufleiste* sichtbar.

Das linke Ansicht-Symbol schaltet in die Ansicht *Normal*, in der Sie das Dokument mit Textattributen aber ohne Layout sehen.

Das mittlere Symbol schaltet in die Ansicht *Layout*, in der Sie das Dokument in gestalteter Form auf einem Blatt sehen können. Die einzelnen Seiten werden als solche dargestellt. Nur in der *Layout-Ansicht* können Sie eine ganze oder mehrere Seiten direkt am Bildschirm sehen.

Das rechte Symbol schaltet in die *Gliederungsansicht*. Das Dokument wird ähnlich der *Normal*-Ansicht dargestellt, mit dem Unterschied, daß ein gegliederter Text in Abhängigkeit von den verwendeten Formatvorlagen eingerückt wird.

Die Statusleiste

Die *Statusleiste* enthält Informationen über das Dokument und die aktuelle Arbeitssituation.

Im ersten Feld von links finden Sie die *aktuelle Seite (S 1)*, den *Abschnitt (Ab 1)*, in dem sich der Cursor befindet, und abschließend die *aktuelle Seite und die Gesamtzahl der Seiten (1/2)*.

Das zweite Feld enthält genauere Informationen zur aktuellen Cursorposition. Anhand des Eintrags *Bei 2,4 cm* können Sie den Abstand des Cursors vom oberen Blattrand erkennen. Nachfolgend wird die Position als *Zeile (Ze 1)* und *Spalte (Sp 11)* angegeben.

Die Lineale

Am oberen und rechten Rand des Dokumentenfensters können Sie sich *Lineale* anzeigen lassen. Mit dem Befehl *Ansicht/Lineale* schalten Sie das Lineal ein. Die Bemaßung der Lineale bezieht sich immer auf die eingestellte Fließtextspaltenbreite und nicht auf die tatsächliche Seitengröße. Die Bemaßung beginnt mit der Spalte 0 in der Einheit Zentimeter.

Hinweis: Im *Word Viewer* können Sie die Lineale nicht verändern.

Voreinstellungen zum Word Arbeitsfenster

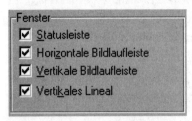

Im Menü *Extras/Optionen* auf der *Registerkarte Ansicht* können Sie in der Optionsgruppe *Fenster* festlegen, welche Word-Bildschirmelemente grundsätzlich sichtbar sein sollen.

Hinweis: Wenn Sie über einen Monitor mit geringer Bildschirmauflösung (640 x 480 Pixel) verfügen, bleibt wenig Platz zum Arbeiten. Es gibt allerdings noch eine spezielle Dokumentenansicht, die sich *Ganzer Bildschirm* nennt. In dieser Ansicht werden alle Word-Bildschirmelemente ausgeblendet, nur die Symbolleisten können aktiviert werden.

Grundsätzliche Einstellungen

Über den Befehl *Extras/Optionen* erreichen Sie die Registerkarte *Allgemein*. Auf dieser Registerkarte werden einige
Grundeinstellungen zu Word für Windows festgelegt.

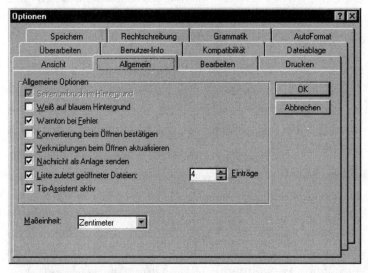

Die Registerkarte Allgemein

Soll der Seitenumbruch im Hintergrund erfolgen während
Sie schon weitere Texteingaben oder -korrekturen vornehmen, so aktivieren Sie die Option *Seitenumbruch im Hintergrund*.

*Seitenumbruch
im Hintergrund*

Wer bisher mit einer Textverarbeitung unter DOS gearbeitet
hat, möchte vielleicht das gewohnte Erscheinungsbild bei-
behalten. Mit der Option *Weiß auf blauem Hintergrund*
sieht der Textbereich des Dokumentenfensters aus wie ein
DOS-Fenster.

*Weiß auf blau-
em Hinter-
grund*

Sofern Word für Windows einen Benutzerfehler erkennt,
wird hierauf zunächst nicht reagiert. Einer dieser Fehler ist

*Warnton bei
Fehler*

z.B. der Versuch, Änderungen am Dokument vorzunehmen, solange eine Warnmeldung auf dem Bildschirm erscheint. Damit auch diejenigen, die Texte blind eingeben, auf den Fehler aufmerksam werden, sollte die Option *Warnton bei Fehler* aktiviert sein.

Konvertierung beim Öffnen bestätigen

Sie können in Word für Windows auch Dateien aus Fremdprogrammen laden. Normalerweise wird das Dateiformat anhand der DOS-Endung (z.B. *.txt) erkannt. Leider hält sich nicht jeder an die vorgegebenen Endungen. Damit Sie die letztliche Kontrolle beim Laden eines Fremdformates haben, sollte die Option *Konvertierung beim Öffnen bestätigen* aktiviert sein. In diesem Fall erscheint vor dem Laden ein Dialogfenster, aus dem Sie das gewünschte Dateiformat auswählen können.

Verknüpfungen beim Öffnen aktualisieren

Verknüpfungen sind Verweise aus einem Word-Dokument heraus auf eine externe Datei. Die externe Datei, z.B. ein Bild, kann jederzeit geändert werden. Möchten Sie, daß die Veränderung an der Bild-Datei beim Laden des Word-Dokuments im Dokument aktualisiert wird, so aktivieren Sie die Option *Verknüpfungen beim Öffnen aktualisieren*.

Nachricht als Anlage senden

Die Option *Nachricht als Anlage senden* ist dann interessant, wenn Sie eine E-Mail-Anwendung verwenden. Word-Dokumente werden bei aktiviertem Kontrollkästchen als Anlage zu der Nachricht hinzugefügt.

Liste zuletzt geöffneter Dateien

Die zuletzt in Word für Windows geöffneten Dateien werden in das Menü *Datei* eingefügt. Die Dateien lassen sich somit schnell über den Menüeintrag laden. Wieviele der zuletzt geöffneten Dateien angezeigt werden, stellen Sie in der Option *Liste zuletzt geöffneter Dateien* unter *Einträge* ein.

Tip-Assistent aktiv

Sofern der *Tip-Assistent aktiv* sein soll, d.h. überwachen soll, welche Aktionen Sie in Word für Windows vornehmen und hieraus seinen Tip ableiten soll, müssen Sie die gleichnamige Option aktivieren. Die Sichtbarkeit des Tip-Assistenten schalten Sie über den Befehl *Ansicht/Symbolleisten* ein oder aus.

In dem Listenfeld *Maßeinheit* stellen Sie ein, mit welcher Einheit Word für Windows Angaben in den Linealen, der Statuszeile, dem Seitenformat und den Seitenrändern machen soll. Zur Auswahl stehen *Zoll*, *Zentimeter*, *Punkt* und *Pica*. Da normalerweise nur waschechte Typographen eine Seite mit *Punkt* und *Pica* vermessen, sollte die Einstellung *Zentimeter* vorgegeben werden. Die Schriftgrößenangaben werden auch bei eingestellter Maßeinheit *Zentimeter* in der typografischen Einheit *Punkt* angegeben.

Maßeinheit

Grundeinstellungen zur Ansicht von Word-Dokumenten

Word-Dokumente können Text, Grafiken und Objekte enthalten. Zudem gibt es verschiedene Funktionen, mit denen zum Beispiel das aktuelle Datum in ein Dokument eingefügt wird. Die Sichtbarkeit der Dokumentenelemente schalten Sie auf der Registerkarte *Ansicht* im Menü *Extras/Optionen* ein.

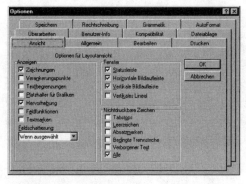

Die Registerkarte Ansicht

3.6 Spezielle Ansichtsarten und Befehle

Neben den Ansichten *Normal, Gliederung* und *Layout* gibt es zwei weitere Ansichtsarten:

Ganzer Bildschirm

Die Ansicht *Ganzer Bildschirm*, die über den gleichnamigen Befehl aus dem Menü *Ansicht* aufgerufen wird, läßt das Befehlsmenü und die Statuszeile verschwinden. Gerade bei kleiner Bildschirmauflösung ist diese Ansichtsart hilfreich.

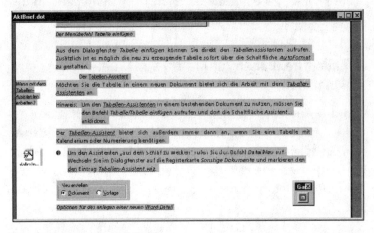

Die Ansicht Ganzer Bildschirm

In der Ansicht Ganzer Bildschirm steht Ihnen eine neue Symbolleiste zur Verfügung. Es ist nur ein einziges Symbol enthalten, nach dessen Anklicken Sie wieder in die gewohnten Ansichtsarten zurückgelangen. Sollte die Symbolleiste einmal aus Versehen geschlossen worden sein, drücken Sie die Taste Esc, um die Ansicht *Ganzer Bildschirm* zu verlassen.

Hinweis: In der Ansicht *Ganzer Bildschirm* brauchen Sie nicht auf die Symbolleisten zu verzichten. Klicken Sie über der bestehenden Symbolleiste auf die rechte Maustaste und aktivieren Sie die benötigten Leisten.

Die Seitenansicht

In der Seitenansicht sehen Sie das Dokument so wie es später auf dem Drucker ausgegeben wird. In die Seitenansicht gelangen Sie über den Befehl *Datei/Seitenansicht* oder das gleichnamige Symbol aus der Symbolleiste *Standard*.

Hinweis: In der *Seitenansicht* können Sie das Dokument nicht bearbeiten.

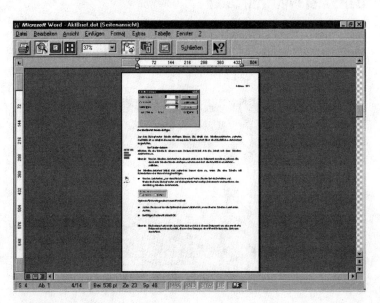

Die Seitenansicht

Sobald Sie den Mauszeiger über das Dokument bewegen, erscheint eine Lupe, mit der die Vergrößerung verändert wird. Klicken Sie dazu auf die linke Maustaste.

Über das Symbol *Mehrere Seiten* erhalten Sie eine Übersicht zum Aussehen längerer Dokumente. Das Symbol *Eine Seite* schaltet wieder in die seitenweise Ansicht zurück.

Das Symbol *Größe anpassen* versucht Ihr Dokument auf eine minimale Anzahl von verwendeten Seiten zu reduzieren.

Über die Schaltfläche *Schließen* gelangen Sie in die normale Dokumentenansicht zurück.

Der Befehl Ansicht/Zoom

Über den Befehl *Ansicht/Zoom* und über die Symbolleiste Standard können Sie jederzeit die Darstellungsgröße eines Dokuments verändern.

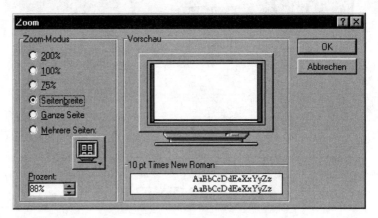

Das Dialogfenster Zoom

Während der Texteingabe in der Ansicht *Normal* wählen Sie am besten die Einstellung *Seitenbreite* und zur Seitengestaltung in der Ansicht *Layout* die Einstellung *Ganze Seite*. Welche Möglichkeiten zur Darstellung vorhanden sind, hängt immer von der gerade verwendeten Dokumenten-Ansicht ab.

3.7 Anpassen der Symbolleiste Office

Die Symbolleiste Office ist natürlich nur dann vorhanden, wenn Sie Word für Windows als Teil des Office-Pakets installiert haben. Da ein Programmstart auch über diese Symbolleiste erfolgen kann und sich zudem weitere eigene Leisten erzeugen lassen, wird nachfolgend die Funktionsweise erklärt.

Symbolleiste auf dem Bildschirm plazieren

Sofern Sie den Mauszeiger über der Symbolleiste plazieren (nicht über einem Symbol, sondern über dem Hintergrund der Symbolleiste) und die linke Maustaste gedrückt halten, können Sie die komplette Leiste auf dem Bildschirm verschieben. Gelangen Sie in die Nähe des Bildschirmrandes, wird die Leiste dort wieder verankert.

Symbolleiste Office konfigurieren

Sie können der Symbolleiste *Office* weitere Icons hinzufügen und grundsätzliche Einstellungen vornehmen. Klicken Sie dazu innerhalb der Symbolleiste (nicht über einem Symbol, sondern über dem Hintergrund) auf die rechte Maustaste und rufen Sie anschließend im Kontextmenü den Befehl *Anpassen...* auf.

Die Registerkarte Ansicht (Office-Symbolleiste)

Farbe

Auf der Registerkarte *Ansicht* werden die Grundeigenschaften einer Symbolleiste eingestellt. Wählen Sie eine *Symbolleiste* aus, sofern Sie eine eigene erzeugt haben, und stellen Sie die *Farbe*, einen *horizontalen Farbverlauf* mit *fließendem* Farbübergang ein, oder verwenden Sie die Standard-Symbolleistenfarben.

Optionen

Sie können die Schaltflächengröße mit der Option *Große Schaltflächen* verändern. Diese Option bietet sich allerdings erst ab Bildschirmauflösungen von 1024x786 Pixel an, da ansonsten zuviel der Arbeitsfläche verdeckt wird.

Zu jedem Symbol erscheint eine Erklärung, sofern die Option *QuickInfo anzeigen* aktiviert ist und sich der Mauszeiger längere Zeit über dem Symbol befindet.

Symbolleiste immer im Vordergrund

Mit den beiden Optionen können Sie zum einen entscheiden, ob die Symbolleiste immer im Vordergrund erscheinen soll oder nicht. Zum anderen können Sie die Symbolleisten bei Nichtbenutzung auch in den Hintergrund verbannen.

Automatisch an Titelleiste anpassen

Mit der Option *Automatisch an Titelleiste anpassen* wird die Symbolleiste bei einer auf Vollbild vergrößerten Anwendung in der Titelleiste der Anwendung angezeigt, allerdings nur dann wenn die Symbolleiste vorher am oberen Bildrand verankert war. Ein Ausblenden der Symbolleiste ist nun nicht mehr möglich.

Titel in Script-Schriftart

Titel in Script-Schriftart und *Audio* ermöglichen Animationen in der Symbolleiste – ob dieses sinnvoll ist sei dahingestellt.

Das *Titelfenster beim Start anzeigen* illustriert ein wenig Microsoft-Werbung und ist daher für den Alltag nicht nötig – es wird schon oft genug auf diese Firma hingewiesen.

Titelfenster beim Start anzeigen

Die Registerkarte Schaltflächen

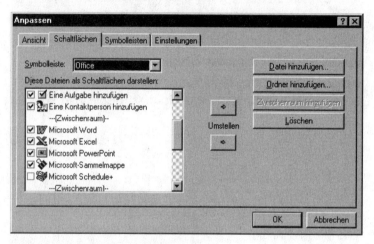

Das Anpassen der Symbolleiste Office

Auf der Registerkarte *Schaltflächen* finden Sie in der Liste *Diese Dateien als Schaltflächen darstellen* schon vorgefertigte Einträge für die Programme des Office-Pakets. Aktivieren Sie den Eintrag *Microsoft Word* (ein Häkchen erscheint in dem Kästchen davor).

Sie können der Symbolleiste Office auch weitere Programm- und Ordnersymbole hinzufügen, indem Sie auf die entsprechende Schaltfläche auf der rechten Seite klicken und die gewünschte Datei auswählen.

Andere Programmsymbole hinzufügen

Wenn Sie ein Programmsymbol verschieben möchten, z.B. weil es an erster Stelle in der Symbolleiste erscheinen soll, so markieren Sie den Eintrag in der Liste und klicken auf die *Umstellen* Symbole.

Umstellen der Symbole

Die Registerkarte Symbolleisten

Auf der Registerkarte *Symbolleisten* können Sie eigene *Symbolleisten hinzufügen* bzw. *Entfernen*. So können Sie die Office-Symbolleiste zu einem kompletten Programm-starter umfunktionieren. Statt eine Symbolleiste zu entfernen, können Sie diese auch unsichtbar machen, indem Sie das Kontrollkästchen in der Liste deaktivieren.

Die Registerkarte Einstellungen

Auf der Registerkarte *Einstellungen* legen Sie die Pfade fest, in denen die Symbolleistendefinitionen gespeichert werden sollen.

4 Grundlagen der Textverarbeitung

Was bedeutet eigentlich *Textverarbeitung*? Als kleinster gemeinsamer Nenner lassen sich die *Eingabe, das Korrigieren, Speichern* und *Drucken* von Texten nennen. Alle weiteren Funktionen eines Textverarbeitungsprogramms sind Zusätze, die dem Anwender wiederkehrende Aufgaben abnehmen und die Gestaltung des Textes ermöglichen.

Grundsätzlich werden in einer Textverarbeitung die folgenden Schritte unternommen, um ein Dokument zu erzeugen:

a) Text eingeben

b) Text korrigieren

c) Text speichern

d) Text drucken

4.1 Texte eingeben

Wenn Sie Word für Windows starten, wird Ihnen ein leeres *Dokument* mit dem Namen *Dokument1* zur Verfügung gestellt.

Bei Textverarbeitungen wird nicht von einem Blatt Papier gesprochen, auf dem geschrieben wird, sondern von Seiten. Eine oder mehrere Seiten zusammengenommen werden als *Dokument* bezeichnet. Dieses Dokument wird auf dem Datenträger in einer *Datei* gespeichert und umfaßt alle Informationen über den Inhalt und das Aussehen der einzelnen Seiten. Zusätzlich werden in einem Word-Dokument Angaben über den Namen des Verfassers, die Seitenzahl, die Bearbeitungsversion etc. gespeichert.

Was ist ein Dokument?

Cursor /
Schreibmarke

Die Schreibmarke blinkt|

In dem leeren Dokument können Sie sofort zu schreiben beginnen. Die Position, an der Text eingefügt wird, ist durch den *Cursor* gekennzeichnet. Damit Sie diesen auch innerhalb eines geschriebenen Textes schnell wiederfinden, blinkt er beständig. Der Cursor wird auch als *Schreibmarke* bezeichnet. Er läßt sich mit der Maus oder über die Tastatur beliebig im Text verschieben.

Besondere Texteingaben

Akzente

Wenn Sie Text in französischer Sprache eingeben, werden Sie des öfteren über die Akzente stolpern. Diese Zeichen sind auf der deutschen Tastatur nicht vorhanden, können aber einfach eingegeben werden, indem Sie den Akzent eingeben und danach den Buchstaben. Für „á" geben Sie nacheinander `´` `a` ein.

Sonderzeichen

Sonderzeichen
auf der Tasta-
tur

Manche Tasten der deutschen Tastatur sind dreifach belegt. Diese Zeichen erreichen Sie über das gleichzeitige Drücken der Taste `Alt Gr` und die entsprechende Zeichentaste. Gleichzeitig bedeutet hierbei, daß Sie die Taste `AltGr` gedrückt halten und dann die Zeichentaste tippen.

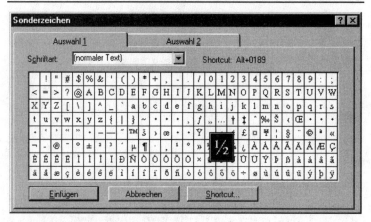

Das Dialogfenster Sonderzeichen

Buchstaben und Zeichen, die Sie nicht über die Tastatur erreichen, werden über den Befehl *Einfügen/Sonderzeichen* auf der Registerkarte *Auswahl1* in den Text eingefügt. Wählen Sie für eine normale Schrift, wie z.B. *Times* oder *Arial*, die *Schriftart: (normaler Text)*. Da die Darstellung der Zeichensatzübersicht recht klein ausfällt, können Sie ein Zeichen durch Anklicken vergrößern. Wenn Sie das richtige Zeichen gefunden haben, klicken Sie auf die Schaltfläche *Einfügen*.

Sonderzeichen, die nicht auf der Tastatur zu finden sind

Gibt es zu einem Zeichen ein bestimmtes Tastaturkürzel, wird dieses hinter *Shortcut:* angezeigt. Die Tastenkombination *Alt+0188* bedeutet, daß Sie die ⌈Alt⌉-Taste gedrückt halten und dann auf der numerischen Tastatur nacheinander ⓪ ① ⑧ ⑧ drücken – im Text wird ¼ eingefügt.

Tip: Benötigen Sie ein bestimmtes Zeichen immer wieder, dann können Sie diesem nach Anklicken der Schaltfläche *Shortcut* ein Tastaturkürzel zuweisen.

Sonderzeichen-
fenster geöff-
net lassen

Das Dialogfenster *Sonderzeichen* kann bei der Texteingabe geöffnet bleiben, d.h. Sie können zwischen dem Dialog- und dem Dokumentenfenster hin- und herspringen.

Hinweis: Solange das Dialogfenster *Sonderzeichen geöff-net* ist, können Sie im Text nicht per Drag & Drop arbeiten.

Sonderzeichen
aus Symbol-
zeichensätzen

Bei Schriftarten, die keine Buchstaben sondern nur Sonder-zeichen enthalten, wie z.B. die *Wingdings*, müssen Sie die Schriftart direkt aus dem Listenfeld auswählen. In dieser Liste werden nur die Schriftarten angezeigt, deren Schrift-beschreibung das Merkmal Symbolzeichensatz enthält.

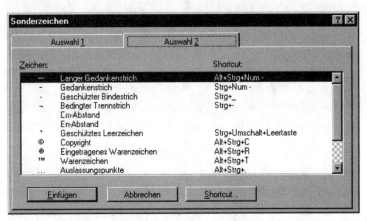

Die Auswahl der typographischen Sonderzeichen

Typographische
Sonderzeichen

Auf der Registerkarte *Auswahl2* können Sie ein typogra-phisches Sonderzeichen auswählen. Diese Zeichen sind Satzzeichen, die Ihrem Dokument ein professionelles Outfit geben, deren Kenntnis allerdings im Büroalltag oftmals gar nicht vorhanden ist.

Wichtige typographische Sonderzeichen

—	langer Gedanken-strich	`Alt` + `Strg` + `-` (Num. Tastatur)
–	Gedankenstrich	`Strg` + `-` (Num. Tastatur)
©	Copyright	`Alt` + `Strg` + `C`
®	Eingetragenes Warenzeichen	`Alt` + `Strg` + `R`
™	Warenzeichen	
...	Auslassungspunkte	`Alt` + `Strg` + `.`

Mit der Verbreitung der Schreibmaschine wurden die korrekten deutschen Anführungszeichen vergessen – statt dessen mußte das englische Zollzeichen als Ersatz herhalten. Auch auf den Computertastaturen sind keine Tasten für Anführungszeichen enthalten. Glücklicherweise hat man sich bei Word für Windows dieses Umstands angenommen. Wenn Sie einen Text schreiben, werden statt des Zollzeichens „Gänsefüßchen unten und oben" gesetzt.

Anführungs-zeichen

Satzzeichen und Absatzzeichen eingeben

Wenn Sie einen mehrzeiligen Text eingeben, werden Sie feststellen, daß der Text automatisch in der nächsten Zeile beginnt, wenn der rechte Seitenrand erreicht wird. Diesen *automatischen Zeilenumbruch* sollten Sie immer nutzen und nur dann, wenn Sie einen *Absatz* beenden, die `↵` Taste drücken.

Absatzende

Zeilenende

Wollen Sie eine Zeile beenden, um in der nächsten Zeile weiter zu schreiben, benutzen die Tastenkombination ⟨⇧⟩ ⟨↵⟩. Dieses ist z.B. dann der Fall, wenn Sie eine Anschrift eingeben.

Hinweis: In Word für Windows werden Formatierungsanweisungen absatzorientiert durchgeführt. Das *Zeilenendezeichen* bewirkt einen Zeilenvorschub, die nachfolgende Zeile gehört aber immer noch zum gleichen Absatz.

Bedingter Trennstrich

Wenn Sie ein Wort am Zeilenende manuell trennen wollen, setzen Sie die Schreibmarke an die Trennstelle und drücken die Tasten ⟨Strg⟩ + ⟨-⟩.

Seitenwechsel

Normalerweise erzeugt Word für Windows selbsttätig einen Seitenumbruch, den Sie aber auch erzwingen können. Einen *Seitenwechsel* erzeugen Sie mit der Tastenkombination ⟨Strg⟩ + ⟨↵⟩. Der nachfolgend geschriebene Text beginnt oben auf der nächsten Seite.

Geschützter Trennstrich

Ein *geschützter Trennstrich* wird in mit Bindestrich zusammengesetzten Worten benötigt, wenn man nicht will, daß dieses Wort durch einen Zeilenumbruch auseinandergerissen wird.

Der geschützte Trennstrich wird mit der Tastenkombination ⟨⇧⟩ + ⟨Strg⟩ + ⟨-⟩ eingegeben.

Geschütztes Leerzeichen

Zudem gibt es neben dem normalen Leerzeichen ein geschütztes Leerzeichen, das Worte zusammenhält. Dieses können z.B. Eigennamen wie „Windows 95" sein.

Das *geschützte Leerzeichen* wird mit der Tastenkombination ⟨⇧⟩ + ⟨Strg⟩ + ⟨＿＿＿⟩ eingegeben.

Ein KFZ-Kennzeichen wie etwa „K-GB 676" wird mit *geschützten Trennstrich* und *geschütztem Leerzeichen* geschrieben.

Datum und Uhrzeit

Wenn Sie das aktuelle Datum oder die Uhrzeit in einen Text einfügen wollen, können Sie hierzu den Menübefehl *Einfügen/Datum und Uhrzeit* benutzen. Wählen Sie aus der Liste einen passenden Eintrag aus. Deaktivieren Sie in dem Dialogfenster die Option *Aktualisierbar (Als Feld einfügen)*. Als Feld würde sonst beim späteren Öffnen und Drucken des Dokuments das an diesem Tag aktuelle Datum in den Text eingefügt werden.

Datum und Uhrzeit

4.2 Bewegen der Schreibmarke im Text

Nachdem Sie einen Text erfaßt haben, sollte dieser korrekturgelesen werden. Vergessene und falsch geschriebene Worte werden hierbei berichtigt. Ebenso gehört das Umformulieren zur Korrektur. Um überhaupt etwas am Text verändern zu können, müssen Sie die *Schreibmarke* innerhalb des Dokuments positionieren. Dies ist sowohl über die Tastatur als auch mit der Maus möglich. Für welche Arbeitsweise Sie sich entscheiden, bleibt vollkommen Ihnen überlassen. In den folgenden Abschnitten werden einige Verfahren zum Positionieren innerhalb eines Dokuments gezeigt, von denen Sie nicht alle beherrschen müssen. Word für Windows bietet eine Reihe alternativer Möglichkeiten das gleiche Ziel zu erreichen, von denen Sie sich die Ihrer Arbeitsweise entsprechende heraussuchen.

Möchten Sie an einer bestimmten Textstelle Änderungen vornehmen, so muß die *Schreibmarke* an diese Stelle positioniert werden.

Positionieren der Schreibmarke mit der Tastatur

Über die Tastatur können Sie die Schreibmarke mit den Cursortasten in die entsprechende Richtung bewegen. Die-

Cursortasten

ses Verfahren bietet sich immer dann an, wenn sich die Schreibmarke in der Nähe der zu korrigierten Stelle befindet.

Zusätzlich können Sie die ⎡Strg⎤ Taste drücken, um sich schneller im Dokument zu bewegen.

⎡Strg⎤+⎡←⎤   setzt die Schreibmarke an den Beginn des Wortes oder des links stehenden Wortes.

⎡Strg⎤+⎡→⎤   setzt die Schreibmarke an den Beginn des Wortes oder des rechts stehenden Wortes.

⎡Strg⎤+⎡↑⎤   setzt die Schreibmarke an den Beginn des Absatzes oder des oben stehenden Absatzes.

⎡Strg⎤+⎡↓⎤   setzt die Schreibmarke an den Beginn des folgenden Absatzes.

Befehlstasten

Die folgenden Tastenkombinationen zeigen weitere Möglichkeiten, die Schreibmarke im Text zu bewegen und beziehen sich auf die Befehlstasten der Tastatur. Diese sind bei einer erweiterten Tastatur zweifach vorhanden. Einmal über den Cursortasten und einmal bei der numerischen Tastatur. Die *Numerische Tastatur* muß allerdings deaktiviert werden, damit diese Tasten ihre Wirkung entfalten können. Sie erkennen den Zustand der numerischen Tastatur anhand der mit *Num* gekennzeichneten LED. Um die Befehlstasten zu benutzen darf die LED nicht leuchten. Die numerische Tastatur schalten Sie mit den Taste ⎡Num⎤ an und aus.

Pos1	An den Beginn der Zeile
Ende	An das Ende der Zeile
Bild ↑	Eine Bildschirmseite nach oben
Bild ↓	Eine Bildschirmseite nach unten
Strg + Pos1	An den Anfang des Dokuments
Strg + Ende	An das Ende des Dokuments
Strg + Bild ↑	An den Anfang des sichtbaren Textbereichs
Strg + Bild ↓	An das Ende des sichtbaren Textbereichs

Positionieren der Schreibmarke mit der Maus

Alternativ können Sie die Maus zum Positionieren der *Schreibmarke* einsetzen. Verschieben Sie einfach den Mauszeiger an die gewünschte Textstelle und klicken einmal kurz auf die linke Maustaste.

Bildlaufleisten

Um Textbereiche vor oder hinter dem sichtbaren Bereich zu erreichen, müssen Sie die Position innerhalb des Dokuments mit den Bildlaufleisten verschieben. Das Positionieren mit der Maus ist immer dann sinnvoll, wenn Sie innerhalb des Dokuments weit springen müssen.

Tip: Nehmen wir einmal an, Sie haben eine Änderung gemacht und die Schreibmarke danach an eine andere Position gesetzt - jetzt möchten Sie aber wieder an die vorherige Position zurück. Nichts einfacher wie das, Sie brauchen nur die Tasten ⇧ + F5 zu drücken. Die letzten drei Schreibmarkenpositionen sind über wiederholtes Drücken der Tasten ansteuerbar. Beim vierten Mal landen Sie wieder an der Ausgangsposition.

Zu den vorherigen Positionen springen

Direkt zu einer
Seite springen

Wenn Sie ein längeres Dokument bearbeiten, müssen Sie eventuell Änderungen auf einer bestimmten Seite durchführen. Um auf eine bestimmte Seite oder in eine Zeile zu gelangen, rufen Sie den Befehl *Bearbeiten/Gehe zu* auf. In dem Listenfeld *Gehe zu Element* haben Sie dann die Möglichkeit, das Element, in diesem Fall *Seite* auszuwählen. Abhängig von Ihrer Wahl erscheint rechts ein Eingabefeld. Bei dem Element *Seite* geben Sie die gewünschte Seitenzahl in das Eingabefeld ein.

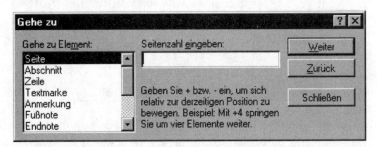

Im Dialogfenster Gehe zu können Sie angeben, zu welcher Seite, Zeile, Fußnote usw. Sie springen möchten

Bearbeiten/
Gehe Zu
per Doppelklick

Statt den Befehl *Bearbeiten/Gehe zu* über das Menü aufzurufen, können Sie auch einen Doppelklick auf das erste oder zweite Feld der *Statusleiste* ausführen.

4.3 Text korrigieren

Nachdem Sie Ihren Text eingeben haben, befinden sich naturgemäß noch einige Fehler darin. Diese können Tippfehler sein, aber auch Formulierungen, die Sie ersetzen möchten. Es ist der Vorteil eines Textverarbeitungsprogramms auch nachträglich Änderungen an einem Dokument zuzulassen. Im folgenden erklären wir Schritt für Schritt die Möglichkeiten der Textkorrektur.

Hinweis: Die sogenannten *nichtdruckbaren Zeichen* - das sind Absatz- und Zeilenende, Tabulatoren sowie Seitenwechsel - werden in Word für Windows genau wie ein Buchstabe behandelt. Sie können diese daher nachträglich einfügen bzw. löschen.

Einzelne Buchstaben löschen

Nehmen wir an, Sie haben in einem Text das Wort „*Korrrektur*" geschrieben. Ein „r" ist zu viel und muß daher gelöscht werden. Um einen einzelnen Buchstaben zu löschen gibt es zwei Möglichkeiten.

* Positionieren Sie die Schreibmarke vor den zu löschenden Buchstaben und drücken die $\boxed{\texttt{Entf}}$ Taste.

* Positionieren Sie die Schreibmarke hinter den zu löschenden Buchstaben und drücken Sie die $\boxed{\leftarrow}$ Taste.

Text einfügen

Sie können an jeder Stelle des Textes einen Buchstaben einfügen. Dieser wird immer vor der Schreibmarke eingefügt.

Schreibmodus

Word für Windows kennt zwei *Schreibmodi*, nämlich den *Einfüge-* und den *Überschreibmodus*.

Einfügemodus /
Überschreib-
modus

Den *Schreibmodus* schalten Sie mit der Taste [Einfg] um. Im *Einfügemodus* wird der Buchstabe eingefügt, im *Überschreibmodus* wird der nachfolgende Buchstabe überschrieben.

Die Anzeige in der Statuszeile

Den Zustand des Schreibmodus erkennen Sie in der Statuszeile anhand des ÜB-Feldes. Ist die Schrift hellgrau, befinden Sie sich im Einfügemodus, ist die Schrift schwarz, im Überschreibmodus.

Schreibmodus
mit der Maus
ändern

Sie können statt der Tastatur auch die Maus benutzen und einen Doppelklick auf das Feld *ÜB* ausführen, um den Schreibmodus umzuschalten.

Automatische Korrektur von immer wieder falsch geschriebenen Worten

Wenn Sie bei der Textkorrektur merken, daß ein bestimmtes Wort immer wieder falsch geschrieben wurde, z.B. „dei" statt „die", so können Sie ein solches Wort in eine Liste von Worten aufnehmen, die automatisch während der Texteingabe korrigiert werden.

AutoKorrektur

- Rufen Sie den Befehl *Extras/AutoKorrektur* auf. In dem Dialogfenster *AutoKorrektur* aktivieren Sie die Option *Während der Eingabe ersetzen*.

- In das Feld *Ersetzen* geben Sie das Wort in falscher Schreibweise ein, in das Feld *Durch* die richtige Schreibweise.

- Klicken Sie auf die Schaltfläche *Hinzufügen*, um diese Wortkombination permanent zur Verfügung zu haben.

- Verlassen Sie das Dialogfenster über die Schaltfläche *OK*.

Machen Sie nun den Test. Schreiben Sie diesmal das Wort absichtlich falsch. Sobald Sie ein Leerzeichen nach dem falsch geschriebenen Wort eingeben, wird dieses automatisch korrigiert.

Die *AutoKorrektur* funktioniert allerdings nur während der Texteingabe, eine spätere automatische Umwandlung von Tippfehlern ist nicht möglich.

4.4 Text markieren

Wenn Sie nicht nur einen Buchstaben löschen möchten, sondern ein ganzes Wort oder einen kompletten Absatz überschreiben wollen, müssen Sie den Textteil vorher markieren. Gleiches gilt für Textpassagen, die innerhalb des Dokuments verschoben werden sollen.

Dieser Text ist nicht markiert

Diese Zeile ist markiert

Durch das Markieren wird der Text auch optisch hervorgehoben, indem er invers dargestellt wird.

Hinweis: Wenn ein Text markiert ist, beziehen sich alle nachfolgenden Aktionen nur noch auf diesen Text. Dieses betrifft nicht nur das Löschen, Verschieben und Einfügen sondern auch alle anderen Befehle, z.B. das Suchen nach einem Wort, das Formatieren des Textes usw.

Wie beim Positionieren der Schreibmarke können Sie auch beim Markieren von Text sowohl die Tastatur als auch die Maus benutzen.

Markieren von Text mit der Maus

Um Text mit der Maus zu markieren, müssen Sie ausgehend von der aktuellen Schreibposition die Maus bei gedrückter linker Maustaste bewegen. Der Text zwischen Ausgangsposition und aktueller Mausposition wird dann markiert.

Ist Ihnen diese Arbeitsweise zu umständlich, so gibt es verschiedene Wege, sich die Arbeit zu erleichtern:

a) Mit einem Doppelklick markieren Sie das Wort unter dem Mauszeiger.

b) Mit einem Dreifachklick markieren Sie den Absatz neben dem Mauszeiger.

c) Mit einem weiteren linken Mausklick deaktivieren Sie die Markierung wieder.

Wollen Sie Text über mehrere Seiten markieren, eignet sich die eben beschriebene Methode nicht. Statt dessen benutzen Sie den *Erweiterungsmodus*. Setzen Sie den Cursor an die Anfangsposition und drücken die Taste `F8`. Wenn Sie nun den Cursor bewegen oder mit dem Mauszeiger den Endpunkt anklicken, wird der Bereich markiert. Um den *Erweiterungsmodus* wieder aufzuheben, drücken Sie die `ESC` Taste.

Erweiterungsmodus

Die Anzeige in der Statuszeile

Den Zustand des *Erweiterungsmodus* erkennen Sie in der Statuszeile anhand der Buchstaben *ERW*.

Wenn Sie die Taste `F8` mehrmals hintereinander drücken, wird erst das Wort, in dem sich der Cursor befindet, dann der Satz, nachfolgend der Absatz und schließlich der gesamte Text markiert.

Erweiterungsmodus über die Taste `F8`

Text spaltenweise markieren

Eine besondere Art des Markierens besteht darin, einen rechteckigen Ausschnitt des Bildes zu markieren. Dieses ist zum Beispiel hilfreich, wenn Sie in einem tabulierten Text eine Spalte markieren möchten.

epproo10¶
Mit ihren Modellen, die nach dem Vorbild von traditionellen Kleidugsstücken in der ganzen Welt gefestigt wer den, wollten die drei helfen, traditionelle Kleidung zu bewahren. Zugleich wollten sie den vielen Men schen, die die sich zu Hause selbst Kleider nähen, neue Möglichkeiten bieten. Keiner der drei zweifelte am Erfolg des Unternehmens. Veronique Kopf, eine Weberin, kannte sich in Techniken der Handarbeit wie Sticken und Applikationen gut aus, die beinahe für alle traditionellen Kleidungsstücken verwendet werden.¶
epproo20¶
The home sewer felt they could help preserve the styles and increase the variety of patterns available to the home sewer, by producing patterns based on the world's classic traditional garments. They were confident that they had the talent to accomplish there goal. June Tanner, a weaver, was skilled at handicraft techniques such as embroidery and elements common to many ethnic garments.¶
epproo30 and epproo60¶
In vielen Teilen der Welt wird eine schmackhaft zubereitete Suppe mit Nudeleinlage als herzhafte, füllende Mahlzeit sehr geschätzt. Gewitzte Geschäftsleute haben dies erkannt und kleine Stände oder Läden eingerichtet, die diese einfache, köstliche Mahlzeit zu allen Tageszeiten anbieten. Oft wird noch feingeschnittenes Gemüse beigemengt, was, zusammen mit dem Aroma frischer Kräuter, den Gewürzen, Sojasprossen und Nudeln der Suppe einen delikaten Geschmack verleiht.¶
epproo40¶
Pensamientos sobre una carrera¶
(Vision eines Ballonwettflugs)¶
¶

Spaltenweise Markierung mit der Maus

Halten Sie dazu die ⌈ALT⌉-Taste gedrückt und schwärzen Sie mit gedrückter linker Maustaste den zu markierenden Bereich.

Spaltenweise Markierung mit der Tastatur

Wenn Sie mit der Tastatur markieren möchten, drücken Sie die Tastenkombination ⌈⇧⌋ + ⌈Strg⌋ + ⌈F8⌋.

Die Anzeige in der Statuszeile

In der Statuszeile erscheint das Kürzel „SP" an der Stelle des „ERW"-Kürzels. Mit den Cursortasten können Sie die Markierung erweitern und mit ⌈ESC⌋ die weitere Markierung beenden.

Markieren mit der Tastatur

Genau wie beim Positionieren der Schreibmarke können Sie Textbereiche auch mit der Tastatur markieren. Eine Möglichkeit haben Sie eben kennengelernt. Die anderen erhalten Sie, wenn Sie die ⌈⇧⌋ Taste gedrückt halten und dann die Pfeiltasten betätigen.

Auch die anderen im Abschnitt *Bewegen im Text* genannten Tastenkombinationen funktionieren, mit dem Unterschied, daß Sie nun Textbereiche markieren.

Was markieren?	Mit der Maus	Mit der Tastatur
Ein Wort	Doppelklick auf das Wort	Zweimal `F8` und dann `ESC`
Einen Satz	`Strg` + Einfachklick	Dreimal `F8` und dann `ESC`
Eine Zeile	Einfachklick links vor die Zeile	
Einen Absatz	Dreifachklick innerhalb des Absatzes	Viermal `F8` und dann `ESC`
Ganzes Dokument	`Strg` + Klick vor die Textspalte	`Strg` + `A`

Textmarkierung: Wörter, Sätze, Zeilen, Absätze, Dokumente

4.5 Grundeinstellungen zum Bearbeiten von Text

Die Art und Weise, in der ein Textbereich markiert wird,
hängt auch von den Grundeinstellungen in Word für Windows ab. Sämtliche Grundeinstellungen des Programms
erreichen Sie über den Befehl *Extras/Optionen*. Auf der Registerkarte *Bearbeiten* werden die Vorgaben festgelegt.

*Grund-
einstellung:
Bearbeiten*

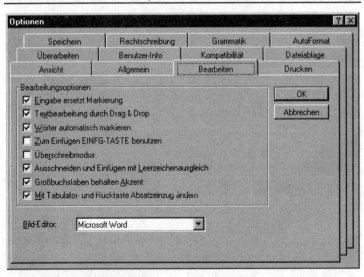

Die Registerkarte Bearbeiten

Eingabe ersetzt Markierung

Ist das Kontrollkästchen *Eingabe ersetzt Markierung* aktiviert, löschen Sie einen markierten Text mit dem Text, den Sie über die Tastatur eingeben.

Textbearbeitung durch Drag & Drop

Wenn Sie markierten Text mit der Maus verschieben und kopieren wollen, muß die Option *Textbearbeitung durch Drag & Drop* aktiviert sein.

Wörter automatisch markieren

Wenn Sie mit der Maus innerhalb eines Wortes die Markierung beginnen und dann zum nächsten Wort kommen, werden beide Worte komplett markiert, falls die Option *Wörter automatisch markieren* eingeschaltet ist.

Zum Einfügen EINFG-Taste benutzen

Text, der sich in der Zwischenablage befindet, wird normalerweise mit der Tastenkombination ⎡Strg⎤ + ⎡V⎤ eingefügt. Ist die Option *Zum Einfügen EINFG-Taste benutzen* aktiviert, können Sie den Inhalt der Zwischenablage auch über die ⎡Einfg⎤ Taste in das Dokument einsetzen. Allerdings können Sie nach dem Aktivieren dieser Option den *Schreibmodus* nicht mehr über diese Taste umschalten.

Möchten Sie Word veranlassen, generell im Überschreib-modus zu arbeiten, aktivieren Sie die Option *Überschreib-modus*.

Überschreib-modus

Schneiden Sie ein Wort vor einem Satzzeichen aus, bleibt normalerweise ein Leerzeichen vor dem Satzzeichen übrig. Mit der aktivierten Option *Ausschneiden und Einfügen mit Leerzeichenausgleich* berücksichtigt Word für Windows dieses und entfernt überflüssige Leerzeichen.

Ausschneiden und Einfügen mit Leer-zeichenaus-gleich

Schreiben Sie fremdsprachigen Text, z.B. in Französisch, kann es vorkommen, daß bei der Textkorrektur Kleinbuch-staben mit Akzenten in Großbuchstaben umgewandelt werden. Mit der Option *Großbuchstaben behalten Akzent* bleiben die Akzente erhalten.

Großbuch-staben behal-ten Akzent

4.6 Dokument speichern

Nachdem Sie Ihren Text eingegeben und korrigiert haben, wird dieser im nächsten Arbeitsschritt auf einem Datenträ-ger gespeichert. Dieser kann eine Festplatte oder eine be-reits formatierte Diskette sein.

Das Speichern eines Dokuments stellt sicher, daß ein einmal eingegebener Text auch bei späteren Arbeitssitzungen zur Verfügung steht. Auch bei Dokumenten, die Sie nur ein-malig brauchen, sollten Sie diese vor dem Ausdruck spei-chern, um den Folgen eines evtl. Stromausfalls oder Soft-wareproblems entgegenzuwirken.

Wieso ein Dokument speichern?

Tip: Wenn Sie viel mit Word für Windows arbeiten, werden viele Dokumente erzeugt. Statt alle Do-kumente ungeordnet in einem Ordner abzulegen, sollten Sie sich auf der Festplatte ein Dokumen-ten-Verzeichnis mit verschiedenen Ordnern anle-gen und die Dokumente dort speichern. Wenn Sie viele Anschreiben für immer gleiche Kunden

Eine geeignete Verzeichnis-struktur erzeu-gen

erzeugen, legen Sie für jeden Kunden einen eigenen Ordner an.

Speichern

Wenn Sie ein Dokument zum ersten Mal speichern, ist es egal, ob Sie den Befehl *Speichern* oder *Speichern unter* aufrufen. In beiden Fällen erscheint das Dialogfenster *Speichern unter*.

Rufen Sie den Befehl *Datei/Speichern unter* auf. Es erscheint das folgende Dialogfenster:

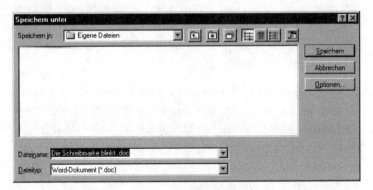

Der Dialog Speichern unter erscheint bei einem neuen Dokument auch dann, wenn Sie Datei/Speichern aufrufen.

Neu: Sie können Dateien unter Windows 95 jetzt beliebig benennen, d.h. die alten DOS-Einschränkungen entfallen. Die Länge der Dateinamen ist nunmehr auf 256 Zeichen gewachsen. Sie dürfen sogar Leerzeichen innerhalb des Dateinamens verwenden.

In das Feld *Dateiname* geben Sie den Namen des Dokuments ein. Die Endung „*.doc" wird von Word automatisch angehängt. Wenn Sie keinen eigenen Dateinamen vergeben, nimmt Word die erste Zeile des Dokuments als Vorschlag und hängt die Extension „*.doc" an. Nutzen Sie die Vorteile von Windows 95 und geben den Dokumenten aussagekräftige Namen, wie z.B. „Word für Windows 95 optimal nutzen - Kapitel 2.doc"

Dateiname

Beachten Sie, daß nur 8 Buchstaben für den Dateinamen zur Verfügung stehen, wenn Sie auf einer DOS-kompatiblen Partition speichern. Die langen Dateinamen von Windows 95 können Sie aber trotzdem verwenden. Aus dem Dateinamen „Die Schreibmarke blinkt.doc" wird auf einer DOS-Partition die Datei „diesch~1.doc".

DOS-Einschränkungen

Bis jetzt geht Word für Windows von den Grundeinstellungen aus, d.h. Dokumente werden im Unterverzeichnis *Eigene Dateien* gespeichert. Dieses Verzeichnis wurde bei der Installation von Word für Windows angelegt. Dieses ist einer der Unterschiede zur Version 6.0, bei der alle Dokumente im WinWord-Verzeichnis gespeichert wurden. Nun sind Programm- und Dokumentdateien voneinander getrennt.

Verzeichnis zum Speichern wechseln

Sie können eine Datei aber auch in einem anderen Ordner oder auf ein anderes Laufwerk speichern:

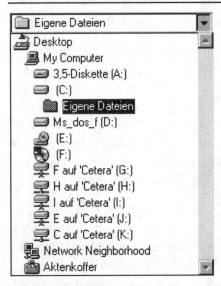

Verzeichnisstruktur

Laufwerke

In dem Listenfeld *Speichern unter* wählen Sie das Laufwerk, auf das Sie ein Dokument speichern wollen. Möchten Sie z.B. eine Sicherungskopie auf Laufwerk A: anlegen, wählen Sie den Eintrag *3,5-Diskette (A:)*. Die Verzeichnisstruktur entspricht dem des Windows 95 Explorer.

Verzeichnisse

In den Verzeichnislisten wählen Sie den gewünschten Unterordner durch einen Doppelklick aus. Dieser wird geöffnet und zeigt dann seinen Inhalt. Sind weitere Ordner enthalten, werden diese mit dem Ordner-Symbol gekennzeichnet. Eventuell müssen Sie sich erst durch die Verzeichnisstruktur des ausgewählten Laufwerks klicken.

Um eine Verzeichnisebene höher zu gelangen, klicken Sie auf das Symbol *Übergeordneter Ordner*. Das Hauptverzeichnis eines Laufwerks erreichen Sie am schnellsten über das Listenfeld *Speichern unter*.

Dateityp

Word für Windows speichert seine Dokumente in einem eigenen Dateiformat, das inzwischen von vielen anderen

Programmen gelesen werden kann. Der Dateityp wird als Word-Dokument bezeichnet und ist voreingestellt, wenn Sie ein neues Dokument erzeugt haben und dieses erstmalig speichern.

Hinweis: Word-Dokument Dateien können unter Windows 95 mit dem *Word Viewer* gelesen und gedruckt werden, falls keine Vollversion auf dem Rechner installiert ist. Das Programm Word Viewer gehört zum Lieferumfang des Betriebssystems.

Nun können Sie das Dokument mit einem Klick auf die Schaltfläche *Speichern* sichern. Je nach Grundeinstellung des Programms erscheint vor dem eigentlichen Speichervorgang ein Dialogfenster, in das Sie Eigenschaften zum Dokument eingeben können. Diese werden zusammen mit der Datei gespeichert.

Wenn Sie ein Dokument in einem anderen als dem Word-Dokumentenformat speichern wollen, wählen Sie das Dateiformat aus der Liste *Dateityp*.

Speichern in anderen Dateiformaten

Hinweis: Soll Ihr Dokument auch mit der Word für Windows Version 2.0 lesbar sein, müssen Sie den Dateityp *Word für Windows 2.0* auswählen, andernfalls kann dieses Dokument in der alten Programmversion nicht geladen werden. Diesen Dateityp sollten Sie evtl. auch wählen, wenn ein anderes Programm scheinbar nichts mit Ihren Word-Dokumenten anfangen kann, obwohl die Option Word-Dokument vorhanden ist. Das DTP-Programm Quark X-Press ist hierfür ein Beispiel.

Kompatibilität zu Word für Windows 2.0

Die Grundeinstellungen beim Speichern eines Dokuments

Die Grundeinstellungen zum Speichern können Sie entweder mit dem Befehl *Extras/Optionen* oder in dem Dialogfenster *Speichern unter* nach dem Anklicken der Schaltfläche *Optionen* ansehen und verändern. Bei dem direkten Menübefehl müssen Sie noch die Registerkarte *Speichern* aktivieren. Im zweiten Schritt gelangen Sie automatisch dorthin.

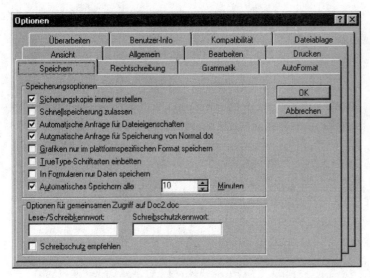

Grundeinstellungen zum Speichern im Menü Extras/Optionen

Sicherungskopie immer erstellen

Normalerweise speichert Word für Windows ein Dokument in einer Datei mit der Endung *.DOC. Laden Sie eine bereits bestehende Datei oder speichern Sie die Datei innerhalb einer Arbeitssitzung mehrmals ab, wird die auf dem Datenträger bestehende Datei überschrieben. Mit der Einstellung *Sicherungskopie immer erstellen* werden ältere Versionen zunächst gelöscht, dann die zuletzt gespeicherte Version in *.BAK umbenannt und die aktuelle Version als *.DOC gespeichert. So haben Sie immer eine Sicherungskopie ihrer Datei, auf die Sie im Notfall zurückgreifen können. Diese Option sollte daher aktiviert sein.

Die Schnellspeicherung eines Dokuments schreibt den Inhalt eines Dokuments, so wie er im Hauptspeicher des Computers vorzufinden ist, auf den Datenträger. Im Rechnerspeicher sieht ein Dokument, in dem Sie mehrmals hintereinander Texte kopiert, gelöscht und eingeben haben, eher aus wie ein Puzzle das erst noch zusammengelegt werden will. Mit einer derart gespeicherten Datei sind Restaurierungsversuche oftmals aussichtslos, daher deaktivieren Sie die Option *Schnellspeicherung zulassen*.

Schnell-speicherung zulassen

Die Datei-Info wird grundsätzlich mit einem Word-Dokument gespeichert und sollte auch ausgefüllt werden. Die aktivierte *Automatische Anfrage für Dateieigenschaften* ruft das Dialogfenster *Eigenschaften* bei neuen Dokumenten auf, wenn diese zum ersten Mal gespeichert werden. In den Eigenschaften legen Sie z.B. die *Datei-Info* fest.

Automatische Anfrage für Dateieigen-schaften

Word für Windows speichert seine Grundeinstellungen in einem speziellen Dokument, das sich NORMAL.DOT nennt. Aktivieren Sie diese Option, damit Sie beim Verlassen des Programms auf eine eventuelle Änderung der Grundeinstellungen aufmerksam gemacht werden.

Automatische Anfrage für Speicherung von Normal.dot

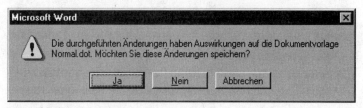

Automatische Anfrage für Speicherung

Sie haben nur bei aktivierter Option *Automatische Anfrage für Speicherung von Normal.dot* die Möglichkeit, eine Änderung unwirksam zu machen, indem Sie in der Abfrage auf *Nein* klicken.

Grafiken nur im plattform-spezifischen Format speichern

Word besitzt einen eigenen Bild-Editor, mit dem Sie kleine Grafiken erzeugen können. Zudem können Sie Bitmap- und Vektordateien in ein Dokument integrieren. Die Option *Grafiken nur im plattformspezifischen Format speichern* wandelt Grafiken innerhalb eines Word-Dokuments in das für Windows 95 spezifische Format um, was aber gar nicht nötig ist. Deaktivieren Sie daher diese Option.

TrueType Schriften ein-betten

Wenn Sie mit ausgefallenen TrueType Schriften arbeiten und Ihr Dokument weitergeben wollen, dann kann es passieren, daß diese Schrift auf dem anderen Rechner nicht vorhanden ist – es sei denn, Sie haben Ihre *TrueType Schriften einbetten* lassen. Beim Einbetten einer Schrift wird diese in das Word-Dokument kopiert und steht auf einem anderen Rechner nur während der Bearbeitung des Dokuments zur Verfügung.

Das Einbetten funktioniert allerdings nur bei copyright-freien Schriften und sollte nicht standardmäßig eingestellt werden, da hierdurch ihre Dokument-Dateien nur unnötig groß werden.

Hinweis: PostScript-Schriften lassen sich nicht in Word-Dokumente einbetten.

In Formularen nur Daten speichern

Sie können in Word für Windows Formulare mit Formular-feldern und unveränderbaren Texten herstellen. Diese Formulare werden als Dokumentenvorlage gespeichert und später ausgefüllt, ähnlich einer herkömmlichen fotokopier-ten Vorlage. Bei nur einem ausgefüllten Formular ist die entstehende Datenmenge relativ klein, aber schon bei 100 Formularen kommen „stattliche MegaBytes" zusammen. Stellen Sie sich nur ein Vertragsformular vor, das auf der ersten Seite ein paar Felder enthält und auf den Folgeseiten

116

die Vertragsbedingungen. Statt des gesamten Dokumenten-inhalts können Sie auch nur die veränderbaren Formularda-ten speichern und erhalten damit eine kleinere Datei. Akti-vieren Sie hierzu die Option *In Formularen nur Daten spei-chern*.

Hinweis: Die „geschrumpfte" Datei ergibt nur zusammen mit der richtigen Dokumentenvorlage ein kom-plettes Dokument.

Haben Sie ein Betriebssystem, das keine Fehler macht, einen Rechner, der nie muckt und eine Festplatte, die nie ihren Geist aufgibt? Garantiert Ihr Stromversorger permanenten Stromfluß und sind Sie ein Mensch, der nie Fehler macht? Wenn Sie auch nur eine dieser Fragen nicht ein-eindeutig mit ja beantworten können, aktivieren Sie die Option *Au-tomatisches Speichern alle x Minuten* und geben als Minu-tenzahl einen Wert zwischen 10 und 15 ein. Der einstellbare Zeitbereich reicht von 1 bis 120 Minuten.

Automatisches Speichern alle x Minuten

Hinweis: Mit der aktivierten Option *Automatisches Spei-chern* wird nach der eingestellten Zeit eine Siche-rungskopie auf der Festplatte erzeugt. Dies kann gerade bei größeren Dokumenten zu Verzöge-rungen bei der Bearbeitung führen. Kommen Sie aber deshalb nicht auf die Idee, die Option *Schnellspeicherung zulassen* zu aktivieren — es sei denn, Sie lieben das Risiko.

Dokumente vor dem Zugriff anderer schützen

Verfassen Sie Dokumente mit vertraulichem Inhalt, oder ist ihr Rechner in ein Netzwerk integriert, und Sie schreiben persönliche Dokumente, so können diese mit einem Kenn-wort und/oder Schreibschutz-Kennwort versehen werden. Die Kennworte werden beim Laden des Dokuments abgefragt. Nur mit richtigem Kennwort läßt sich das Dokument laden und nur mit richtigem Schreibschutz-Kennwort eine Veränderung speichern.

Sie können auch nur ein Schreibschutz-Kennwort vergeben und so verhindern, daß dieses Dokument von Fremden geändert wird. Der Schreibschutz hat übrigens nichts mit einer schreibgeschützten Datei auf der Festplatte zu tun.

Die Kennworte werden für ein aktiviertes Dokument vergeben und haben keine globale Auswirkung, d.h. Sie können für jedes Dokument ein neues oder auch kein Kennwort vergeben.

Praxisbeispiel Kennwort-schutz

Testen Sie den Kennwortschutz einmal an einem neuen Dokument:

- Rufen Sie den Befehl *Datei/Neu* auf oder klicken Sie auf das Symbol *Neu*.

- Speichern Sie die Datei über den Befehl *Datei/Speichern unter* und klicken Sie im Dialogfenster auf die Schaltfläche *Optionen*.

Optionen für gemeinsamen Zugriff auf Dokument1

Lese-/Schreibkennwort: Schreibschutzkennwort:

☐ Schreibschutz empfehlen

Vergabe von Kennworten

- In dem Dialog *Optionen* auf der Registerkarte *Speichern* geben Sie unter *Optionen für gemeinsamen Zugriff auf [Dateiname]* als *Kennwort:* „Ricco" und als *Schreibschutz*-Kennwort: „Nada" ein. Der Text wird nicht in lesbarer Form angezeigt, sondern nur als eine Anzahl von Sternchen, die die Länge Ihres Paßwortes wiedergibt.

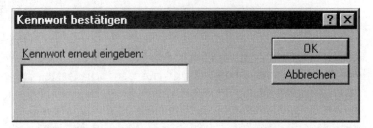

Bestätigung des Kennworts

- Verlassen Sie das Dialogfenster *Optionen* über OK. Sie werden nun aufgefordert, die Kennworte erneut einzugeben. Dabei erscheinen wieder nur Sternchen in dem Eingabefeld.

- Speichern Sie das Word-Dokument unter dem Namen KENNWORT.DOC ab.

- Öffnen Sie die soeben gespeicherte Datei. Sofern das Dokument nicht geschlossen wurde, erscheint eine Abfrage, ob das Dokument wiederhergestellt werden soll. Beantworten Sie diese Frage mit *ja*.

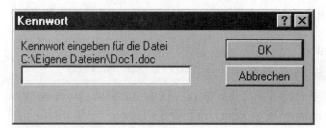

Abfrage des Kennworts

- Nun müssen Sie die richtigen Kennworte eingeben, um mit der Datei arbeiten zu können.

Um den Schreibschutz wieder zu entfernen, müssen Sie die Kennworte auf der Registerkarte *Speichern* wieder löschen.

Standardverzeichnisse der Dateien festlegen

Pfade der Dateiablage einstellen

Neben den Optionen zum Speichern können Sie in Word für Windows auch die Pfade, in und aus denen Datei geladen werden sollen, festlegen.

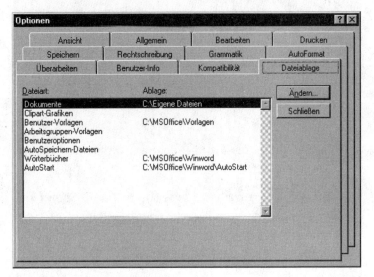

Die Registerkarte Dateiablage

- Rufen Sie dafür den Befehl *Extras/Optionen* auf und wechseln Sie auf die Registerkarte *Dateiablage*.

- Wenn Sie Word für Windows installieren, werden alle Dokumente in dem Verzeichnis *Eigene Dokumente* gespeichert. Dieses ist eine Grundeinstellung, die Sie jederzeit ändern können. Inzwischen haben Sie sicher eine Verzeichnisstruktur oder Dateiablagestruktur erzeugt.

- Selektieren Sie den Eintrag *Dokumente* und klicken Sie auf die Schaltfläche *Ändern*.

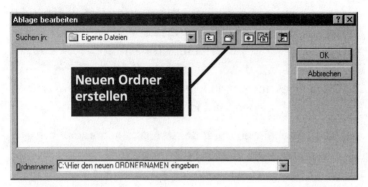

Erstellen eines neuen Ordners

- Sofern Sie einen Dokumentenordner angelegt haben, wählen Sie diesen in der Verzeichnisliste aus. Andernfalls klicken Sie auf das Symbol *Neuen Ordner erstellen*.

Verzeichnisse auf der Festplatte aus Word heraus anlegen

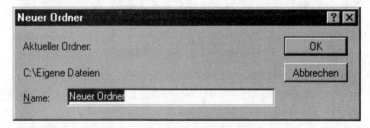

Eingabe des Namens für einen neuen Ordner

- Geben Sie den Namen des *Neuen Ordners* ein und schließen das Dialogfenster über *OK*. Der Ordner wird in die Dateiliste übernommen und muß nun noch über einen Doppelklick geöffnet werden.

- Schließen Sie auch das Dialogfenster *Ablage bearbeiten* über die Schaltfläche *OK*. Der Ablagepfad wird in die Registerkarte *Dateiablage* übernommen.

- Nach dem Einstellen aller Pfade *schließen* Sie das Dialogfenster *Optionen*.

Jedesmal, wenn Sie nun ein Word-Dokument laden oder speichern wollen, wird zuerst dieses Verzeichnis für Dokumente ausgewählt – was natürlich nicht bedeutet, daß Sie zwangsweise auf dieses Verzeichnis festgelegt sind. Durch Auswahl eines anderen Pfades in den Dialogfenstern *Öffnen* bzw. *Speichern* legen Sie das Verzeichnis letztlich fest.

Hinweis: Die Veränderung der Dateiablagepfade betrifft die Grundeinstellungen von Word für Windows und wird erst beim Beenden des Programms gespeichert.

Namen und Anschrift permanent in Word für Windows festlegen

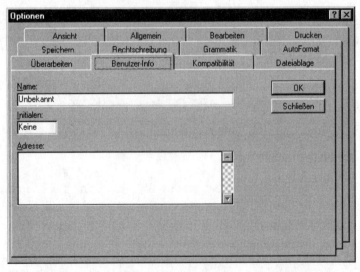

Eintrag von Namen, Initialen und Adresse in die Benutzer-Info

In der *Datei-Info* wird neben dem Thema auch der *Autor* angegeben. Den Autoreneintrag können Sie ändern, indem Sie den Befehl *Extras/Optionen* mit der Registerkarte *Benutzer-Info* aufrufen. Neben dem Namen können Sie nun ein Kürzel und Ihre Anschrift eingeben. Auf die Informationen der *Benutzer-Info* können Sie auch innerhalb eines Word-Dokuments zurückgreifen, indem Sie ein Feld mit entsprechendem Inhalt in den Text einfügen.

Die Benutzer-Info

4.7 Dokumente drucken

Nachdem ein Dokument geschrieben, korrigiert und gespeichert wurde, können Sie es auf einem Drucker ausgeben. Es ist hierbei unerheblich, ob der Drucker auf Papier druckt, in eine Datei schreibt oder eine Faxseite erzeugt. Unter Windows 95 können Sie Word-Dokumente auf alle angeschlossenen Ausgabegeräte drucken, für die ein Druckertreiber existiert.

Um ein Dokument zu drucken, müssen Sie dieses aktivieren, was nur bei einem geöffneten Dokument automatisch der Fall ist. Rufen Sie den Befehl *Datei/Drucken* auf.

Der Befehl *Drucken*		
Tastatur	Menü	Maus
Strg + P	*Datei/Drucken*	

Drucken einer Datei

Hinweis: Wenn Sie das Symbol *Drucken* anklicken, wird das gesamte Dokument sofort mit einem Exemplar auf dem in der Windows 95-*Systemsteuerung* eingestellten Drucker ausgegeben.

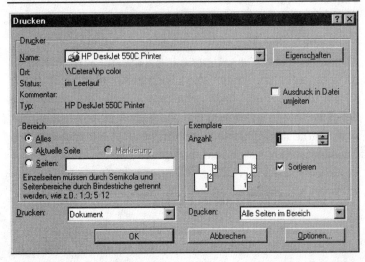

Das Dialogfenster Drucken

Im Dialogfenster *Drucken* haben Sie die Möglichkeit, den Drucker, die Anzahl der Exemplare, die gewünschten Seiten usw. einzustellen.

Auf welchem Drucker möchten Sie ausgeben?

Ausgabegerät festlegen

Der eingestellte Drucker wird in der Gruppe *Drucker:* angezeigt. Neben dem Namen des Druckers ist der Anschluß *(Ort)* sowie der *Status* erkennbar. Der Status zeigt Ihnen aktuelle Probleme mit dem Drucker an. Sofern dort *im Leerlauf* steht, sind Sie der erste in der Druckwarteschlange.

Drucker wechseln

Um einen anderen Drucker auszuwählen, klicken Sie auf das Listenfeldsymbol hinter dem Druckernamen. Gezeigt werden alle auf diesem Rechner unter Windows 95 installierten Ausgabegeräte. Haben Sie nur einen Druckertreiber installiert, wird auch nur dieser angezeigt. Möchten Sie z.B. statt auf Papier ein Fax drucken, wählen Sie in den Druckertreibern aus den Listenfeldeinträgen aus.

Über die Schaltfläche *Eigenschaften* gelangen Sie in die druckerspezifische Einstellung.

Drucker-einrichtung

Hinweis: Nach einem Druckerwechsel stimmen eventuell die eingestellten Seitenränder nicht mehr. Hierdurch kann sich das gesamte Layout des Textes verändern.

Was möchten Sie drucken?

Häufig wird ein ganzes Dokument mit allen Seiten gedruckt. In Word für Windows 95 können Sie alternativ genau bestimmen, welche Seiten und welcher Dokumenteninhalt gedruckt werden soll.

Zu druckender Bereich

In Word für Windows ist als Standard der Druck für *Alles*, d.h. für die erste bis zur letzten Seite, vorgegeben. Sie können aber auch nur die *aktuelle Seite*, auf der sich der Cursor befindet, ausgeben. Haben Sie einen Textbereich markiert, können Sie auch nur die *Markierung* drucken lassen.

Bereich

Möchten Sie nur bestimmte Seiten eines Dokuments drucken, aktivieren Sie die Option *Seiten*. In das Eingabefeld geben Sie die Seiten durch ein Semikolon getrennt ein. Zusammenhängende Seiten, wie z.B. die Seiten 4 bis 10, werden mit einem Bindestrich geschrieben.

Einzelne Seiten drucken

Beispiel: Seite 1 und Seite 4 sollen gedruckt werden:

Druck einzelner Seiten

Alle, linke oder rechte Seiten drucken

Bei einem doppelseitigen Dokument können Sie festlegen, ob *Alle Seiten im Bereich* oder nur die *geraden* oder *ungeraden* Seiten gedruckt werden sollen.

Exemplare/ Kopien sortieren

Möchten Sie mehr als eine Kopie drucken, können Sie die Anzahl der *Exemplare* festlegen. Bei mehreren Exemplaren können Sie diese entweder je Seite oder dokumentenweise hintereinander drucken. Die Option *Sortieren* aktiviert das mehrmalige Drucken eines kompletten Dokuments in der Seitenfolge.

Druck starten

Mit einem Klick auf die Schaltfläche *OK* starten Sie den Ausdruck.

Druck abbrechen

Drucken abbrechen

Den Druckauftrag brechen Sie bei deaktiviertem Druck im Hintergrund durch Drücken der ESC-Taste oder durch Anklicken der Schaltfläche *Abbrechen* ab.

Bei aktiviertem Druck im Hintergrund werden Sie in der Statuszeile über den Fortgang des Druckauftrages informiert.

Druckvorgang über Symbol abbrechen

Möchten Sie den Druck abbrechen, müssen Sie auf das kleine Druckersymbol doppelklicken, falls die ESC Taste keine Wirkung zeigt.

Optionen beim Drucken

Druckausgabe in Datei umleiten

Möchten Sie Ihren Ausdruck auf einem nicht angeschlossenen Drucker ausgeben, aktivieren Sie die Option *Ausdruck in Datei umleiten*. Sie erzeugen hierdurch eine sogenannte Print-Datei, die im DOS-Fenster über den DOS-Befehl *Copy* zum Drucker geschickt wird.

copy [Dateiname] prn:

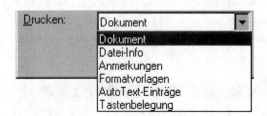

Drucken des Dokuments oder spezieller Informationen

Normalerweise werden Sie ein *Dokument* ausdrucken. Sie können aber auch spezielle Informationen, z. B. die *Auto-Text-Einträge*, die *Datei-Info* usw. ausdrucken, nachdem Sie im Listenfeld *Drucken* eine entsprechende Auswahl getroffen haben.

4.8 Grundeinstellungen beim Drucken

Die Grundeinstellungen zum Drucken können Sie über den Befehl *Extras/Optionen* auf der Registerkarte *Drucken* oder über die Schaltfläche *Optionen* im Dialogfenster *Drucken* ändern.

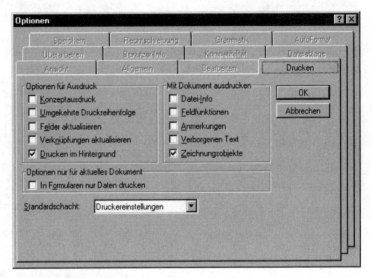

Die Registerkarte Drucken

Optionen für Ausdruck

*Konzept-
ausdruck*

Der *Konzeptausdruck* ist eine schnelle Variante des Druckens, bei der Bilder nicht mit ausgedruckt werden. Die Formatierungen werden auf ein Mindestmaß an Übersichtlichkeit beschränkt. Wie das spätere Druckergebnis aussieht, hängt vom verwendeten Ausgabegerät ab.

*Umgekehrte
Druckreihen-
folge*

Ist die Option *Umgekehrte Druckreihenfolge* aktiviert, dann druckt Word für Windows ein Dokument von der letzten zur ersten Seite aus. Diese Option ist z.B. bei Tintenstrahldrukkern sinnvoll, da Sie dann Ihre Ausdrucke nicht manuell umsortieren müssen.

Felder, die in einem Word-Dokument berechnete Informationen beinhalten, werden vor dem Ausdruck aktualisiert, wenn Sie die Option *Felder aktualisieren* aktivieren. Diese Option ist vorsichtig einzusetzen, da Sie Felder, die auf jeden Fall ihren Inhalt behalten sollen, extra vor der Aktualisierung schützen müssen.

Felder aktualisieren

OLE-Objekte, die in einem Word-Dokument verbunden wurden, können durch Änderungen an der Originaldatei einen anderen Inhalt haben als der, der im Dokument angezeigt wird. Aktivieren Sie die Option *Verknüpfungen aktualisieren*, um jeweils den aktuellen Stand eines Objekts auszudrucken.

Verknüpfungen aktualisieren

Aktivieren Sie die Option *Drucken im Hintergrund*, um auch während des Druckvorgangs weiter arbeiten zu können. Je nach Prozessorleistung und Dokument geschieht der Druckvorgang mit Beeinträchtigung der Arbeitsgeschwindigkeit, d.h. Dialogfenster öffnen sich langsamer und Texteingaben werden verzögert. Das Drucken im Hintergrund bezieht sich übrigens nur auf das Drucken von Word für Windows aus. Ob der Ausdruck über den *Windows 95 Druck-Manager* läuft oder nicht, stellen Sie im *Windows 95-System* ein.

Drucken im Hintergrund

Mit Dokument ausdrucken

Sie können zu jedem Dokument eine der Datei-Informationen ausdrucken lassen. Der Ausdruck erfolgt auf einem gesonderten Blatt. Wenn Sie mit mehreren Benutzern auf einen Drucker zugreifen, sollten Sie die Option *Datei-Info* aktivieren, um zwischen den einzelnen Druckjobs ein Zwischenblatt zu erhalten. Dies macht natürlich nur Sinn, wenn die *Benutzer-Info* für jeden Arbeitsplatz ausgefüllt wurde.

Datei-Info

Feldfunktionen

Wenn Sie die Option *Feldfunktionen* aktivieren, werden nicht die Inhalte der Felder, sondern der Feldbefehl ausgedruckt. Diese Option eignet sich vor allem zu Kontrollzwecken bei der Entwicklung von Formularen.

Anmerkungen

Wenn Sie die Option *Anmerkungen* aktivieren, werden die beim Überarbeiten gemachten Bemerkungen mit ausgedruckt.

Verborgener Text

Es gibt eine Textformatierung, mit der Sie Text im Dokument verbergen können. Dieses wird vor allem zur Entwicklung von Windows-Hilfe Datei gebraucht. Mit aktivierter Option *Verborgener Text* wird dieser im Ausdruck sichtbar, allerdings ohne die punktierten Linien.

Zeichnungselemente

Um den Ausdruck zu beschleunigen, können Sie die *Zeichnungselemente* ausschalten.

Optionen nur für aktuelles Dokument

In Formularen nur Daten drucken

Haben Sie ein Formular in Word für Windows 95 entwickelt, so können Sie beim Ausdruck nur die Inhalte der Formularfelder an ihren Positionen ausdrucken lassen. Diese Option ist vor allem bei vorgefertigten Formularen, wie z. B. einem Lohnsteuer-Jahresausgleich, vorteilhaft.

Hinweis: Diese Option gilt nur für das aktuelle Dokument, während alle anderen Optionen Veränderungen für alle Dokumente bewirken.

4.9 Dokument schließen

Nachdem Sie ein Dokument bearbeitet haben und momentan nicht mehr brauchen, können Sie dieses mit dem Befehl *Datei/Schließen* von der Arbeitsfläche entfernen.

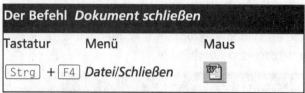

Der Befehl *Dokument schließen*

Tastatur	Menü	Maus
Strg + F4	*Datei/Schließen*	

Der Befehl Dokument schließen

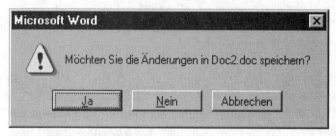

Sicherheitsabfrage vor dem Schließen

Wurde das Dokument nach der letzten Veränderung nicht gespeichert, erscheint eine Sicherheitsabfrage, ob Sie die Änderungen speichern wollen.

Schließen nach Änderungen

Ist das Dokument bisher überhaupt noch nicht gespeichert worden, erscheint nach der mit *ja* beantworteten Sicherheitsabfrage das Dialogfenster *Speichern unter*.

Schließen vor dem ersten Speichern

Hinweis: In Word für Windows können Sie mehrere Dokumente gleichzeitig geöffnet haben, wenn z. B. ein schneller Dokumentenwechsel erfolgen soll oder Sie Teile eines Dokuments in ein anderes kopieren möchten. Ansonsten sollten Sie ungenutzte Dokumentenfenster schließen.

4.10 Word für Windows beenden

Auch wenn Sie in Zeitdruck sind, sollten Sie Word für Windows immer korrekt beenden – auf keinen Fall dürfen Sie einfach den Computer ausschalten, da ihre Arbeit dann unwiederbringlich ins „Datennirwana entflohen" sein könnte.

Wie bei jedem Windows-Programm können Sie es über den Befehl *Datei/Beenden* abschließen.

Der Befehl *Word beenden*		
Tastatur	Menü	Maus
[Alt] + [F4]	*Datei/Beenden*	W

Beenden von Word für Windows

Beim Beenden des Programmes werden zuerst alle Dokumentenfenster geschlossen. Word für Windows überprüft hierbei, ob an den geöffneten Dokumenten Veränderungen erfolgt sind. Ist dies der Fall, wird für jedes Dokument eine Sicherheitsabfrage durchgeführt. Erst nachdem kein Dokumentenfenster mehr geöffnet ist, wird das Programmfenster geschlossen.

Hinweis: Bei einem korrekten Beenden des Programms werden auch die temporären Dateien, die während der Bearbeitung eines Dokuments angelegt werden, gelöscht.

Programm über Taskbar schließen

Sie können Word für Windows auch über das Symbol in der Taskbar schließen. Drücken Sie hierzu die rechte Maustaste über dem *Microsoft Word*-Symbol und wählen Sie anschließend aus dem Kontextmenü den Befehl *Schließen*.

5 Öffnen von Dokumenten

Inhalt dieses Kapitels ist der Befehl zum Öffnen von Dokumenten. In der Version 6.0 gelangten Sie in eine einfache Dateiauswahl. Um Dokumente zu suchen oder eine Volltextrecherche durchzuführen, mußten Sie den Datei-Manager von Word aufrufen.

In der Version 7.0 sind diese Befehle zu einem einzigen, dem Befehl *Datei/Öffnen*, zusammengefaßt und neu gestaltet worden. Von hier aus können Sie nicht nur Dateien laden, sondern auch Sicherheitskopien auf Disketten herstellen, ganze Festplatten nach Dokumenten mit einem Suchbegriff durchforsten lassen, Dateien umbenennen oder löschen usw.

5.1 Laufwerke, Ordner und Dateien

Da manchen Anwendern die Dateiverwaltung eines PCs nicht immer geläufig ist, sollen nun ein paar immer wiederkehrende Begriffe erklärt werden.

Ein *Laufwerk* ist eine physikalische Einheit, die für den Computer formatiert wurde und auf der Daten gespeichert werden. Als Laufwerke bezeichnet man Diskettenlaufwerke, Festplatten, Wechselplatten und CD-ROM-Laufwerke. Das Laufwerk muß nicht zwingend im Computer eingebaut sein, sondern kann auch zu einem über ein Netzwerk verbundenen Rechner gehören.

Laufwerk

Ein *Ordner* ist ein Verzeichnis, das auf dem Laufwerk angelegt wurde. Die Begriffe Ordner und sind bedeutungsgleich. Der erste Ordner eines Laufwerks ist so selbstverständlich,

Ordner

das man ihn gar nicht bemerkt: Das *Hauptverzeichnis* eines Laufwerks, auch *Root* genannt.

In einem Ordner kann wiederum ein Ordner angelegt sein, diese Verschachtelung läßt sich nahezu beliebig wiederholen. Um eine allgemeingültige Aussage über die hierdurch entstehende *Verzeichnisstruktur* machen zu können, spricht man vom *übergeordneten Ordner,* und meint damit den Ordner, in dem sich auch der aktuelle Ordner befindet.

Übergeordneter Ordner	Aktenschrank
Aktueller Ordner	Aktenordner
Untergeordneter Ordner	eingehefteter Ordner

In einem Verzeichnis können *Dateien* enthalten sein. Diese Dateien sind die kleinsten Einheiten bei der alltäglichen Computerbenutzung und können z.B. Dokumente, Programme oder Bilder enthalten. Wenn im Zusammenhang mit dem Öffnen bzw. Speichern von einem Word-Dokument gesprochen wird, ist damit eine Datei gemeint, die eine Beschreibung des Dokumenteninhalts enthält.

5.2 Dokumente öffnen

Über den Befehl *Datei/Öffnen* laden Sie ein bestehendes Word-Dokument oder eine andere Textdatei in Word für Windows 95. Bereits geöffnete Dokumente werden dabei nicht geschlossen. Das einzige Problem, das sich beim Laden vieler Dokumente ergeben kann, ist, daß Sie den Überblick verlieren oder der Rechner am Ende seines Arbeitsspeichers angelangt ist. Sofern Sie immer nur die Dokumente, die auch bearbeitet werden, geöffnet lassen, werden Sie diesbezüglich keine Probleme haben.

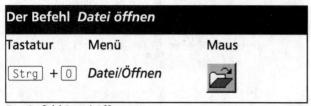

Der Befehl Datei öffnen

Das Dialogfenster *Öffnen* wird beim ersten Aufrufen während einer Arbeitssitzung mit dem Verzeichnis geöffnet, das im Menü *Extras/Optionen* auf der Registerkarte *Dateiablage* als *Dokumente-Ablage* festgesetzt wurde. Ändern Sie die Pfade während der Arbeitssitzung, so wird das Dialogfenster mit dem jeweils zuletzt eingegebenen Verzeichnis geöffnet, auch wenn Sie auf die Schaltfläche *Abbrechen* geklickt haben.

Das Dialogfenster Öffnen ist u.a. die Kommandozentrale zur Dateisuche

Symbol	Erklärung
	Verzweigt in den übergeordneten Ordner des ausgewählten Laufwerks
	Sucht nach Dateien in den als *Favoriten* gekennzeichneten Verzeichnissen
	Fügt den momentan ausgewählten Ordner zur Liste der Favoriten hinzu
	Anzeige der Dateien in Listenform
	Anzeige der Dateien in Listenform mit Informationen zur Datei
	Anzeige der Dateien in Listenform und zur selektierten Datei die Eigenschaften
	Anzeige der Dateien und zur selektierten Datei eine Vorschau (sofern möglich)
	Befehle und Einstellungen

Symbole des Dialogfensters Öffnen

Laufwerk ändern

Sobald Sie auf das Listenfeld *Suchen in* klicken, werden alle auf Ihrem Rechner verfügbaren Laufwerke und angeschlossene Rechner im Netz angezeigt.

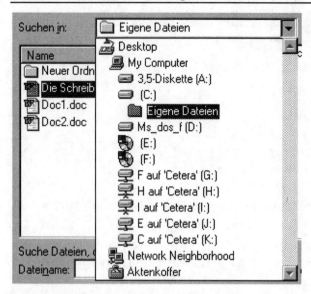

*Laufwerke, Rechner im Netz und Aktenkoffer können übergeord-
nete Suchpfade sein*

Wählen Sie eines der Laufwerke durch einen linken Mausklick aus. Um die Auswahl abzubrechen, klicken Sie mit der
linken Maustaste auf den Hintergrund des Dialogfensters.
Der ursprünglich eingestellte Pfad bleibt dann erhalten.

Sofern Sie sich im eingestellten Ordner nicht auf dem
Desktop befinden, können Sie jeweils über das Symbol
Übergeordneter Ordner in das darüberliegende Verzeichnis
wechseln. Sofern Sie im Hauptverzeichnis eines Laufwerks
angekommen sind, bewirkt das nächste Anklicken, daß die
Laufwerke in der Dateiliste angezeigt werden. Ein nochmaliges Anklicken bringt Sie in den *Desktop*.

*In darüber-
liegende Ord-
ner wechseln*

Name	Größe	Typ	Geändert
Neuer Ordner		Ordner	26.08.95 18:12
Die Schreibmarke blinkt .doc	11 KB	Microsoft Word-D...	26.08.95 15:46
Doc1.doc	13 KB	Microsoft Word-D...	26.08.95 17:27
Doc2.doc	11 KB	Microsoft Word-D...	26.08.95 17:27

Die Dateiliste kann Dateien, Ordner und Laufwerke enthalten

In Ordner wechseln, die sich im aktuellen Ordner befinden

Um aus dem aktuellen Verzeichnis in einen Ordner zu wechseln, der sich in diesem Verzeichnis befindet, führen Sie einen Doppelklick auf den Eintrag in der Dateiliste aus. Wie Sie wissen, ist auch das Hauptverzeichnis eines Laufwerks in diesem Sinne ein Ordner. Aus Sicht des *Desktops* sind Laufwerke untergeordnete Verzeichnisse.

Dokumente öffnen

Um ein Dokument zu öffnen, markieren Sie dieses in der Dateiliste und klicken dann auf die Schaltfläche *Öffnen*. Alternativ können Sie Sie auch einen Doppelklick auf den Dateinamen in der Dateiliste ausführen. Als dritte Variante markieren Sie das Dokument und klicken über dem Dateinamen auf die rechte Maustaste. Aus dem angezeigten Kontextmenü rufen Sie den Befehl *Öffnen* auf.

Mehrere Dokumente gleichzeitig öffnen

Sie können in der Dateiliste mehrere Dokumente markieren und diese gemeinsam *Öffnen* lassen. Halten Sie einfach die Taste [Strg] gedrückt und markieren Sie die gewünschten Dateien. Liegen die Dateien in der Liste direkt hintereinander, können Sie auch die erste Datei markieren, halten dann die [⇧] Taste gedrückt und markieren nun die letzte Datei.

Suche Dateien, die diesen Kriterien entsprechen.

Die Eingaben in den Feldern *Dateiname, Dateityp, Text oder Eigenschaft* und *Zuletzt geändert* bilden zusammen den Schlüssel, nach dem Dateien in der Dateiliste angezeigt werden. Wenn Sie sich einander ausschließende Angaben machen, kann es sein, daß gar keine Datei angezeigt wird.

Wenn Sie ein Eingabefeld verlassen oder auf die Schaltfläche *Suche starten* klicken, wird die Dateiliste den Suchkriterien entsprechend aktualisiert. Bei einer längeren Suche können Sie diese über die Schaltfläche *Anhalten* abbrechen.

Wollen Sie die *Suchkriterien* wieder aufheben, so daß alle Dateien angezeigt werden, klicken Sie auf die Schaltfläche *Neue Suche*.

Neue Suche

Sie können über die ⇥ Taste zum nächsten und mit ⇧ ⇥ zum vorherigen Eingabefeld gelangen. Über die Taste ↵ schließen Sie das Dialogfenster und laden die ausgewählten Dateien in Word für Windows.

Im Feld *Dateiname* können Sie die Dateien, die in der Liste angezeigt werden sollen, einschränken. Wenn Sie z.B. nur die Dateien sehen wollen, die mit dem Buchstaben „e" beginnen, geben Sie unter Dateiname „e*" ein.

Dateiname

Wenn Sie eine Eingabe wie „*.txt" in dem Feld *Dateiname* vornehmen, wird dieser Eintrag automatisch in das Feld *Dateityp* übernommen. Word für Windows erkennt den Punkt in dieser Schreibweise und trennt daraufhin Ihre Eingabe in den Dateinamen und -typ. Aus einer Eingabe „E*.rtf" werden somit zwei Kriterien, die wie folgt lauten: *Dateiname: E*; Dateityp: *.rtf.*

Hinweis: Die Eingabe im Feld *Dateiname* wird in das Listenfeld übernommen und steht auch bei einem späteren Programmstart wieder zur Verfügung.

Dateityp

Bei den Dateitypen ist das Word-Dokument voreingestellt. Wenn Sie sich alle Dateien eines Verzeichnisses anzeigen lassen wollen, geben Sie als Dateityp *Alle Dateien (*.*)* an.

Von Word für Windows 7.0 ladbare Dateiformate:

- Word-Dokumente (*.doc)

- Dokumentenvorlagen (*.dot)

- Rich Text Format (*.rtf)

- Word (Asiatische Version) 6.0-7.0 (*.doc)

- Lotus 1-2-3 (*.wk1;*.wk2;*.wk3)

- Schedule+ Kontaktpersonenliste (*.scd)

- Persönliches Adreßbuch (*.pab)

- MS-DOS Text mit Layout (*.asc)

- Text mit Layout (*.ans)

- Windows Write (*.wri)

- Microsoft Excel Tabellenblatt (*.xls;*.xlw)

- RFT-DCA (*.rtf)

Text oder Eigenschaft

In das Feld *Text oder Eigenschaft* geben Sie ein Wort, das im Dokument enthalten sein soll, ein. Hinter diesem Feld verbirgt sich eine Volltextrecherche, die alle Dokumente des eingestellten Ordners auf das Vorhandensein des Suchbegriffs untersucht. Nur die Dateien, in denen der Begriff gefunden wird, werden in der Dateiliste angezeigt. Die Suche erfordert allerdings Zeit, daher wird die Dateiliste nach und nach aktualisiert. Lassen Sie z.B. alle Dokumente eines Laufwerks nach einem Begriff durchsuchen, können Sie eine längere Kaffeepause einlegen.

Hinweis: Die Eingabe im Feld *Text oder Eigenschaft* wird in das Listenfeld übernommen und steht auch bei einem späteren Programmstart wieder zur Verfügung.

Wenn Sie sich z.B. nur die Dokumente anzeigen lassen wollen, die in der letzten Woche erfaßt wurden, schränken Sie die Dateiliste über das Feld *Zuletzt geändert* ein. Zur Auswahl stehen folgende Einträge:

Zuletzt geändert

- gestern

- heute

- letzte Woche

- diese Woche

- letzten Monat

- diesen Monat

Um die Dateiliste unabhängig vom Datum zusammenstellen zu lassen, muß der Eintrag *beliebiges Datum* selektiert sein.

5.3 Die erweitere Suche

Sofern die Kriterien zur Dateisuche im Dialogfenster *Öffnen* nicht ausreichen, können Sie über die Schaltfläche *Weitere...* genauere Angaben zur Suche nach Dateien machen.

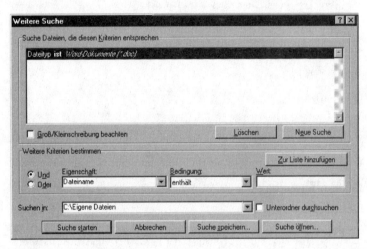

Die erweiterte Dateisuche

Das Dialogfenster *Weitere Suche* enthält ein großes Listenfeld, in dem die Suchkriterien aufgelistet werden. Sofern Sie den Dateityp *Word Dokument (*.doc) als* Suchkriterium vorgegeben haben, steht dieser an erster Stelle.

Weitere Kriterien bestimmen

In der Gruppe *Weitere Kriterien bestimmen* können Sie die Auswahl der Dateien durch neue Bedingungen eingrenzen. Hierbei ist wichtig, wie neue mit bereits bestehenden Kriterien verknüpft werden soll. Die Option *Und* besagt, daß gleichzeitig bestehende und neu definierte Kriterien zutreffen müssen, damit die Datei in der Dateiliste angezeigt wird. Die Option *Oder* besagt, daß alternativ neue oder bestehende Kriterien richtig sein müssen, damit die Datei aufgenommen wird. Sie können bei mehreren Kriterien beliebig Und/Oder-Verknüpfungen hinzufügen, eine logische Überprüfung Ihrer Eingaben findet nicht statt.

Anschließend können Sie angeben, welche Eigenschaft der Datei als Kriterium festgelegt werden soll. Die Eigenschaften, die Sie hier auswählen können, entsprechen denen, die Sie mit dem Befehl *Datei/Eigenschaften* einer Datei zuweisen. Dies bedeutet aber auch gleichzeitig, daß eine Suche nach diesen Eigenschaften nur Sinn macht, wenn diese auch ausgefüllt worden sind - es sei denn Word für Windows erledigte dieses automatisch.

Eigenschaften

Die Liste der Eigenschaften ist für alle Programme des Office-Pakets entwickelt worden. Daher finden Sie hier auch Einträge, für die in Word kein entsprechendes Feld existiert. Die Suche nach einer „Rechnungsnummer" bleibt für den Dateityp *Word-Dokument* erfolglos.

Wenn Sie nach einem Word-Dokument suchen, stehen Ihnen die folgenden Eigenschaften zur Verfügung (automatisch ausgefüllte Eigenschaften sind fett gekennzeichnet).

Eigenschaft	...und wo Sie diese in den Datei-Eigenschaften finden
Anzahl der Absätze	Statistik
Anzahl der Seiten	Statistik
Anzahl der Wörter	Statistik
Anzahl der Zeilen	Statistik
Autor	Datei-Info
Dateiname	Allgemein
Dateityp	Allgemein
Erstellt	Allgemein
Firma	Datei-Info
Gesamte Bearbeitungszeit	Statistik
Größe	Allgemein
Inhalt	Inhalt
Kategorie	Datei-Info
Kommentar	Datei-Info
Manager	Datei-Info
Programm	Allgemein
Stichwörter	Datei-Info
Text oder Eigenschaft	im gesamten Dokument
Thema	Datei-Info
Titel	Datei-Info
Vorlage	Datei-Info
Zuletzt gedruckt	Statistik
Zuletzt gespeichert von	Statistik
Zuletzt geändert	Statistik

Eigenschaften, die zur Suche zur Verfügung stehen

Bedingung

Jede dieser *Eigenschaften* wird mit einer *Bedingung* verknüpft. Die Auswahl der möglichen Bedingungen hängt von der Eigenschaft ab. Die Definition erfolgt glücklicherweise nahezu umgangssprachlich.

Zu manchen Bedingungen müssen Sie einen Wert eingeben. Dieses kann ein Text, eine Zahl, ein Datum oder ein Zahlenbereich sein. Wenn Sie z.B. nach der *Anzahl der Absätze*, die *eine Zahl zwischen...* dem Wert *5 und 50* als Kriterium definieren, ist dieses korrekt.

Wert

Hinweis: Bei Zahlen und Datumswerten dürfen Sie keinen Bindestrich (4-6) verwenden sondern, müssen „und" ausschreiben. (4 und 6)

Nachdem ein Kriterium definiert ist, klicken Sie auf die Schaltfläche *Zur Liste hinzufügen*. Ein *Und*-Kriterium wird ohne weiteren Hinweis geschrieben, ein *Oder*-Kriterium wird mit ODER: gekennzeichnet.

Kriterium zur Liste hinzufügen

Machen Sie zu einer Eigenschaft mehrere Angaben, werden diese sofort in die Liste einsortiert. Neue Angaben werden an das Ende der Liste gehängt.

Trotz all der Bequemlichkeiten sei nochmals vor sich ausschließenden Bedingungen wie:

Vorlage beginnt mit K

Und Vorlage beginnt mit N

gewarnt, da nicht auf den Fehler hingewiesen wird. Die Suche nach Dateien bleibt erfolglos.

Suche nach anderen Eigenschaften

Die Dateisuche nach anderen wie den oben angegebenen Eigenschaften können Sie dann anwenden, wenn ein Objekt eingefügt werden soll. So besteht die Möglichkeit, eine Power-Point-Präsentation anhand der *Anzahl der Folien* ausfindig zu machen oder ein Excel-Tabellenblatt anhand eines Datums.

Hier nicht aufgeführte Eigenschaften

Einträge aus der Kriterienliste wieder löschen

Um ein bestehendes Kriterium zu löschen, markieren Sie den Eintrag und klicken auf die Schaltfläche *Löschen*. Sollen alle in dem Dialogfenster *Weitere Suche* hinzugefügten Kriterien gelöscht werden, klicken Sie auf *Neue Suche*. Hierbei bleibt die im Dialogfenster *Öffnen* getroffene Auswahl erhalten.

Wo soll gesucht werden?

Wie im Dialogfenster *Öffnen* können Sie auch in der weiteren Suche den Suchpfad angeben und veranlassen, daß Word auch die *Unterordner durchsuchen* soll.

Suchkriterien speichern

Wenn Sie umfangreiche Suchkriterien eingegeben haben, ist es vorteilhaft, diese für eine spätere Verwendung aufzubewahren. Die Kriterien der *Weitere Suche* bleiben ohne Speicherung nur solange erhalten, wie das Dialogfenster *Öffnen* geöffnet ist.

Über die Schaltfläche *Suche speichern...* werden die Suchkriterien unter einem frei wählbaren Namen dauerhaft gespeichert und stehen zur späteren Verwendung zur Verfügung. Geben Sie einen aussagekräftigen Namen an, dies erleichtert Ihnen die spätere Identifizierung. Es stehen genug Buchstaben zur Verfügung und Leerzeichen innerhalb des Namens sind auch erlaubt.

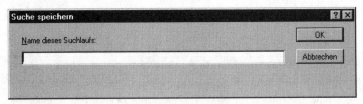

Suchkriterien können einen aussagefähigen Namen erhalten.

Wird der von Ihnen eingegebene Name schon für einen anderen Suchlauf benutzt, werden Sie gefragt, ob dieser ersetzt werden soll.

Hinweis: Suchkriterien können nur im Dialogfenster *Erweiterte Suche* gespeichert werden. Auf *gespeicherte Suchläufe* können Sie dagegen auch im Dialogfenster *Öffnen* zugreifen.

Suchkriterien öffnen

Im Dialogfenster *Öffnen* klicken Sie auf die Schaltfläche *Befehle und Einstellungen* und wählen aus dem PopUp-Menü den Befehl *Gespeicherte Suchläufe*. Alle Suchläufe werden in einem weiteren Menüfenster angezeigt. Nach Auswahl eines Eintrags wird sofort mit der Suche begonnen.

Im Dialogfenster Öffnen

Über die Schaltfläche *Suche öffnen...* laden Sie gespeicherte Kriterien zur sofortigen Anwendung.

Im Dialogfenster Weitere Suche

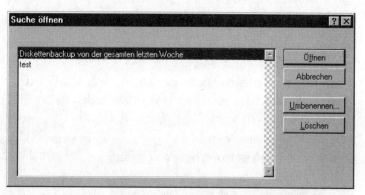

Gespeicherte Suchkriterien lassen sich später schnell abrufen

149

In dem Dialogfenster *Suche öffnen* können Sie dem Suchlauf über die Schaltfäche *Umbenennen* einen neuen Namen
geben. Über *Löschen* entfernen Sie nicht mehr benötigte
Suchläufe.

Die Suche beginnt in diesem Dialogfenster nicht mit der
Auswahl eines gespeicherten Suchlaufs, sondern muß expli-
zit über die Schaltfläche *Suche starten* in einem der vorangegangenen Dialogfenster gestartet werden. Im Dialogfenster *Weitere Suche* können Sie die Suchkriterien überarbeiten.

5.4 Die Favoriten

Nehmen Sie an, Sie benötigen eine bestimmte Datei immer
wieder oder haben für jeden Ihrer Kunden ein Verzeichnis
angelegt, wobei sich die Verzeichnisse auf unterschiedlichen
Festplatten im Netzwerk befinden. Jetzt möchten Sie schnell
auf die enthaltenen Dateien zugreifen, ohne sich lange
durch Laufwerkspfade klicken zu müssen – dann ist es an
der Zeit, Ihre *Favoriten* festzulegen.

Ordner, Laufwerke und Dateien können in eine Liste von oft
benötigten Verzeichnissen/Dateien, den sogenannten *Favoriten*, aufgenommen werden. Um einen Favoriten hinzuzufügen, markieren Sie die favorisierte Datei oder stellen das
Verzeichnis im Feld *Suchen in:* ein. Jetzt klicken Sie auf die
Schaltfläche *Zu Favoriten hinzufügen* und wählen aus dem
Kontextmenü den entsprechenden Eintrag.

'Eigene Dateien' zu Favoriten hinzufügen
Markiertes Element zu Favoriten hinzufügen

Auf die Favoriten können Sie über die Schaltfläche *Suche in
Favoriten* zugreifen. In der Dateiliste werden die so be-
zeichneten Laufwerke, Ordner und Dateien angezeigt. Der

große Vorteil besteht darin, daß die Favoriten nicht an eine bestimmte Verzeichnisstruktur gebunden sind, sondern sich irgendwo auf den Laufwerken befinden können.

5.5 Dateilisten-Anzeige

Über die Schaltflächen zur Dateianzeige legen Sie fest, wie die Dateiliste aufgebaut werden soll.

In der Einstellung *Liste* werden alle Dateien mit ihrem Symbol, ohne weitere Angaben, angezeigt.

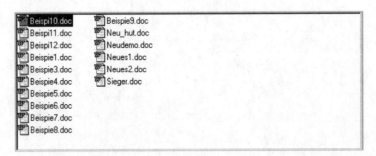

Beispi10.doc	Beispie9.doc
Beispi11.doc	Neu_hut.doc
Beispi12.doc	Neudemo.doc
Beispie1.doc	Neues1.doc
Beispie3.doc	Neues2.doc
Beispie4.doc	Sieger.doc
Beispie5.doc	
Beispie6.doc	
Beispie7.doc	
Beispie8.doc	

Die Dateiliste in der Einstellung Liste

In der Einstellung *Details* wird jede Dateie in einer Zeile angezeigt. Zusätzlich zum Dateinamen werden die Größe, der Dateityp sowie das Datum der letzten Änderung angezeigt. Die Breite der Spalten können Sie ändern, indem Sie den Mauszeiger in der Titelzeile zwischen zwei Spalten bewegen und dann bei gedrückter linker Maustaste die Spaltengrenze verschieben.

Name	Größe	Typ	Geändert
Beispi10.doc	19 KB	Microsoft Word-D...	14.01.94 00:00
Beispi11.doc	24 KB	Microsoft Word-D...	14.01.94 00:00
Beispi12.doc	10 KB	Microsoft Word-D...	13.01.94 00:00
Beispie1.doc	25 KB	Microsoft Word-D...	14.01.94 00:00
Beispie3.doc	12 KB	Microsoft Word-D...	19.01.94 00:00
Beispie4.doc	21 KB	Microsoft Word-D...	17.01.94 00:00
Beispie5.doc	15 KB	Microsoft Word-D...	31.01.94 00:00
Beispie6.doc	44 KB	Microsoft Word-D...	18.01.94 00:00
Beispie7.doc	24 KB	Microsoft Word-D...	14.01.94 00:00
Beispie8.doc	15 KB	Microsoft Word-D...	28.01.94 00:00

Die Dateiliste in der Anzeige Details

In der Einstellung *Eigenschaften* wird das Dateilistenfenster zweigeteilt. Auf der linken Seite stehen die Dateinamen, auf der rechten Seite wird für die zuletzt markierte Datei ein Teil der Eigenschaften angezeigt.

Die Eigenschaften einer Datei

In der Einstellung *Vorschau* wird das Dateilistenfenster ebenfalls zweigeteilt. Auf der linken Seite stehen die Dateinamen, auf der rechten Seite wird die zuletzt markierte Datei als Vorschau mit Inhalt gezeigt.

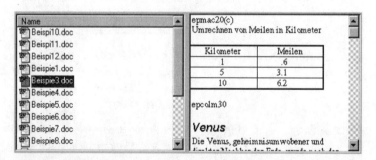

Die Dateiliste mit Vorschau auf den Dokumenteninhalt

Hinweis: Die Vorschau auf Dateien wird beschleunigt, wenn Sie beim Speichern eines Dokuments auf der Registerkarte *Datei-Info* des Befehls *Datei/ Eigenschaften* die Option *Vorschaugrafik speichern* aktivieren.

153

5.6 Befehle und Einstellungen

Über die Schaltfläche *Befehle und Einstellungen* können Sie mehrere markierte Dateien drucken, die Dateien schreibgeschützt öffnen usw.

Befehl	Bewirkt
Schreibgeschützt öffnen	Öffnet die Dokumente so, daß eine Veränderung nicht gespeichert werden kann.
Drucken	Druckt die Dokumente, ohne Sie in Word für Windows zu laden.
Eigenschaften	Ruft für die zuletzt markierte Datei die Eigenschaften auf, die sofort geändert werden können.
Sortieren	Sortiert die Dateinamen der Dateiliste nach Name, Größe, Typ oder Speicherdatum.
Unterordner durchsuchen	Durchsucht auch Verzeichnisse, die sich innerhalb des aktuellen Ordners befinden, nach Dateien.
Dateien nach Ordnern gruppieren	Dieser Befehl ist nur verfügbar, wenn *Unterordner durchsuchen* aktiviert ist; stellt die Dateien nach Ordnern zusammen.
Netzlaufwerk verbinden	Schließt ein Netzlaufwerk, daß beim Start von Windows nicht automatisch verbunden wurde, an.
Gespeicherte Suchläufe	Ist nur verfügbar, wenn Suchläufe vorher gespeichert wurden. Für jeden Suchlauf gibt es einen Eintrag.

Das Kontextmenü

Wenn Sie innerhalb der Dateiliste auf die rechte Maustaste drücken, erscheint ein Kontextmenü, das weitere Befehle zur Dateiverwaltung enthält. Hierbei können mehrere Möglichkeiten unterschieden werden:

- Mindestens ein Word-Dokument ist markiert und Sie klicken über einem Dateinamen auf die rechte Maustaste.

- Es ist ein Ordner markiert und Sie klicken auf die rechte Maustaste.

- Es ist eine Datei, die kein Word-Dokument ist, markiert, und Sie drücken die rechte Maustaste.

- Es ist keine Datei markiert oder Sie klicken innerhalb eines leeren Dateilistenbereichs auf die rechte Maustaste.

Bei jeder der vier Möglichkeiten paßt sich das Kontextmenü an.

a) Es ist ein Word-Dokument markiert

Befehl, wenn *.doc markiert	Bewirkt
Öffnen	Lädt die markierten Datei in Word für Windows
Schreibgeschützt öffnen	Öffnet die Dokumente so, daß eine Veränderung nicht gespeichert werden kann.
Drucken	Druckt die markierten Dateien, ohne daß diese in Word für Windows geladen werden müssen
WordView	Startet das Programm WordView mit den markierten Dateien
Neu	Aktualisiert die Dateiliste
Schnellansicht	Öffnet das Word Dokument in einer Schnellansicht
Senden an	Schickt die Datei an einen Fax- oder E-Mail-Empfänger oder kopiert diese auf Diskette
Ausschneiden	Keine Wirkung
Kopieren	Keine Wirkung
Verknüpfung erstellen	Erzeugt eine Verknüpfung zu einer Datei
Löschen	Verschiebt die markierten Dateien in den Papierkorb
Umbenennen	Aktiviert für die zuletzt markierte Datei die Namensänderung
Eigenschaften	Lädt das Eigenschaften-Fenster für ein Word-Dokument.

b) Es ist ein Ordner markiert

Befehl, wenn Ordner ge-kennzeichnet	Bewirkt
Öffnen	Öffnet den Ordner, wie bei einem Doppelklick auf das Ordner-Symbol
Explorer	Lädt den Windows 95 Explorer
Freigabe	Hierdurch ändern Sie die Freigabe-Eigenschaften des Ordners im Netzwerk
Senden an	Schickt den Ordner samt Inhalt an ein Fax, einen E-Mail-Empfänger oder kopiert den Ordnerinhalt auf Diskette
Ausschneiden	Kopiert den Ordner samt Inhalt in die Zwischenablage und löscht diesen im Verzeichnis, nachdem der Ordner an anderer Stelle wieder eingefügt wurde.
Kopieren	Kopiert den Ordner samt Inhalt, ohne ihn zu löschen
Einfügen	Fügt den Inhalt der Zwischenablage in das aktuelle Verzeichnis ein.
Verknüpfung erstellen	Erstellt eine Verknüpfung zum zuletzt markierten Ordner.
Löschen	Verschiebt den Ordner samt Inhalt in den Papierkorb
Umbenennen	Aktiviert die Namensvergabe des zuletzt markierten Ordners
Eigenschaften	Öffnet das Dialogfenster *Eigenschaften* von Dateien. Hier können Sie die Dateiattribute verändern.

c) Es ist eine Datei, aber kein Word-Dokument markiert

Die Befehle entsprechen denen bei einem markierten Word-Dokument, allerdings fehlen die word-spezifischen Befehle.

d) Es ist keine Datei markiert

Befehl	Bewirkt
Explorer	Startet den Windows 95 Explorer
Freigabe	Gestattet die Freigabe im Netzwerk
Senden an	Verschickt den Inhalt des unter *Suchen in* eingestellten Verzeichnisses an ein Fax, einen E-Mail-Empfänger oder kopiert den Inhalt auf Diskette
Verknüpfung erstellen	Erzeugt eine Verknüpfung zu dem unter *Suchen in* eingestellten Verzeichnis.
Eigenschaften	Ruft die Eigenschaften des unter *Suchen in* eingestellten Verzeichnisses auf.

5.7 Beispiele für die Benutzung des Dialogfensters Öffnen

Sie möchten eine Sicherungskopie aller Word-Dokumente, die in der letzten Woche neu erzeugt oder geändert wurden, auf Diskette.

Wöchentliche Sicherungs- kopie

- Stellen Sie unter *Suchen in* das Hauptverzeichnis der Festplatte oder den Ordner, in dem Sie Ihre Dokumente für gewöhnlich speichern, ein. Wenn Dateien irgendwo innerhalb eines Netzwerks gesucht werden sollen, klicken Sie so oft auf die Schaltfläche *Übergeordneter Ordner* bis unter *Suchen in* der Eintrag *My Computer* erscheint.

- Klicken Sie auf die Schaltfläche *Befehle und Einstellungen* und aktivieren Sie *Unterordner durchsuchen*.

- Stellen Sie als *Dateityp Word-Dokument (*.doc)* ein.

- Stellen Sie unter *Zuletzt geändert* den Eintrag *letzte Woche* ein.

- Markieren Sie die erste gefundene Datei in der Dateiliste, halten die ⬦ Taste gedrückt und markieren dann die letzte Datei.

- Legen Sie einen formatierten Datenträger in das Diskettenlaufwerk.

- Klicken Sie über einem Dateinamen innerhalb der Dateiliste auf die rechte Maustaste und wählen aus dem Kontextmenü den Befehl *Senden an*. Geben Sie als Ziel *3,5-Diskette (A:)* an.

Umbenennen

Sie möchten ein Dokument umbenennen.

- Klicken Sie in der Dateiliste zuerst auf den Namen des Dokuments und dann erneut auf den Dateinamen. Nun können Sie diesen sofort ändern.

Löschen von Dateien

Sie möchten ein Dokument löschen.

- Markieren Sie das betreffende Dokument und drücken Sie die [Entf] Taste. Die Datei wird in den Papierkorb verschoben und kann ggf. hieraus noch gerettet werden.

Alle mit Word für Windows erzeugten Dokumente anzeigen

Sie suchen nach einer Datei, die mit Word für Windows erzeugt wurde, aber eine andere Extension als *.doc trägt.

- Stellen Sie den Suchpfad unter *Suchen in* ein. Schließen Sie ggf. über die Schaltfläche *Befehle und Einstellungen* die *Unterpfade* in den Suchlauf ein.
- Klicken Sie auf die Schaltfläche *Weitere...*
- Stellen Sie unter *Weitere Kriterien bestimmen* die Verknüpfung *Oder* mit der Eigenschaft *Dateityp* und der Bedingung *Alle Dateien (*.*)* ein. Klicken Sie auf die Schaltfläche *Zur Liste hinzufügen*.
- Stellen Sie unter *Weitere Kriterien bestimmen* die Verknüpfung *Und* mit der Eigenschaft *Programmname* und der Bedingung *enthält* und dem Wert *Microsoft Word* ein. Klicken Sie auf die Schaltfläche *Zur Liste hinzufügen*.
- Klicken Sie nun auf die Schaltfläche *Suche speichern...*, um die eingestellten Suchkriterien später schnell abru-

fen zu können oder auf *Suche starten*, um sofort mit dem Suchlauf zu beginnen.

Sie suchen nach einem Dokument, in dem der Name Müller vorhanden ist.

Volltext-recherche

- Stellen Sie den Suchpfad ein.

- Geben Sie im Feld *Text oder Eigenschaft* den Begriff *Müller* ein. Starten Sie die Suche über die Schaltfläche *Suche starten*.

Sie möchten alle Dokumente eines Verzeichnisse nacheinander drucken.

Druckjob

- Markieren Sie die zu druckenden Dateien in der Dateiliste.

Klicken Sie nun auf die Schaltfläche *Befehle und Einstellungen*, aus der Sie den Befehl *Drucken* aufrufen.

Sie möchten eine Vorschau auf eine Excel-Tabelle, bevor Sie diese in Word für Windows öffnen.

Vorschau

- Stellen Sie als Dateityp Microsoft Excel Tabellenblatt (*.xls;*.xlw) ein.

- Starten Sie die Suche über die Schaltfläche *Suche starten*.

- Klicken Sie auf die Schaltfläche *Vorschau* und markieren Sie die betreffende Datei...

- ...oder markieren Sie die Datei und klicken Sie auf die rechte Maustaste. Aus dem Kontextmenü wählen Sie den Befehl *Schnellansicht*.

5.8 Die Schnellansicht

In der Schnellansicht können Sie Word-Dokumente, Write-Texte und Excel-Tabellenblätter ansehen, auch ohne daß das betreffende Programm auf dem Rechner installiert wurde.

Die Schnellansicht zeigt Word-Dokumente und Excel-Tabellen, ohne das Erzeugerprogramm zu starten

Von der *Schnellansicht* aus können Sie die Datei in dem zugehörigen Anwendungsprogramm direkt öffnen oder drucken. Veränderungen sind nicht möglich.

Im Gegensatz zur Vorschau in dem Dialogfenster *Öffnen* befindet sich die Schnellansicht in einem eigenen Fenster. Daher können Sie mehrere Dateien gleichzeitig in der Schnellansicht öffnen und so ggf. visuell vergleichen.

Hinweis: Die *Schnellansicht* nimmt keine Rücksicht auf die in der Datei wirklich verwendeten Schriftarten, sondern zeigt alles auf eine Art, nämlich mit den vorgegebenen Schriftattributen.

Symbol	Erklärung
	Startet das Anwendungsprogramm mit der geöffneten Datei
$A^{\cdot}$	Vergrößert die Darstellung
	Verkleinert die Darstellung
	Stellt Fenster wieder her

Die Symbole der Schnellansicht

5.9 Das Anlegen eines neuen Dokuments

Wenn Sie während einer Arbeitssitzung ein neues Dokument anlegen wollen, rufen Sie den Befehl *Datei/Neu* auf.

Außerdem besteht die Möglichkeit, die Tastenkürzel Strg + n oder das Symbol *Neu* aus der Symbolleiste *Standard* zu benutzen.

Nur beim Aufruf über den Menübefehl gelangen Sie in das Dialogfenster *Neu*. Mit den beiden anderen Möglichkeiten erzeugen Sie ein neues Dokument auf Basis der Dokumentenvorlage *Normal.dot*.

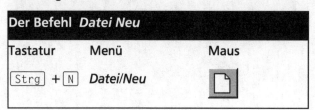

Der Befehl *Datei Neu*		
Tastatur	Menü	Maus
Strg + N	*Datei/Neu*	

Der Befehl Datei Neu

Was ist eine Dokumentenvorlage?

Word für Windows kennt verschiedene Dokumenten-vorlagen, aus denen beim Aufruf ein Dokument wird. Eine Dokumentenvorlage stellen Sie sich am besten als Kopier-vorlage vor, die nun ausgefüllt werden kann. Auch die *Normal.dot* ist eine solche Kopiervorlage, die allerdings keinen Text enthält. Zugebenermaßen ist die reine Be-schreibung als Kopiervorlage etwas untertrieben, da in den Vorlagen auch Makros, Formatvorlagen, Grafiken usw. ent-halten sind.

Hinweis: Die Dokumentenvorlagen werden mit der Endung *.dot gekennzeichnet und im Unterverzeichnis *Vorlagen* gespeichert.

Der Befehl Datei/Neu

Nur über den Menübefehl *Datei/Neu* gelangen Sie in die Auswahl einer Dokumentenvorlage. Nehmen wir zum Bei-spiel an, Sie möchten einen Brief schreiben und hierfür eine Vorlage benutzen. Wechseln Sie im Dialogfenster *Neu* auf die Registerkarte *Briefe & Faxe*.

Sie sehen mehrere Einträge zum Thema „Brief". Angefan-gen mit *Aktueller Brief* über *Eleganter Brief* bis zu *Profes-sioneller Brief*. Zudem gibt es den Eintrag *Brief-Assistent*, der an späterer Stelle besprochen wird.

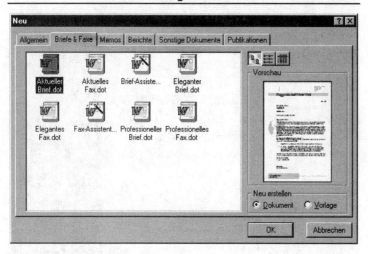

Das Dialogfenster Neu

Nachdem Sie eine der Dokumentenvorlagen ausgewählt haben, sehen Sie deren Abbild in der *Vorschau*. Wählen Sie z.B. die Vorlage *Aktueller Brief.dot* aus. Bevor Sie das Dialogfenster über *OK* schließen, sollten Sie überprüfen, welche Option unter *Neu erstellen* ausgewählt ist. Um eine Vorlage auszufüllen, muß die Einstellung *Dokument* aktiviert sein.

Dokument	Sie erzeugen ein neues Dokument auf Basis der markierten Dokumentenvorlage.
Vorlage	Sie wollen die existierende Dokumentenvorlage verändern.

Word für Windows 95 öffnet die Dokumentenvorlage und Sie können sofort mit der Texteingabe beginnen.

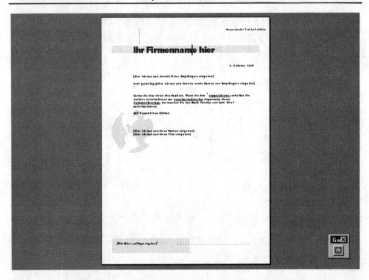

Das neue Dokument in der Ansicht Ganzer Bildschirm

In dem Dokument gibt es mehrere vorgegebene Texte, die Sie nun mit Ihren eigenen Formulierungen überschreiben müssen. Ein Teil dieses Textes ist ganz normal eingegeben worden, ein anderer steht in eckigen Klammern und wird grau unterlegt, sobald Sie ihn aktivieren.

Beginnen wir oben auf dem Blatt. Dort steht *[Hier klicken und Absender eingeben]*. Setzen Sie die Schreibmarke auf den Text.

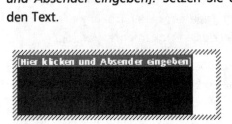

Der gesamte Text wird markiert. Zusätzlich erscheint ein schraffierter Rahmen um den Text. Momentan brauchen Sie sich darum nicht weiter zu kümmern und geben einfach

Ihre Anschrift ein. Nach dem ersten Buchstaben verschwindet der Vorgabetext und wird durch Ihren Text ersetzt.

Als nächstes ersetzen Sie den Text *Ihr Firmenname hier*. Dieser Text ist nicht mit einer besonderen Word-Funktion versehen und muß daher per Dreifachklick für den kompletten Absatz (die Zeile) selektiert werden. Das Überschreiben erfolgt wie gewohnt.

Das Datum steht schon auf dem heutigen Tag und braucht daher nicht geändert zu werden.

Die restlichen Elemente der Dokumentenvorlage bearbeiten Sie wie oben beschrieben. Bevor Sie den eigentlichen Brieftext überschreiben, sollten Sie das * doppelklicken. Hiernach wird ein weiteres Dokument erzeugt, das Ihnen Tips zur Benutzung der Dokumentenvorlage *Aktueller Brief* gibt. Nachdem Sie den Text gelesen haben, können Sie die Bearbeitung dieses Dokuments über den Befehl *Datei/Schließen* beenden und sich wieder Ihrem Schreiben widmen.

Speichern Sie abschießend den fertigen Brief mit dem Befehl *Datei/Speichern*, bevor Sie ihn ausdrucken.

Speichern

Dokumentenvorlagen anpassen

Es wäre zu aufwendig bei jedem Brief und jedem Fax, das Sie auf Basis der mitgelieferten Dokumentenvorlagen schreiben, die Änderungen erneut durchzuführen. Zumindest der Absender bleibt für alle Briefe gleich. Sie sollten daher eigene Dokumentenvorlagen anlegen. Dies ist einfacher als Sie vielleicht vermuten.

- Rufen Sie den Befehl *Datei/Neu* auf und wählen Sie die zu ändernde Dokumentenvorlage aus.

- Ändern Sie die immer gleichbleibenden Elemente des Dokuments.

- Speichern Sie die Dokumentenvorlage über den Befehl *Datei/Speichern unter*. Im Dialogfenster *Speichern unter* stellen Sie als Dateityp *Dokumentenvorlage (*.dot)* ein.

- Das Programm wechselt automatisch in das *Vorlagen*-Verzeichnis. Wechseln Sie für eine Briefvorlage in das Unterverzeichnis *Briefe & Faxe*.

- Als *Dateiname* geben Sie z.B. Briefvorlage von [Name] an. Sie können Ihre Briefvorlage nicht unter dem gleichen Namen wie die Bestehende speichern, da diese ja momentan noch geöffnet ist.

Von nun an haben Sie nach dem Befehlsaufruf *Datei/Neu* die zusätzliche Auswahl Ihres persönlichen Briefpapiers.

Hinweis: Sie können jedes Word-Dokument auf die eben beschriebene Weise zu einer Dokumentenvorlage machen.

Die Dokumentenvorlagen-Assistenten

Unter den Dokumentenvorlagen gibt es auch solche, die mit dem Wort „Assistent" gekennzeichnet wurden. Assistenten sind hilfreiche Diener beim Erzeugen eines komplexen Dokuments, wie z.B. eines Kalenders oder einer Urkunde. Bevor das eigentliche Dokument erzeugt wird, stellt der Assistent jede Menge Fragen, die alle beantwortet werden müssen. Da die Assistentenseiten selbsterklärend sind, wird in diesem Buch nicht weiter darauf eingegangen. Die Arbeitsweise ist bei allen gleich: Über die Schaltfläche *Weiter* gelangen Sie zur nächsten Frage und über *Fertigstellen* wird das Dokument erzeugt.

5.10 Ein bestehendes Dokument in ein geöffnetes Dokument integrieren

Über den Befehl *Datei/Öffnen* können Sie nur komplette Dokumente in ein eigenes neues Dokumentenfenster laden. Manchmal möchte man aber auch ein bestehendes Dokument in ein anderes einfügen, um zwei Dokumente zu vereinen. Dieses geht nur über den Befehl *Einfügen/Datei*.

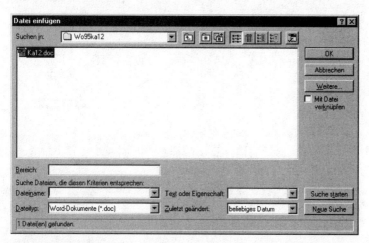

Das Dialogfenster Datei einfügen

Ohne weitere Einstellungen im Dialogfenster wird der Inhalt der kompletten Datei ab der aktuellen Schreibmarkenposition eingefügt. Die Formatierung des eingefügten Dokuments bleibt bis auf das Seitenformat erhalten.

Hinweis: Über den Befehl *Datei/einfügen* können Sie auch Textdateien aus anderen Programmen in ein Dokument integrieren.

Möchten Sie, daß eine Veränderung an der eingefügten Datei auch automatisch in dem Dokument, in das die Datei eingefügt wurde, berücksichtigt wird, dann aktivieren Sie

Mit Datei verknüpfen

169

die Option *Mit Datei verknüpfen*. Hierdurch nutzen Sie eine besondere Word-Funktion, was Sie auch daran erkennen können, daß der gesamte eingefügte Bereich grau hinterlegt ist, wenn Sie ihn anwählen.

Bereich

Wenn Sie in der einzufügenden Datei Textmarken verwendet haben, können Sie auch nur den Inhalt der Textmarke einfügen. Geben Sie den Textmarken-Namen unter *Bereich* an.

5.11 Die Eigenschaften eines Dokuments

In jedem Word-Dokument werden neben Ihren Texten, Bildern und Gestaltungen eine Reihe weiterer Eigenschaften gespeichert.

Eigenschaften ansehen

Die Eigenschaften können über den Befehl *Datei/Eigenschaften* eingesehen und geändert werden.

Dateieigenschaften automatisch aufrufen

Über den Befehl *Extras/Optionen* auf der Registerkarte *Speichern* können Sie einstellen, daß die Dateieigenschaften beim ersten Speichern eines neuen Dokuments automatisch aufgerufen werden. Aktivieren Sie hierzu die Option *Automatische Anfrage für Dateieigenschaften*.

Die Registerkarte Allgemein

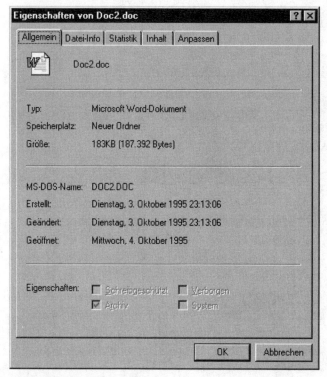

Die Registerkarte Allgemein

Auf der Registerkarte *Allgemein* sehen Sie den Dateityp und das Verzeichnis, aus dem diese Datei geöffnet wurde. Bei der *Speicherplatz*-Angabe wird allerdings nicht der komplette Pfad angezeigt. Zusätzlich sehen Sie die Größe der Datei.

Befindet sich das Dokument auf einer DOS-kompatiblen Partition, wird der Dateiname auf 8 Buchstaben plus Erweiterungs-Endung gekürzt. Der MS-DOS-Name entspricht dem Namen, den Sie auch im Dateimanager/Explorer wiederfinden.

Die Registerkarte Datei-Info

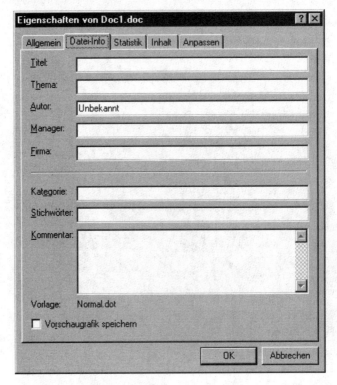

Die Registerkarte Datei-Info

Datei-Info

Zusätzlich zum eigentlichen Dateinamen können Sie für jedes Word-Dokument eine vorgegebene *Eigenschaftenliste* ausfüllen. Die Informationen dienen der späteren Suche und werden in der Datei des Word-Dokuments gespeichert.

Interessant ist die Registerkarte *Datei-Info*, in der Sie neben einem *Titel*, dem *Thema* und dem *Autor* auch spezielle Kommentare eingeben können. Ein späteres Suchen nach einem bestimmten Dokument wird aufgrund der ausgefüllten *Datei-Info* erheblich erleichtert.

Wenn Sie ein Dokument öffnen, kann im Dialogfenster *Öffnen* eine Vorschau auf die Datei angezeigt werden. Diese Vorschau muß für jedes selektierte Dokument „on the fly", also direkt während des Aufrufs, erzeugt werden. Das kostet natürlich Zeit. Über die Option *Vorschaugrafik speichern* können Sie das Abbild der erste Seite eines Dokuments in der Dokumentendatei speichern, mit der Folge, daß die Vorschau später schneller sichtbar ist.

Vorschaugrafik speichern

Die Registerkarte Statistik

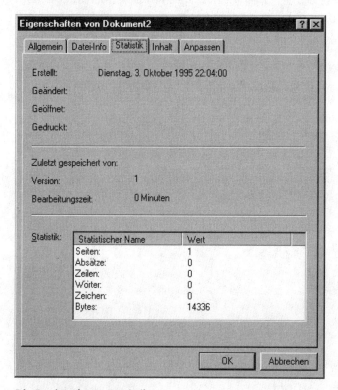

Die Registerkarte Statistik

Auf der Registerkarte *Statistik* können Sie sehen, wann das Dokument zum ersten Mal *erstellt* wurde, wann die letzte Änderung stattgefunden hat, wann das Dokument zum letzten Mal in Word für Windows *geöffnet* und *gedruckt* wurde.

Zudem können Sie den letzten Benutzer (sofern er eingetragen ist) erkennen.

Die *Version* wird bei jedem Öffnen und Ändern des Dokuments um eins erhöht. Die *Bearbeitungszeit* ergibt sich aus der Gesamtzeit aller Änderungen am Dokument beginnend mit der ersten Texteingabe. Zeiten, in denen keine Änderung am Dokument erfolgt, werden nicht mitgerechnet.

Hinweis: Nur auf den Registerkarten *Datei-Info* und *Anpassen* können Sie eigene Eingaben machen.

Die Registerkarte Anpassen

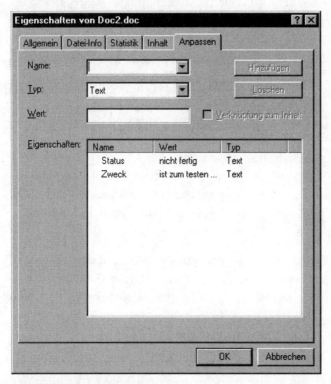

Die Registerkarte Anpassen

Auf der Registerkarte *Anpassen* können Sie eigene Dokumenteneigenschaften festlegen. Wählen Sie aus dem Listenfeld *Name* eine der vorgegebenen Eigenschaften aus, oder geben einen neuen Namen direkt in das Feld ein. — *Name*

Jede Eigenschaft hat einen bestimmten *Typ*. *Text* als Typ bedeutet, daß Sie Buchstaben, Zahlen und Satzzeichen zur Beschreibung der Eigenschaft einsetzen können. Zur Auswahl steht des weiteren der Typ *Datum, Zahl* und *Ja oder Nein*. — *Typ*

In das Eingabefeld *Wert* geben Sie den Inhalt der Eigen- — *Wert* schaft ein. Haben Sie bei einem Feld vom Typ *Datum* oder *Zahl* versehentlich eine Buchstabenfolge eingegeben, erscheint eine Warnmeldung.

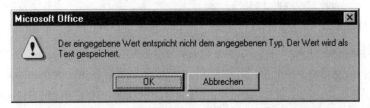

Eine Fehleingabe wird abgefangen

Wenn Sie jetzt die Schaltfläche *OK* anklicken, wird der *Typ* der Eigenschaft in *Text* geändert. Um dieses zu verhindern, müssen Sie auf *Abbrechen* klicken.

Nachdem Sie den Namen, Typ und Wert eingegeben haben, müssen Sie nur noch auf die Schaltfläche *Hinzufügen* klikken, um einen neuen Eigenschaften-Listeneintrag zu erzeugen.

Eigenschaften ändern

Um eine bestehende Eigenschaft zu ändern, doppelklicken Sie auf den Eintrag im Listenfenster und machen die Änderung in den Eingabefeldern. Alternativ können Sie auch den Namen der Eigenschaft auswählen und dann den neuen Wert eingeben. Abschließend klicken Sie auf die Schaltfläche *Ändern*.

Tip: Gerade bei Dokumenten, die durch viele Hände wandern und oftmals gelesen und geändert werden, bringt die Registerkarte *Anpassen* einen Vorteil, sofern sich jeder am Ausfüllen beteiligt.

6 Textbearbeitung

Wenn Sie die letzten Kapitel durchgelesen haben, können Sie eigentlich aufhören weiterzulesen. Mit diesem Grundwissen können Sie nahezu alle Aufgaben lösen – allerdings häufig über viele Umwege.

Der Sinn eines Textverarbeitungsprogramms besteht darin, dem Anwender Aufgaben abzunehmen. Sei dies bei der Suche nach einem bestimmten Wort, beim Verschieben und Kopieren von Textbereichen oder beim Ersetzen von Text.

6.1 Arbeitserleichterung durch Komfort

Mal ehrlich, wie oft passiert es Ihnen, daß Sie aus Versehen einen Text löschen oder eine Formatierung doch nicht wollen? Wie wäre es in solchen Fällen, wenn Sie die durchgeführte Aktion rückgängig machen können? Mit Word für Windows kein Problem.

Rückgängig machen und wiederherstellen

Rückgängig

Eine gerade eben durchgeführte Aktion können Sie über den Befehl *Bearbeiten/Rückgängig* ungeschehen machen. Wenn Sie den Befehl mehrmals hintereinander aufrufen, wird Ihr Dokument langsam aber sicher wieder in den Ausgangszustand versetzt. Bis zu 100 Aktionen speichert Word für Windows, um diese rückgängig machen zu können.

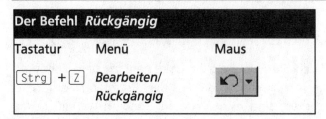

Der umgekehrte Weg heißt *Wiederherstellen*. Wenn Sie einen Schritt zuviel rückgängig gemacht haben, dann klicken Sie auf das Symbol *Wiederherstellen*. Nun wird Ihr Dokument Schritt für Schritt wieder aufgebaut.

*Wieder-
herstellen*

Haben Sie sehr viele Aktionen durchgeführt und möchten an einen Ausgangspunkt zurückkehren, müßten Sie alle Schritte einzeln zurückverfolgen, wenn nicht die Symbolleiste *Standard* das Symbol *Rückgängig* enthalten würde. Klicken Sie auf das Listenfeld-Symbol rechts neben dem *Rückgängig*-Symbol.

Mehrere Aktionen rückgängig machen

Aktionen widerrufen

Sie sehen jetzt alle durchgeführten Aktionen in einer Liste. Oben steht die zuletzt durchgeführte Aktion. Jeder Schritt ist mit einem Befehl gekennzeichnet. Bei einer erfolgten Texteingabe lautet der Listeneintrag *Eingabe*. Wenn Sie Text gelöscht haben, steht *Löschen* in der Liste usw. Klicken Sie den vermeintlichen Ausgangspunkt in der Liste an. Word für

Windows entfernt jetzt alle Veränderungen am Dokument, die nach dem Listeneintrag erfolgten.

Überprüfen Sie, wie weit Ihr Dokument zu dem Zeitpunkt war. Die Arbeitsschritte, die aus der *Rückgängig*-Liste entfernt werden, sind nicht verloren, sondern werden in die Liste *Wiederherstellen* übernommen. Hierdurch können Sie das „Ungeschehene" wieder „Geschehen" lassen.

Hinweis: Schließen Sie ein Dokument, wird auch die Liste der Befehlsaufzeichnungen gelöscht. Diese Liste steht nur während der Bearbeitung zur Verfügung und kann nicht gespeichert werden.

Letzte Aktion wiederholen

Möchten Sie die letzte Aktion nochmals durchführen, rufen Sie den Befehl *Bearbeiten/Wiederholen* auf.

Der Befehl *Wiederholen*		
Tastatur	Menü	Maus
F4	*Bearbeiten/* *Wiederholen*	

Die letzte Aktion kann eine Eingabe über die Tastatur sein, wobei der Text bis maximal zum vorletzten Satzendezeichen (.!?) eingefügt wird. Haben Sie zwischendurch mit der Maus in den Text geklickt und dann weitergeschrieben, wird nur der Text nach dem Mausklick eingefügt.

Eine Textformatierung, die ein Wort fett und unterstrichen formatiert, sind zwei Aktionen, sofern Sie die Tastatur oder die Symbole benutzen. Rufen Sie dagegen zur Formatierung den Menübefehl auf, ist dieses nur eine Aktion.

6.2 Kopieren und Verschieben von Dokumentenelementen

Wenn Sie einen bereits geschriebenen Text oder eine Grafik mehrmals im Dokument brauchen, wäre eine doppelte Erstellung zu viel Arbeit. Statt dessen sollten Sie den Bereich markieren und kopieren.

Kopieren über die Windows 95-Zwischenablage

Generell gibt es hierbei zwei Verfahrensweisen. Die erste bedient sich der Windows 95-Zwischenablage und steht in allen Windows 95-Programmen zur Verfügung.

Hinweis: Die Windows 95-Zwischenablage kann nur ein Element beinhalten, bei jedem neuen *Kopieren* bzw. *Ausschneiden* wird der alte Inhalt überschrieben.

Der Befehl *Kopieren*		
Tastatur	Menü	Maus
Strg + C	*Bearbeiten/ Kopieren*	

Kopieren

Die Verfahrensweisen beim *Kopieren, Ausschneiden* und *Einfügen* von Elementen sind gleich. Alles, was Sie in einem Dokument unterbringen können, also Text, Grafiken, Objekte usw. läßt sich kopieren.

Hinweis: Sie können auch aus anderen Programmen heraus kopieren und den Zwischenablage-Inhalt in das Dokument einfügen.

Das Kopieren und Einfügen eines Elements

- Markieren Sie den zu kopierenden Text oder das Element.

- Rufen Sie den Befehl *Bearbeiten/Kopieren* auf oder klicken das Symbol *Kopieren* an.

- Setzen Sie die Schreibmarke an die gewünschte Einfügeposition.

- Rufen Sie den Befehl *Bearbeiten/Einfügen* auf.

Das Ausschneiden

Ausschneiden

Möchten Sie das Original beim Kopieren gleichzeitig aus dem Dokument löschen, rufen Sie den Befehl *Bearbeiten/Ausschneiden* auf.

Der Befehl *Ausschneiden*		
Tastatur	Menü	Maus
Strg + X	*Bearbeiten/* *Rückgängig*	

Das Einfügen

Einfügen

Der Inhalt der Zwischenablage wird über den Befehl *Bearbeiten/Einfügen* an der Cursor-Position eingefügt.

Der Befehl *Einfügen*		
Tastatur	Menü	Maus
Strg + V	*Bearbeiten/* *Rückgängig*	

Der Inhalt der Zwischenablage muß nicht zwingend aus Word für Windows stammen. Sie können z.B. auch eine Klangdatei, eine Excel-Tabelle usw. aus der Zwischenablage in das Word-Dokument kopieren.

Inhalte der Zwischenablage einfügen

Kommt der Inhalt der Zwischenablage aus Word für Windows, wird bei einem Text die Formatierung übernommen. Ist dieses nicht erwünscht, weil der Text z.B. in einer Tabelle stand, müssen Sie den Befehl *Bearbeiten/Inhalt einfügen* aufrufen.

Inhalt einfügen

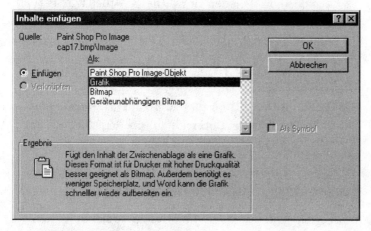

Das Dialogfenster Inhalte einfügen

Mit diesem Befehl können Sie oftmals auch die Inhalte der Zwischenablage einfügen, bei denen es zu einer Fehlermeldung kommt. Wenn Sie z.B. in Quark XPress einen Textrahmen in die Zwischenablage kopieren, läßt sich dieser nicht in das Word-Dokument integrieren. Über den Befehl *Inhalt einfügen* können Sie aber zumindest den Text einfügen, wenn Sie die Option *als unformatierter Text* auswählen. Diese Option klappt auch bei den meisten anderen Tabellen- und Datenbankformaten, die sich nicht direkt integrieren lassen.

Hinweis: Ein Textbereich, der von Word für Windows aus in die Zwischenablage kopiert wurde, steht auch in anderen Programmen zur Verfügung.

6.3 Direkt in Word für Windows kopieren und verschieben

Drag&Drop

Es gibt noch einen zweiten Weg Elemente zu kopieren. Hierbei ziehen Sie ein markiertes Element und lassen es an der Zielposition wieder los. Diese Arbeitsweise wird *Drag&Drop* genannt. Im Unterschied zum Kopieren über die Zwischenablage steht das kopierte Element keinem anderen Programm zur Verfügung. Allerdings wird der Inhalt der Zwischenablage hierbei auch nicht überschrieben.

Hinweis: Das Drag&Drop funktioniert nur, wenn Sie dies im Menü *Extras/Optionen* auf der Registerkarte *Bearbeiten* eingeschaltet haben.

Kopieren und Verschieben per Drag&Drop

mit der Maus...

Um ein Element direkt in Windows zu kopieren, gehen Sie wie folgt vor.

- Markieren Sie das Element und klicken mit der Maus in den invertierten Bereich. Halten Sie die linke Maustaste gedrückt. Der Mauszeiger ändert seine Form in einen Verschiebezeiger, der durch ein Rechteck gekennzeichnet ist.

- Um ein Element zu *kopieren*, halten Sie die $\boxed{\text{Strg}}$-Taste gedrückt. Der Mauszeiger enthält zusätzlich ein Pluszeichen. Ohne diese Taste wird das Element *ver-*

schoben, was Sie an dem Statusleistentext und dem fehlenden Pluszeichen des Mauszeigers erkennen können.

- Positionieren Sie die Schreibmarke mit dem Mauszeiger an der Zielposition und lassen Sie die linke Maustaste wieder los.

Hinweis: Diese Arbeitsweise funktioniert übrigens auch von Dokumentenfenster zu Dokumentenfenster.

Wenn Sie lieber mit der Tastatur arbeiten, ist auch dies kein Problem. Markieren Sie das Element und drücken dann die Tastenkombination ⌷+F2. In der Statuszeile erscheint wiederum der Text *Wohin kopieren?*. Bewegen Sie die Schreibmarke an die Zielposition und drücken Sie die Taste ↵. Der Cursor ändert solange sein Aussehen bis Sie den Text eingefügt haben oder die Aktion über ESC abbrechen. Natürlich können Sie die Zielposition auch im Wechsel zwischen Tastatur und Maus bestimmen.

...und mit der Tastatur

Um einen Text zu *verschieben*, drücken Sie nur die F2 Taste.

6.4 Suchen und Ersetzen von Elementen

Das Suchen

Wenn Sie ein bestimmtes Wort, eine Zeichen oder eine bestimmte Schriftformatierung innerhalb eines Dokuments suchen, können Sie dieses natürlich, indem Sie den gesamten Text durchlesen. Aber Sie nutzen ja einen Computer, der solch lästige Arbeiten für Sie übernehmen sollte.

Der Befehl *Suchen*		
Tastatur	Menü	Maus
$\boxed{Strg}$ + $\boxed{I}$	*Bearbeiten/* *Suchen*	

Hinweis: Sofern Sie Textbereiche markiert haben, beziehen sich alle Befehle nur auf den Text innerhalb der Markierung.

Das Dialogfenster Suchen

Rufen Sie den Befehl *Bearbeiten/Suchen* auf. In dem Dialogfenster *Suchen* geben Sie in das Feld *Suchen nach:* den Suchtext ein. Der Suchtext darf bis zu 255 Zeichen lang sein. Sie können auch Text über die Tastenkombination $\boxed{Strg}$ + $\boxed{V}$ aus der Zwischenablage in das Eingabefeld übertragen.

Groß- /Kleinschreib- ung beachten

Möchten Sie, daß bei der Textsuche auch die Groß- /Kleinschreibung beachtet wird, aktivieren Sie die Option *Groß-/Kleinschreibung beachten.* Es werden dann Textstellen gefunden, die genau mit der eingegebenen Schreibweise übereinstimmen.

Nur ganzes Wort suchen

Wenn Sie ausschließen möchten, daß Ihr Suchbegriff auch als Wortteil gefunden wird, aktivieren Sie die Option *Nur ganzes Wort suchen.* Bei einem Suchbegriff „wetter" werden ansonsten auch „Wetterkarte", „Hundswetter" etc. gefunden.

Normalerweise wird das *gesamte* Dokument oder der markierte Bereich nach dem Suchbegriff durchforstet. Sie können die *Suchrichtung* ab der momentanen Cursorposition jedoch auch insofern einschränken, daß entweder *abwärts* bis zum Dateiende oder *aufwärts* bis zum Dateianfang gesucht wird.

Die Suchrichtung einschränken

Mit einem Klick auf die Schaltfläche *Weitersuchen* beginnt die Suche. Word für Windows markiert den gefundenen Text im Dokument, wobei das Dialogfenster geöffnet bleibt. Sie können per Mausklick in das Dokument wechseln und dort Veränderungen vornehmen. Durch einen erneuten Klick auf *Weitersuchen* wird das nächste Vorkommen des Suchbegriffs angezeigt und zwar so lange bis kein weiterer Treffer gelandet wird.

Suche starten

Tip: Wenn Sie das Dialogfenster *Suchen* bei der Bearbeitung stört, können Sie dieses auch über $\boxed{\text{Alt}}$ + $\boxed{\text{F4}}$ schließen und die Suche mit $\boxed{\Diamond}$ + $\boxed{\text{F4}}$ fortsetzen.

Wenn Sie während einer Arbeitssitzung mehrmals nach unterschiedlichen Begriffen suchen lassen, werden die einzelnen Suchkriterien in der Suchbegriff-Liste ergänzt. Diese Liste ist vor allem dann sinnvoll, wenn Sie komplexe Suchkriterien eingeben. Um die Listeneinträge auszuwählen, können Sie nach einem linken Mausklick auf das Listenfeld-Symbol am Ende des Eingabefeldes *Suchen nach:* den gewünschten Eintrag anklicken.

Liste der Suchbegriffe

Bei einer Bedienung über die Tastatur benutzen Sie die $\boxed{\uparrow}$ bzw. $\boxed{\downarrow}$ Tasten und bestätigen Ihre Wahl mit $\boxed{\hookleftarrow}$.

Hinweis: Zwischen den einzelnen Feldern eines Dialogfeldes können Sie mit der ⭾ Taste springen.

Nach Sonderzeichen suchen

Wenn Sie nach einem Absatzendezeichen, einem Tabulator, einem geschützten Bindestrich oder einer Grafik suchen, müssen Sie bestimmte vorgegebene Zeichenfolgen hierfür verwenden. Die Sonderzeichen, nach denen Word für Windows suchen kann, sind hinter der Schaltfläche *Sonstiges* verborgen, allerdings nur, wenn gleichzeitig die Option *Mit Mustervergleich* nicht aktiviert ist.

Hinweis: Um nach einem Feld zu suchen, müssen die Feldfunktionen sichtbar sein. Die Sichtbarkeit erreichen Sie in dem Menü *Extras/Optionen* auf der Registerkarte *Ansicht*.

Das * und andere Platzhalter verwenden

Unter dem Betriebssystem DOS konnte für eine beliebige Zeichenfolge das Zeichen (*) als Platzhalter verwendet werden. Dieses ist auch bei der Suche in Word für Windows möglich, allerdings erst nachdem die Option *Mit Mustervergleich* aktiviert wird. Nach der Aktivierung ändern sich die Einträge hinter der Schaltfläche *Sonstiges*. Sie können nun auch komplexe Suchkriterien mit Platzhaltern eingeben.

Was wird wohl unter den folgenden Buchtitel gefunden?

Wor? für <(Win) opti*l ein[!h]et[a-z]en

Platzhalter	Sucht nach	Beispiel	Findet
*	eine beliebige Zeichenfolge	Wor*	„Worte", „Word"
?	ein einzelnes Zeichen	O?a	„Oma", „Opa"
[xy]	eines der angegeben Zeichen	M[üi]	„Müller", „Miller"
[x-y]	einen einzelnen Buchstaben innerhalb der alphabetischen Reihenfolge	[d-h]er	„Der", „her"
[!x]	ein einzelnes Zeichen, außer dem Angegebenen	[!d]unst	„Kunst"
[!x-y]	einen einzelnen Buchstaben, aber keinen aus der angegebenen alphabetischen Reihenfolge.	[!s-x]ie	„die"
{n}	genau n-mal hintereinander das voranstehende Zeichen	son{2}e	„Sonne"
{n;}	mindestens n-mal das voranstehende Zeichen	man{1,}	„Mann", „man"
{n;m}	von n bis m mal das vorangehende Zeichen	20{2;3}	„200", „2000"
<()	einen bestimmten Wortanfang	<(datei)	„Dateien", „Dateimanager"
>()	ein bestimmtes Wortende	>(ung)	„Rechnung"
@	Ein/mehrere Vorkommen des vorstehenden Zeichens	et@e	„Wette", „biete"

Platzhalter zur Suche nach unbekannten Zeichenfolgen

Nach einer bestimmten Formatierung suchen

Wenn Sie nach einer bestimmten Zeichen- oder Absatzformatierung suchen, dann klicken Sie auf die Schaltfläche *Format*. Die Formatierung kann sowohl in Zusammenhang mit einem Suchbegriff als auch ohne Suchtext gesucht werden. Diese spezielle Suchfunktion ist vor allem in Kombination mit dem *Ersetzen* sinnvoll. Ein ausgewähltes Format wird unter dem Eingabefeld *Suchen nach:* beschrieben. Um eine Formatierungssuche wieder aufzuheben, klicken Sie auf die Schaltfläche *Keine Formatierung.*

Zeichen

Der Eintrag *Zeichen* verzweigt in den Dialog *Zeichen suchen*, in dem Sie die *Schriftart, -grad* und *-stil* festlegen. Gefunden werden nur solche Worte, die haargenau diese Zeichenformatierung enthalten. Wenn Sie eine Schriftart gegen eine andere austauschen möchten, dann geben Sie nur die Schriftart an und machen keine weiteren Angaben über die Schriftauszeichnung. Im Dokument vorhandene Schriftauszeichnungen bleiben hierdurch erhalten.

Absatz

Der Eintrag *Absatz* sucht nach einer bestimmten Absatzformatierung im Dokument.

Spache

Der Eintrag *Sprache* sucht nach einem Abschnitt, der in der angegebenen Sprache formatiert wurde. Normalerweise ist als Sprache bei der Texterfassung *Deutsch* eingestellt. Diese Sprachfestlegung läßt sich absatzweise ändern – was in der Praxis allerdings selten vorkommt.

Formatvorlage

Der Eintrag *Formatvorlage* sucht nach einer bestimmten festgelegten Formatierung.

Das Ersetzen

Wenn Sie in dem Dialogfenster *Suchen* auf die Schaltfläche *Ersetzen* klicken, wird dieses Fenster um einen Ersatzbegriff erweitert. Sie können natürlich auch gleich das Dialogfenster *Ersetzen* über den Menübefehl *Bearbeiten/Ersetzen* aufrufen. Alles was für das Suchen gesagt wurde, gilt auch für das Ersetzen, d.h. Sie können Worte ersetzen sowie Formatierungen und Platzhalter verwenden.

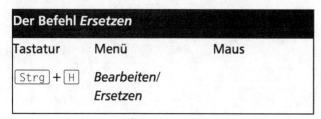

Beim Ersetzen haben Sie die Möglichkeit, über die Schaltfläche *Weitersuchen* das nächste Auftreten des Suchbegriffs anzusteuern.

Das Dialogfenster Ersetzen

Möchten Sie das markierte Element austauschen, klicken Sie auf die Schaltfläche *Ersetzen*, anderenfalls wiederum auf die Schaltfläche *Weitersuchen*. Möchten Sie alle Vorkommen des Suchbegriffs ohne weitere Bestätigung austauschen, dann klicken Sie auf die Schaltfläche *Alle ersetzen*. Nach Abschluß dieser Aktion werden Sie über die Anzahl der durchgeführten Austausche informiert.

7 Automatische Funktionen 194

7 Automatische Funktionen

Word für Windows kennt eine Reihe von Hilfswerkzeugen, die Ihnen Korrektur-, Texterfassungs- und Gestaltungsaufgaben erleichtern. Hierunter fällt zum Beispiel die Rechtschreibkorrektur, die automatisch unbekannte Worte kennzeichnet, die AutoKorrektur, die falsch geschriebene Worte während der Texteingabe korrigiert, und auch das AutoFormat, mit dem Textformatierungen durch Word für Windows durchgeführt werden.

7.1 Rechtschreibung

Die Rechtschreibkorrektur von Word für Windows gab es auch in den älteren Versionen. Neu ist die Kennzeichnung der Worte, die nicht im Wörterbuch enthalten oder falsch geschrieben sind:

Dieses ist ein <u>Beispieltext</u>. Worte, die nicht im Wörterbuch enthalten sind, werden gekennzeichnet

Die Rechtschreibprüfung einsetzen

Bei aktivierter automatischer Rechtschreibprüfung werden die unbekannten oder falsch geschriebenen Worte im Text markiert. Sie erkennen anhand des Rechtschreibprüfungssymbols in der Statusleiste den Zustand der automatischen Rechtschreibprüfung.

Das Rechtschreibprüfungssymbol in der Statusleiste

Um einen Korrekturvorschlag von Word für Windows anzusehen, müssen Sie über dem markierten Wort auf die rechte Maustaste drücken. Alternativ können Sie auch einen Doppelklick auf das Symbol Rechtschreibprüfung in der Statusleiste ausführen.

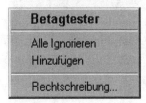

Die Lösungsvorschläge für „Betatester"

Im Kontextmenü erscheinen in Fettschrift die Korrekturvorschläge. Stimmt einer der Vorschläge mit dem richtig geschriebenen Wort überein, so klicken Sie diesen an. Das Wort wird im Text ersetzt.

Vorschläge

Handelt es sich um ein im Text richtig geschriebenes Wort, das momentan noch nicht im Wörterbuch enthalten ist, klicken Sie den Befehl *Hinzufügen* an.

Hinzufügen

Wollen Sie das richtig geschriebene Wort nicht in das Wörterbuch übernehmen und gleichzeitig die Markierung im Text entfernen, wählen Sie den Befehl *Alle Ignorieren* aus.

Alle Ignorieren

Der Befehl Rechtschreibung

Über den Befehl *Rechtschreibung...* aus dem Kontextmenü gelangen Sie in das Dialogfenster *Rechtschreibprüfung*. Dieses Dialogfenster erreichen Sie auch über den Menübefehl *Extras/ Rechtschreibung* oder über die Funktionstaste F7 .

Rechtschreibung

Im Gegensatz zu der Einzelkorrektur im Text wird mit dem Befehl *Rechtschreibung* der gesamte (markierte) Text nach unbekannten und falsch geschrieben Worten durchsucht.

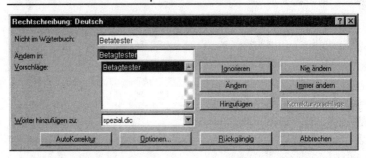

Das Dialogfenster Rechtschreibung

Nacheinander wird jedes unbekannte Wort im Feld *Nicht im Wörterbuch* angezeigt. Im Feld *Ändern in* steht der erste *Vorschlag* – sofern einer gefunden wurde. Sind mehrere *Vorschläge* vorhanden, können Sie den richtigen Vorschlag aus dem Listenfeld auswählen. Stimmt keiner der Vorschläge, können Sie die richtige Schreibweise direkt in das Feld *Ändern in* eingeben.

Die Schaltflächen des Dialogfensters Rechtschreibung

Ignorieren

Über die Schaltfläche *Ignorieren* übergehen Sie das nicht im Wörterbuch enthaltene Wort und lassen sich den nächsten unbekannten Begriff anzeigen. Es findet keine Veränderung am Dokument oder in den Wörterbüchern statt. Die Schaltfläche *Ignorieren* werden Sie oftmals dann nutzen, wenn ein richtig geschriebenes Wort nicht ins Wörterbuch aufgenommen werden soll. Bei einem zweiten Korrekturlauf wird das Wort erneut in der Rechtschreibung moniert.

Ändern

Über die Schaltfläche Ändern übernehmen Sie das Wort aus dem Feld *Ändern in* ins Dokument. Das falsch geschriebene Wort wird durch in korrigierter Schreibweise ersetzt.

Hinzufügen

In den Wörterbüchern sind nicht alle Worte der deutschen Sprache enthalten. Um ihr eigenes Wörterbuch mit den

196

Worten zu füllen, die in Ihren Texten immer wieder vorkommen, klicken Sie auf die Schaltfläche *Hinzufügen*. Das
Wort wird in das unter *Wörter hinzufügen zu* ausgewählte
Wörterbuch übernommen und steht für die weitere Rechtschreibprüfung zur Verfügung.

Soll ein Wort niemals geändert werden, klicken Sie auf die
Schaltfläche *Nie ändern*. Die Worte werden in einer Ausnahmenliste verwaltet, die über den Befehl *Extras/Optionen*
auf der Registerkarte *Rechtschreibung* gelöscht werden
kann.

Nie ändern

Soll ein Wort im Dokument, das dem Wörterbuch unbekannt ist, immer und ohne weitere Abfrage ersetzt werden,
klicken Sie auf die Schaltfläche *Immer ändern*.

Immer ändern

Über die Schaltfläche *AutoKorrektur* übernehmen Sie die
Worte der Felder *Nicht im Wörterbuch* und *Ändern in* in die
AutoKorrektur. Das nicht enthaltene Wort wird bei einer
späteren Texterfassung mit dem geänderten Wort ersetzt.

AutoKorrektur

Doppelworte

Kommen in einem Satz aufeinanderfolgend zwei gleiche
Worte vor, können Sie eines der Worte über die Schaltfläche
Löschen aus dem Text entfernen oder über *Ignorieren* die
nächste Korrektur durchführen.

Zwischen dem Dialogfenster und Dokument wechseln

Bei geöffnetem Dialogfenster *Rechtschreibung* können Sie
auch Änderungen direkt im Dokument durchführen. Schie-
ben Sie das Dialogfenster einfach zur Seite und klicken in
das Dokument. Die einzige Einschränkung besteht darin,
daß kein Verschieben von Textbereichen per Drag&Drop
möglich ist.

Weiter

Nach einer Unterbrechung der Rechtschreibprüfung müssen Sie auf die Schaltfläche *Weiter* klicken, um mit dem nächsten Wort fortzufahren.

Grundeinstellungen zur Rechtschreibung

Die Automatische Rechtschreibprüfung wird über den Befehl *Extras/Optionen* auf der Registerkarte *Rechtschreibung* eingestellt. Zusätzlich können Sie über diese Registerkarte eigene Wörterbücher anlegen.

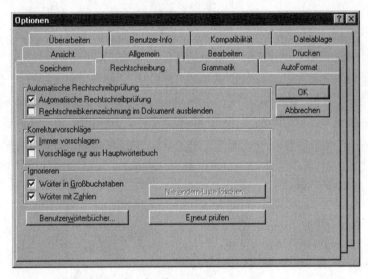

Die Registerkarte Rechtschreibung

Automatische Rechtschreib-prüfung

In der Gruppe *Automatische Rechtschreibprüfung* legen Sie fest, ob diese während der Texteingabe im Hintergrund aktiviert sein soll oder nicht. Die *Rechtschreibkennzeichnung* eines unbekannten Wortes können Sie im Dokument ausblenden.

Korrektur-vorschläge

In der Gruppe *Korrekturvorschläge* geben Sie an, ob die Rechtschreibprüfung *immer vorschlagen* soll und die *Vor-*

schläge nur aus dem Hauptwörterbuch erfolgen sollen. Wenn Sie mehrere Wörterbücher einsetzen, sollte die zweite Option deaktiviert sein.

Bestimmte Worte können von der Rechtschreibprüfung ausgenommen werden. Dieses sind zum einen *Wörter in Großbuchstaben* und zum anderen *Wörter mit Zahlen*.

Ignorieren

Die Option *Nie ändern-Liste löschen* ist nur verfügbar, wenn bei einer Rechtschreibprüfung Worte über die Schaltfläche *Nie ändern* gekennzeichnet wurden. Eine gelöschte Liste kann nicht wiederhergestellt werden.

Nie ändern-Liste löschen

Eigene Wörterbücher anlegen

Wenn Sie mit vielen Spezialbegriffen zu tun haben, sollten Sie diese nicht im Hauptwörterbuch von Word für Windows speichern. Legen Sie lieber *Benutzerwörterbücher* an. Sie können mehrere Wörterbücher erzeugen und die Rechtschreibprüfung aus mehreren Wörterbüchern durchführen lassen.

Hinweis: Das Benutzerwörterbuch *BENUTZER.DIC* enthält nicht den Grundwortschatz der Rechtschreibprüfung, sondern nimmt im Normalfall Ihre Worte auf.

Ein neues Wörterbuch können Sie auf die folgende Weise anlegen:

* Auf der Registerkarte *Rechtschreibung* des Befehls *Extras/Optionen* klicken Sie auf die Schaltfläche *Benutzerwörterbücher...* .

- Die Registerkarte ist auch über die Schaltfläche *Optionen* des Dialogfensters *Rechtschreibung: Deutsch* zu erreichen.

Das Dialogfenster Benutzerwörterbücher

- Im Dialogfenster *Benutzerwörterbücher* klicken Sie auf die Schaltfläche *Neu...* .

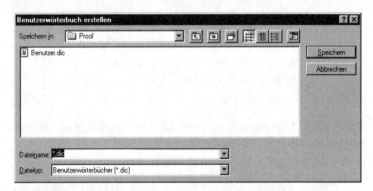

Das Dialogfenster Benutzerwörterbuch erstellen

- Im Dialogfenster *Benutzerwörterbuch erstellen* geben Sie einen *Dateinamen* an. Da Wörterbücher auch von anderen Programmen des Office 95-Pakets genutzt werden können, werden diese in einem eigenen Verzeichnis *Proof* gespeichert.

- *Speichern* Sie das Wörterbuch, um in das Dialogfenster *Benutzerwörterbücher* zurück zu gelangen.

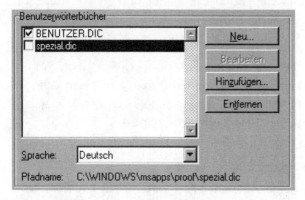

Das Dialogfeld Benutzerwörterbuch

- Ein Wörterbuch, aus dem Korrekturvorschläge genommen werden sollen, ist mit einem Häkchen versehen, ein derzeit inaktives Wörterbuch dagegen nicht.

- Sie können für jedes Wörterbuch eine *Sprache* festlegen.

- Verlassen Sie die offenen Dialogfenster jeweils über die Schaltfläche *OK*.

Sie haben nun ein neues Wörterbuch angelegt, das noch keinen Eintrag enthält. Um ein Wort in ein spezielles Wörterbuch aufzunehmen, muß das Dialogfenster *Rechtschreibung* geöffnet sein.

Worte in ein spezielles Wörterbuch aufnehmen

Wählen Sie aus dem Listenfeld *Wörter hinzufügen zu:* das gewünschte Wörterbuch aus.

Wörterbücher bearbeiten

Ein im Dialogfenster *Benutzerwörterbücher* selektiertes Wörterbuch kann über die Schaltfläche *Bearbeiten* in Word für Windows geladen werden. Da es sich bei den Wörterbüchern um reine Textdateien handelt, in denen jedes Wort in einer Zeile steht, können Sie nachträglich Veränderungen vornehmen.

Hinweis: Den Grundwortschatz der Rechtschreibprüfung können Sie nicht bearbeiten. Das Wörterbuch *BENUTZER.DIC* ist wie andere Benutzerwörterbücher eine zusätzliche Textdatei.

Benutzerwörterbücher warten

Jedes neu aufgenommene Wort wird an das Ende der Wörterbuch-Textdatei angefügt. Hierdurch stehen die Worte nicht in alphabetischer Reihenfolge, wodurch sich die Suchzeiten erhöhen. Bearbeiten Sie daher die Benutzerwörterbücher von Zeit zu Zeit wie folgt:

- Rufen Sie die Benutzerwörterbuchdatei auf.

- Drücken Sie die Tastenkombination Strg + a um den gesamten Text zu markieren.

- Rufen Sie nun den Befehl *Tabelle/Text sortieren* auf.

- Sichern Sie die sortierte Textdatei über den Befehl *Datei/Speichern*.

7.2 AutoKorrektur

Während die Rechtschreibprüfung ein eigenständiger Befehl ist, der nach der Texterfassung aufgerufen wird, wirkt die *AutoKorrektur* bereits während der Texteingabe.

Wörter, bei denen Sie konsequent den gleichen Buchstabendreher einfügen, können so automatisch korrigiert werden.

Neu in der Version 7.0 ist die Ausnahmenliste, mit der bestimmte Worte von der AutoKorrektur ausgenommen werden können.

Rufen Sie den Befehl *Extras/AutoKorrektur* auf, um die Arbeitsweise der AutoKorrektur festzulegen.

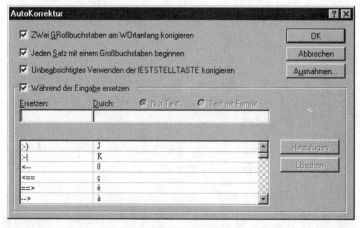

Das Dialogfenster AutoKorrektur

Wenn Sie ein Wort mit zwei Großbuchstaben beginnen und sich direkt Kleinbuchstaben anschließen, dann liegt in den meisten Fällen eine falsche Schreibweise vor. Der Fehler kommt von einer zu lange festgehaltenen ⇧ Taste und läßt sich über die Option *Zwei Großbuchstaben am Wortanfang korrigieren* verbessern. Nachteilig wirkt sich dieses bei

*Zwei Groß-
buchstaben am
Wortanfang
korrigieren*

Worten wie „PCs" aus, die bei aktivierter Option in „Pcs" geändert werden. Solche Worte sollten Sie direkt in die *Ausnahmen* aufnehmen.

Jeden Satz mit einem Großbuchstaben beginnen.

Wenn Sie eine größere Textmenge schreiben, kann die Option *Jeden Satz mit einem Großbuchstaben beginnen* sinnvoll eingesetzt werden. Da jeder Satz des Textes mit einem Großbuchstaben beginnen muß, überwacht Word für Windows Ihre Texteingaben und nimmt ggf. die Korrektur für Sie vor. Diese Option funktioniert allerdings nur, wenn Sie jeden Satz auch korrekt mit einem Satzendezeichen - wie Punkt, Frage- oder Ausrufezeichen - beenden und nach dem Satzzeichen ein Leerzeichen lassen.

Unbeabsichtigtes Verwenden der Feststelltaste korrigieren

Wenn Sie ein Wort mit einem Kleinbuchstaben beginnen und aus Versehen auf die Taste ⬗ kommen, wird das Wort falsch geschrieben. Mit der Option *Unbeabsichtigtes Verwenden der Feststelltaste korrigieren* vermeiden Sie diese Fehlermöglichkeit von Anfang an.

Während der Eingabe ersetzen

Sofern die Option *Während der Eingabe ersetzen* aktiviert ist, werden die Worte der AutoKorrektur-Liste während der Texteingabe ersetzt.

Um ein Wort hinzuzufügen, geben Sie die falsche Schreibweise in das Feld *Ersetzen* und die richtige Form in das Feld *Durch* ein.

Die AutoKorrektur ist nicht nur auf einzelne Worte beschränkt, d.h. Sie können über die AutoKorrektur z.B. ein Kürzel durch einen längeren Text ersetzen lassen. Die einzige Einschränkung besteht in dem Text, der *Ersetzt* werden soll, in ihm darf kein Leerzeichen enthalten sein.

Da Sie den Text des Feldes *Durch* auch über die Zwischenablage einfügen können, ist es durchaus möglich, ganze Anschriften und Briefe als AutoKorrektur zu definieren. Sie sind noch nicht einmal auf die Verwendung von Text eingeschränkt. Auch Grafiken und Objekte können durch die AutoKorrektur in das Dokument eingefügt werden.

Ein Beispiel zur AutoKorrektur:

- Laden Sie über den Befehl *Einfügen/Grafik* eine der ClipArts in das Dokument.

- Markieren Sie den Grafikrahmen und rufen den Befehl *Extras/AutoKorrektur* auf.

- Das Feld *Durch* enthält bereits den markierten Grafikrahmen. Zudem ist die Option *Text mit Format* aktiviert.

- Geben Sie im Feld *Ersetzen* das Wort „Bild" ein.

- Abschließend klicken Sie auf die Schaltfläche *Hinzufügen*. Der neue AutoKorrektur-Eintrag wird in die Liste einsortiert. Grafiken werden durch ein * gekennzeichnet.

- Schließen Sie das Dialogfenster *AutoKorrektur* über *OK*.

- Geben Sie im Dokument „Bild" gefolgt von einem Leerzeichen ein. Das Wort wird automatisch durch die Grafik ersetzt.

- Vergessen Sie nicht, den Eintrag „Bild" wieder aus der AutoKorrektur zu *Löschen*.

AutoKorrektur-Ausnahmen

Keine Regel ohne Ausnahme. Wenn Sie die Optionen *Jeden Satz mit einem Großbuchstaben beginnen* und *Zwei Großbuchstaben am Wortanfang korrigieren* aktiviert haben, werden Sie feststellen, daß dadurch auch Ungewolltes geschieht. Wenn Sie Abkürzungen wie „usw." , „ggf." oder

„Abt." verwenden, dann interpretiert die AutoKorrektur die Punkte als Satzendezeichen und beginnt folglich das nächste Wort mit einem Großbuchstaben. Daher müssen die Abkürzungen in eine Ausnahmenliste eingetragen werden. Die Ausnahmen der AutoKorrekur erreichen Sie über die gleichnamige Schaltfläche.

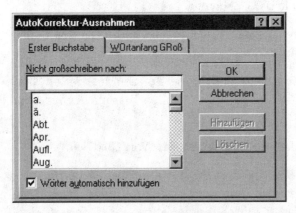

Ausnahmen für jeden Satz mit einem Großbuchstaben beginnen

Auf der Registerkarte *Erster Buchstabe* tragen Sie die Abkürzungen ein, die eine korrekte Arbeitsweise der Option *Jeden Satz mit einem Großbuchstaben beginnen* verhindern.

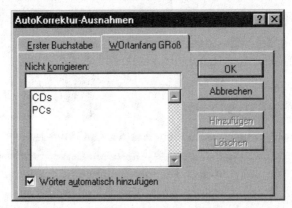

Ausnahmen für zwei Großbuchstaben am Wortanfang korrigieren

Auf der Registerkarte *Wortanfang groß* tragen Sie die Worte ein, die von der Regel *Zwei Großbuchstaben am Wortanfang korrigieren* ausgenommen werden sollen.

7.3 AutoText-Einträge

Wie wäre es, wenn Sie immer wiederkehrende Texte, wie z.B. die Grußformel „Mit freundlichen Grüßen" per Tastendruck in das Dokument einfügen? Oder Sie geben drei Buchstaben ein und kurze Zeit später erscheint ein komplettes Rechnungsformular im Dokument?

Die Arbeit mit „Textbausteinen" wird in Word für Windows *AutoText* genannt. Häufig wiederkehrende Elemente werden hierbei in einer Liste gespeichert und sind per Kürzel abrufbar. Der AutoText-Eintrag kann einzelne Wörter, Absätze, aber auch seitenlange Texte enthalten. Genausogut können Sie eine Grafik als AutoText definieren.

Einen AutoText-Eintrag definieren

Um einen *AutoText*-Eintrag zu definieren, müssen Sie den Inhalt erst einmal in ein Dokument eingeben. Wenn Sie auf eine Formatierung von Text oder eine bestimmte Größe der Grafik Wert legen, führen Sie dieses vor der Definition des Textbausteins durch.

- Markieren Sie im Dokument das Element, das den *AutoText*-Eintrag darstellt.

- Rufen Sie den Befehl *Bearbeiten/AutoText* auf.

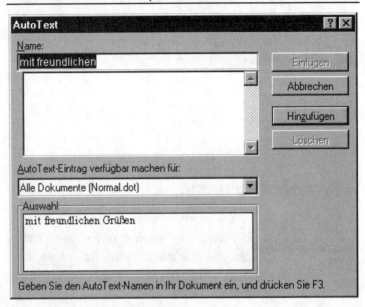

Das Dialogfenster AutoText

- Sie sehen einen Teil oder das gesamte markierte Element in dem *Auswahl*-Fenster des Dialogfensters *AutoText*. Überprüfen Sie, ob dieser Eintrag wirklich mit dem gewünschten Eintrag übereinstimmt.

- Geben Sie in das Eingabefeld *Name:* ein Pseudonym für den Textbaustein ein. Dieses Pseudonym müssen Sie bei der späteren Texteingabe immer für den AutoText verwenden. Für „mit freundlichen Grüßen" geben Sie z.B. „mfg" ein. Der Name darf bis zu 32 Zeichen lang sein und auch Leerzeichen enthalten.

- Wenn Sie den AutoText-Eintrag in allen Dokumenten zur Verfügung haben möchten, wählen Sie unter *Auto-Text-Eintrag verfügbar machen für:* den Eintrag *Alle Dokumente (Normal.dot)*.

- Ist der Name vergeben, können Sie diesen Eintrag dauerhaft über die Schaltfläche *Hinzufügen* speichern.

Markieren Sie den zu löschenden Eintrag und klicken Sie auf die Schaltfläche *Löschen*. Sie können einen Eintrag auch mit einem neuen Inhalt überschreiben, indem Sie den gleichen Namen verwenden und dann auf die Schaltfläche *Hinzufügen* klicken.

Einen Auto-Text-Eintrag löschen

Um einen bestehenden AutoText-Eintrag zu ändern, müssen Sie diesen in ein Dokument einfügen, die Änderungen vornehmen und komplett markieren. Danach definieren Sie den Eintrag unter dem gleichen Namen neu.

Einen Auto-Text-Eintrag ändern

Wenn Sie die AutoText-Einträge ausdrucken wollen, rufen Sie den Befehl *Datei/Drucken* auf und wählen aus dem obersten Listenfeld *Drucken:* den Eintrag *Alle AutoText-Einträge*.

Die AutoText-Einträge drukken

Einen AutoText-Eintrag abrufen

Es gibt mehrere Möglichkeiten, einen AutoText-Eintrag in das Dokument zu übernehmen. Der umständlichste Weg führt über den Menübefehl *Bearbeiten/AutoText*. In dem gleichnamigen Dialogfenster selektieren Sie den gewünschten Eintrag und klicken dann auf die Schaltfläche *Einfügen*. Der Inhalt des AutoTextes wird an der Cursorposition eingefügt.

Der Befehl AutoText abrufen		
Tastatur	Menü	Maus
F3	*Bearbeiten/ AutoText; Einfügen*	-

Schneller und effektiver läßt sich während des Schreibens mit dem AutoText umgehen. Schreiben Sie im Text das Pseudonym und drücken dann die Taste F3. Damit diese

Vorgehensweise funktioniert, muß sich der Cursor allerdings im Bereich des Pseudonyms befinden, ein folgendes
Leerzeichen ist möglich, ein folgendes Wort allerdings nicht.
Zudem muß vor dem Kürzel ein Satz- oder ein Leerzeichen
stehen, es darf nicht Teil eines anderen Wortes sein.

Eine weitere Vereinfachung ergibt sich dadurch, daß ein
AutoText-Pseudonym nur soweit ausgeschrieben werden
muß bis es eindeutig ist. Für das Kürzel „mfg" brauchen Sie
nur den ersten Buchstaben eingeben, sofern es keine weiteren mit „m" beginnenden Bausteine gibt.

Hinweis: Ein AutoText-Eintrag läßt sich auch einem Tastaturkürzel, dem Menü oder einer Symbolleiste hinzufügen.

Der AutoText-Eintrag „Sammlung"

Wenn Sie Elemente mit der Tastenkombination
[Strg]+[F3] anstelle der [Entf]-Taste löschen, werden die
gelöschten Elemente in einem AutoText-Eintrag *Sammlung*
gespeichert. Alle Löschvorgänge werden hintereinander
gehängt und stehen durch Aufruf des Eintrags *Sammlung*
zur Verfügung.

Möchten Sie beim Aufruf der gelöschten Elemente gleichzeitig den AutoText-Eintrag löschen, drücken Sie an der
Einfügeposition die Tastenkombination [⇧]+[Strg]+[F3].

7.4 AutoFormat

Auf der Registerkarte AutoFormat im Menü *Extras/Optionen*, können Sie die Optionen für eine automatische Formatierung des Textes einstellen. Die *Auto-Format*-Funktionen sollen Ihnen die z.T. aufwendige Gestaltungsarbeit eines Dokuments abnehmen, was natürlich nur beschränkt möglich ist - vor allem deshalb, weil Sie bestimmte Formen der Texteingabe berücksichtigen müssen, damit der Automatismus überhaupt funktionieren kann.

Der Befehl AutoFormat

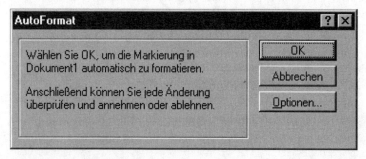

Der Befehl AutoFormat

Der Befehl *AutoFormat* ist über das gleichnamige Symbol aus der Symbolleiste *Standard* oder den Menübefehl *Format/AutoFormat* aufzurufen.

Während beim Befehlsaufruf über das Symbol keine weitere Möglichkeit besteht, die Formatänderungen zu überprüfen, (außer über den Befehl *Rückgängig*) können Sie beim Aufruf über den Menübefehl im Anschluß die Änderungen überprüfen und ggf. ablehnen.

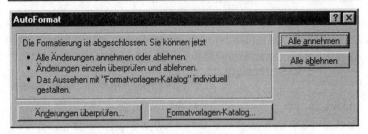

*AutoFormat-Überprüfung nach Aufruf des Befehls For-
mat/AutoFormat*

Alle annehmen   Über die Schaltfläche *Alle annehmen* brechen Sie die weitere Überprüfung der Autoformatierung ab. Alle Gestal-
tungsänderungen verbleiben im Dokument.

Alle ablehnen   Über die Schaltfläche *Alle ablehnen* brechen Sie die Überprüfung der AutoFormatierung ebenfalls ab. Im Unterschied
zu *Alle annehmen* finden keine gestalterischen Veränderungen des Dokuments statt.

Änderungen   Die Schaltfläche *Änderungen überprüfen* läßt Ihnen bei
überprüfen   jeder von Word für Windows durchgeführten Absatzformatierung die Wahl, ob Sie diese annehmen oder ablehnen
möchten.

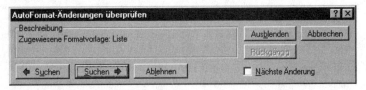

Das Dialogfenster AutoFormat Änderungen überprüfen

Suchen   Über die Schaltfläche *Suchen ->* gelangen Sie zur ersten
Ablehnen   Formatänderung in dem Dokument. Unter *Beschreibung*
steht, was Word für Windows geändert hat. Gleichzeitig
haben Sie die direkte Kontrolle im Dokument, da der geänderte Bereich invers dargestellt wird.

Wollen Sie die Änderung übernehmen, klicken Sie auf eine der Schaltflächen *Suchen*. Entspricht die Änderung nicht Ihrem Geschmack, sollten Sie diese *Ablehnen*.

Wenn die Option *Nächste Änderung* aktiviert ist, wird nach Anklicken der Schaltfläche *Ablehnen* automatisch zur nächsten AutoFormat-Änderung gesprungen.

Nächste Änderung

Damit das Dokument so angezeigt wird wie es nach dem Annehmen aller *AutoFormat Änderungen* aussehen würde, klicken Sie auf die Schaltfläche *Ausblenden*. Um die Änderungszeichen wieder anzuzeigen, klicken Sie auf *Anzeigen*.

Ausblenden

Hinweis: Durch AutoFormat geänderte Absätze und Zeichen werden mit der Hervorhebungsfarbe, die auf der Registerkarte *Überarbeiten (Extras/Optionen)* eingestellt ist, gekennzeichnet.

AutoFormat während der Texteingabe

Bereits während der Texteingabe kann die AutoFormat-Funktion aktiv werden. Sie müssen lediglich die richtigen Zeichen in der richtigen Reihenfolge eingeben:

Sie geben im Text ein	und erhalten
`-` `-` `-` `↵`	dünne Linie oberhalb des Absatzes
`⇧` `-` `-` `-` `↵`	dicke Linie oberhalb des Absatzes
`=` `=` `=` `↵`	doppelte Linie oberhalb des Absatzes
`1` `.` `[   ]` `A` `B` `D` Ziffer;Satzzeichen;Leerzeichen;Text	fortlaufende Numerierung
`*` `[   ]` `A` `B` `D` Aufzählungszeichen;Leerzeichen;Text	fortlaufende Aufzählung
`1` `/` `2` Ziffer `/` Ziffer	½

AutoFormat während der Texteingabe

Die Grundeinstellungen zum AutoFormat

Optionen anzeigen für

Die AutoFormat-Optionen werden getrennt für eine Formatierung durch den Befehl *AutoFormat* und während der Texteingabe eingestellt.

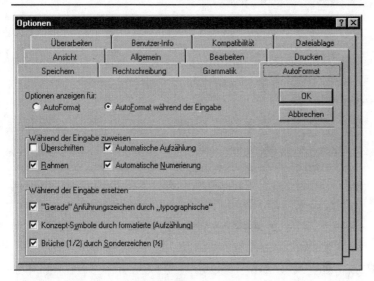

Die AutoFormat Grundeinstellungen

Während der Eingabe zuweisen

Sollen automatisch die *Überschriften* formatiert werden, aktivieren Sie diese Option. Word für Windows versucht zu analysieren, wie Sie den Text eingeben. Ein Absatz, der nur aus einer Zeile besteht und ohne Satzzeichen beendet wird, könnte eine Überschrift sein, ein längerer zusammenhängender Absatz ein Standard-Textkörper usw. Das hierbei die Trefferquote nicht immer hoch ist sollte Sie nicht wundern, da nicht der Inhalt, sondern nur die Struktur des Dokuments untersucht wird. Bei der alltäglichen Arbeit werden Sie merken, daß eine Formatierung per *Gliederung* genauer und praktikabler ist.

Überschriften

Möchten Sie eine Linie oberhalb des Absatzes durch Tastenkürzel eingeben, aktivieren Sie die Option *Rahmen*. Dort steht zwar Rahmen, aber es wird wirklich nur eine Linie gesetzt. Rahmenlinien können Sie schnell und kontrolliert auch über die Symbolleiste *Rahmen* zuweisen.

Rahmen

Automatische Aufzählung

Ein Aufzählungszeichen, auf das ein Leerzeichen oder Tabulator und dann Text folgen, wird als Beginn einer *Automatischen* Aufzählung interpretiert. Das Aufzählungszeichen entspricht hierbei allerdings nicht immer dem eingegeben Zeichen.

Automatische Numerierung

Geben Sie im Text eine Ziffer gefolgt von einem Satzzeichen, ein Leerzeichen und dann einen Text ein, interpretiert Word für Windows dies als Beginn einer automatischen Numerierung. Als Satzzeichen sind der Punkt, ein Bindestrich, eine schließende Klammer und ähnliches erlaubt. Diese Option schalten Sie über *Automatische Numerierung* an und aus.

Aufzählung und Numerierung wieder ausschalten

Um die Automatik wieder auszuschalten, drücken Sie zweimal hintereinander die ⏎ Taste. Gehen Sie mit der ← wieder eine Zeile zurück, um ohne Zusatzzeile weiter zu schreiben. Direkt hinter der Schreibmarke darf sich allerdings kein Text mehr befinden, da in diesem Fall jeweils das Absatzformat der vorhergehenden Zeile übernommen wird.

Sie können die Numerierung und Aufzählung auch über die Symbole in der Symbolleiste *Format* ein- und ausschalten.

Zuweisen (nur für den Befehl AutoFormat)

Sie können mit den Kontrollkästchen der Optionsgruppe *Zuweisen* die zu verändernden Textelemente eingrenzen. Soll der AutoFormat-Befehl das komplette Dokument überarbeiten, aktivieren Sie alle Optionen. Haben Sie z.B. einem Absatz schon Aufzählungszeichen zugewiesen, die erhalten bleiben sollen, deaktivieren Sie *Automatische Aufzählung*.

Beibehalten (nur für den Befehl AutoFormat)

Wenn Sie den Befehl AutoFormat auf ein Dokument anwenden, werden normalerweise alle Absätze neu formatiert. Bisweilen haben Sie aber vielleicht schon Vorarbeit geleistet und bestimmten Absätzen eine Formatvorlage zugewiesen, die auf keinen Fall durch den AutoFormat-Befehl geändert werden soll. Aktivieren Sie das Kontrollkästchen *Formatvorlagen*, um diese Absätze vor Veränderungen zu schützen. Dies betrifft allerdings nicht Absätze mit der Formatvorlage *Standard*.

Ersetzen (Während der Eingabe ersetzen)

Wenn Sie mit den deutschen Anführungszeichen schreiben, aber über die Tastatur das Zoll-Zeichen ["] verwenden wollen, aktivieren Sie die Option *Gerade Anführungszeichen durch typographische ersetzen*. Allerdings werden dann alle „Anführungszeichen" unten beginnend gesetzt, ein Zoll-Zeichen müssen Sie als *Sonderzeichen* eingeben.

Gerade Anführungszeichen durch typographische ersetzen

Die Option *Konzept-Symbole durch formatierte (Aufzählung)* betrifft Absätze mit der Formatierung *Aufzählung*. Die Wirkung ist nur unter ganz bestimmten Voraussetzungen sichtbar. Zum einen muß die Option *Konzeptschriftart* auf der Registerkarte *Ansicht (Extras/Optionen)* aktiviert sein und zum anderen das Dokument in der *Ansicht/Normal* dargestellt werden. Bei aktivierter Option werden die „unformatierten" durch die „gestalteten" Symbole ersetzt.

Konzept-Symbole durch formatierte (Aufzählung)

Für die Eingaben „1/2", 1/4" und „3/4" stehen in vielen Zeichensätzen Sonderzeichen zur Verfügung, die typographisch korrekt sind. Da es nur für diese drei Brüche Sonderzeichen gibt, können auch nur diese umgesetzt werden in ½, ¼ und ¾. Die Option wirkt bei Eingaben wie 3/8 usw.

Brüche durch Sonderzeichen

ganz und gar nicht. Genausogut können Sie auch einen AutoText-Eintrag definieren, der diese Zeichenfolgen ersetzt.

Formatieren Sie die „3" mit dem Zeichenformat *Hochgestellt* und dann die „8" mit dem Attribut *Tiefgestellt* , erhalten Sie „$^3/_8$". Da dies auch noch ganz stimmt, wird die Position der Zeichen angepaßt, und Sie erhalten nun korrekte $^3/_8$.

8 Ein Dokument gestalten

Wenn Sie ein Dokument eingegeben und korrigiert haben, ist es an der Zeit, sich Gedanken über die Gestaltung zu machen. Word für Windows bietet weitreichende Gestaltungsfunktionen. Sie können z.B. einfach die Schriftart eines Textes ändern. Aber auch die vollständige Gestaltung eines Buches wird Ihnen erleichtert.

Vor aller Gestaltung im Dokument sollten Sie das Papierformat festlegen. Grundeinstellung von Word für Windows ist eine DIN A4 Seite. Größere und kleinere Papierformate sind auch einstellbar.

Bei der Texterfassung sollten Sie sich nicht durch Gestaltungsaufgaben ablenken lassen. Der Fließ- oder Massentext wird am besten ohne Gestaltungsmerkmale geschrieben, z.B. fett oder kursiv. Erst wenn Sie ein bestimmtes Wort hervorheben wollen, sollten Sie die Schriftattribute ändern.

Auch die Ausrichtung der Absätze ist festzulegen. Möchten Sie z.B. in einer oder in zwei Spalten schreiben? Soll ein Absatz mit Initialen beginnen und möchten Sie den Zeilenabstand vergrößern?

Durch Gestaltung wird aus einem Text ein Brief, eine Broschüre oder ein Fax.

Die Vorgehensweise während der Gestaltungsphase läßt sich grob in drei Schritte unterteilen:

a) Das Seitenformat und die Seitenränder festlegen

b) Die Texte mit Attributen versehen

c) Die Absätze formatieren.

8.1 Die Seitenmerkmale festlegen

Mit dem Befehl *Datei/Seite einrichten* gelangen Sie in das Dialogfenster *Seite einrichten*. In diesem Dialogfenster können Sie folgendes festlegen:

- Papierformat

- Seitenränder

- Lage der Kopf- und Fußzeilen

- Vertikale Ausrichtung des Fließtextes

Das Papierformat festlegen

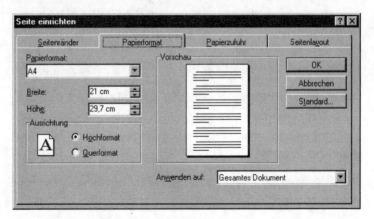

Das Dialogfenster Seite einrichten

Die Seitengröße festlegen

Gehen Sie zuerst auf die Registerkarte *Papierformat*. Hier legen Sie die Seitengröße fest. Übliche Seitengrößen sind in der Liste *Papierformat:* enthalten. Die aus der Einstellung resultierende *Breite* und *Höhe* wird angezeigt. Wenn Sie ein Papierformat benutzen möchten, für das es keinen Listeneintrag gibt, dann geben Sie die Maße direkt in das Feld *Breite* und *Höhe* ein. Zahlenwerte werden automatisch mit der Einheit cm versehen, daher genügt es, nur diese einzugeben. Bei eigenen Blattgrößen ändert sich der Eintrag im Listenfeld *Papierformat* in *Benutzerdefiniert*. Das maximale Ausmaß einer Seite darf 55,87 cm betragen.

Auf der Registerkarte *Papierformat* legen Sie auch die Ausrichtung der Seite fest. Normalerweise wird ein *Hochformat* benötigt, bei Tabellen mit vielen Spalten kann es jedoch sinnvoll sein, ein *Querformat* zu verwenden.

Die Ausrichtung der Seite

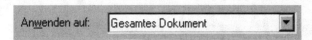

Zu sämtlichen Einstellungen können Sie einen Geltungsbereich festlegen

Bei allen Angaben im Dialogfenster *Seite einrichten* können Sie den Geltungsbereich Ihrer Einstellungen festlegen. Dieser Bereich wird in dem Listenfeld *Anwenden auf:* festgelegt:

Geltungsbereich festlegen

Gesamtes Dokument: Sämtliche Einstellungen gelten für alle Abschnitte und Seiten des Dokuments.

Dokument ab hier: Sämtliche Einstellungen gelten für den Abschnitt, in dem sich der Cursor befindet, sowie alle folgenden Abschnitte.

Markierter Text: Dieser Listenfeldeintrag ist nur verfügbar, wenn ein Textbereich markiert ist. Sämtliche Einstellungen haben nur für den markierten Bereich Geltung.

Die Schaltflä-che Standard

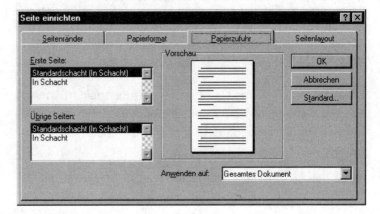

Standard...

Vorsicht: Wenn Sie auf die Schaltfläche *Standard* klicken, legen Sie die Einstellungen als Grundwerte für die aktive Dokumentenvorlage fest. Alle Dokumente, die auf dieser Dokumentenvorlage basieren, würden bei einem späteren Aufruf mit den geänderten Seitenrändern und Papierformat gestaltet werden.

Papierzufuhr des Druckers

*Die
Papierzufuhr*

Wenn Sie einen Drucker installiert haben, der über mehrere Papierschächte verfügt, können Sie auf der Registerkarte *Papierzufuhr* den Schacht festlegen, aus dem das Papier gezogen werden soll. Diese von Word für Windows gebotene Möglichkeit läßt sich sinnvoll bei Briefen mit Erst- und Folgeseiten einsetzen.

Seitenränder bestimmen

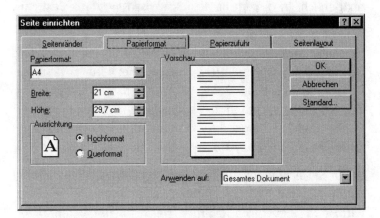

Auf der Registerkarte *Seitenränder* legen Sie den Fließtextbereich und die Ausrichtung der *Kopf-* und *Fußzeilen* fest.

Die Seitenränder

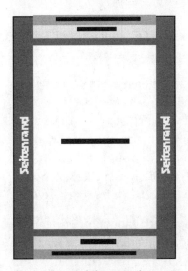

Eine Seite und ihre Ränder

Die *Seitenränder* werden immer vom äußeren Rand des Blattes aus gemessen. Sie können den Seitenrand individuell für *oben, unten, links* und *rechts* festlegen. Der Bereich, der innerhalb der Seitenränder liegt, ist der sogenannte Fließ-textbereich. In diesem Bereich schreiben Sie Ihren Text, fügen Bilder und Tabellen ein, usw.

Negative bzw. positive Werte für die Seiten-ränder

Normalerweise geben Sie positive Werte für die Seitenränder an. Die positiven Werte haben aber eine zusätzliche Bedeutung: Wenn der Bereich der *Kopf- bzw. Fußzeile* über den eingestellten Seitenrand hinausgeht, wird hierdurch der Fließtextbereich eingeschränkt. Eine Überschneidung zwischen diesen beiden Textbereichen kann nicht stattfinden.

Wenn Sie erzwingen wollen, daß in allen Fällen der Fließtextbereich mit den eingestellten Seitenrändern ausgenutzt wird, dann geben Sie negative Werte für die Seitenränder an. Allerdings besteht die Gefahr, daß sich der Kopf-/Fußzeilen- und der Textbereich im Dokument überschneiden und somit unlesbar werden.

Mit positiven Werten legen Sie somit einen variablen Seitenrand fest, mit negativen Werten einen absoluten.

Gegenüber-liegende Seiten

Wenn Sie ein Dokument mit gegenüberliegenden Seiten erzeugen wollen, wie z.B. dieses Buch, aktivieren Sie die Option *Gegenüberliegende Seiten* mit einem Mausklick. Die Seitenränder für links und rechts gibt es jetzt nicht mehr, dafür können Sie Einstellungen für *Innen* und *Außen* machen. Mit Innen ist der Bereich gemeint, an dem sich die Seiten treffen, nämlich dort, wo die Buchfalz oder Heftung ist.

Der Bundsteg

Wenn Sie viele Seiten zu einem Buch binden oder per Heftung zu einer Broschüre klammern, verändert sich auch die Lage des Textes auf den Seiten, da für die äußeren Blätter mehr „Fleisch" in der Bindung benötigt wird. Ein Teil der Seiten krümmt sich so stark, daß der Text nicht mehr lesbar sein kann. Diesem Umstand wirken Sie entgegen, indem der *Bundsteg* berücksichtigt wird. Der eingestellte Wert wird dem inneren, d.h. dem linken Seitenrand zugeschlagen.

Für die Kopf- und Fußzeile geben Sie den Abstand des oberen bzw. unteren Endes dieses Textbereichs zum Rand des Blattes an. Eine Kopf- oder Fußzeile kann nach unten bzw. oben größer werden, jedoch nicht die seitlichen Ränder und den *Abstand vom Seitenrand* überschreiten.

Kopf- und Fußzeile

Das Seitenlayout festlegen

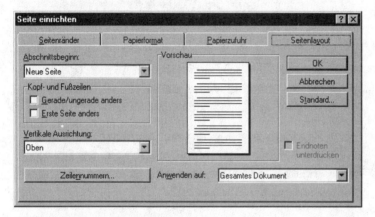

Das Dialogfenster Seite einrichten

Auf der Registerkarte *Seitenlayout* legen Sie Gestaltungsmerkmale einer Seite fest. Das Seitenlayout besagt, wie die Kopf- und Fußzeilen eines Dokuments zu behandeln sind und mit welcher *Vertikalen Ausrichtung* der Fließtext auf der Seite verteilt werden soll.

Kopf- und Fußzeilen im Dokument

Bei doppelseitigen Dokumenten können die Kopf- und Fußzeilen der rechten und linken Seite einen unterschiedlichen Inhalt und andere Formatierungen haben. Vorausgesetzt, die Option *Gerade/ungerade anders* wurde aktiviert.

Gerade/ ungerade anders

Erste Seite anders

Wenn Sie zum Beispiel einen Brief schreiben, bei dem auf der ersten Seite das Firmenlogo in der Kopfzeile erscheint und auf den Folgeseiten nicht, so aktivieren Sie dazu die Option *Erste Seite anders*. Alle Folgeseite werden mit der gleichen Kopf- und Fußzeile gestaltet, die Sie auf einer Seite festlegen.

Hinweis: Sie können die Optionen *Gerade/ungerade anders* und *Erste Seite anders* auch miteinander kombinieren, um z.B. die erste Seite eines doppelseitigen Dokuments mit leeren Kopf- und Fußzeilen zu versehen.

Abschnitts- beginn

Kopf- und Fußzeilen sowie die vertikale Ausrichtung können seiten- oder abschnittsweise definiert werden. Den *Abschnittsbeginn* können Sie individuell angeben.

Unterschied- liche Kopf- / Fußzeilen innerhalb eines Dokuments.

Wenn Sie innerhalb eines Dokuments unterschiedliche Kopf- und Fußzeilen benötigen, dann müssen Sie das Dokument in Abschnitte unterteilen. Dies geht über den dem Befehl *Einfügen/Manueller Wechsel*.

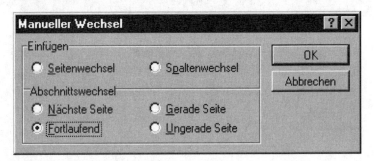

Das Dialogfenster Manueller Wechsel

Setzen Sie die Schreibmarke in der Ansicht *Normal* an die Textposition, ab der der Wechsel erfolgen soll und fügen Sie dort einen *Abschnittswechsel* ein. Auf diese Weise können Sie beliebig viele unterschiedliche Kopf- und Fußzeilen definieren, die jeweils für einen Abschnitt Gültigkeit haben.

Die vertikale Ausrichtung des Fließtextes

Normalerweise beginnen Sie einen Text auf der Seite oben *oben*
und schreiben dann soviel, wie auf die Seite paßt. Paßt der
Text nicht mehr auf die Seite, wird er auf die Folgeseiten
geschoben.

sdfjaölkjgöldaksjgdskljfg
sdlkfjgsdlkfjgsdlkjfglksd
jfglkjsdglkjsdlkjgsdlkjfgl
ösdkjfglksdjglksdjglökjs
dlökjgsdlköjgsldkjglösdk
jglksdjgölkjsdglökjsdlökj
gsdlökjfglskdsdjfgkljsdfk
jg sdlkfj

Bei der normalen Einstellung steht die untere Textbereichs-
kante in längeren Dokumenten auf verschiedenen Seiten an
unterschiedlichen Stellen. Typographisch schön ist eine vertikale Ausrichtung des Textbereichs, die am oberen und
unteren Seitenrand abschließt. Nun könnten Sie dies natürlich für jede Seite einzeln per Absatzformatierung erreichen.
Effizienter ist es jedoch, die *vertikale Ausrichtung* auf *Blocksatz* zu stellen. Nur auf der letzten Seite eines Kapitels ist
die Ausrichtung *oben* korrekt.

sdfjaölkjgöldaksjgdskljfg
sdlkfjgsdlkfjgsdlkjfglksdj
fglkjsdglkjsdlkjgsdlkjfglö
sdkjfglksdjglksdjglökjsdl
ökjg.

kjsdglökjsdlökjgsdlökjfgl
skdsdjfgkljsdfkjg sdlkfj
jhjlkhkjhjkhlkjhlk.

Beim vertikalen *Blocksatz* werden die Absatzabstände so *Vertikaler Keil*
weit vergrößert, daß der Textbereich die Seite ausfüllt. Daher funktioniert der Blocksatz auch nur dann, wenn die
Seite mehrere Absätze enthält. Diese Option wird in DTP-
Programmen auch *Vertikaler Keil* genannt.

Zentriert

Mit der Option *Zentriert* wird der Text in der vertikalen Mitte des Fließtextbereichs zusammengehalten. Die eingestellten Absatz- und Zeilenabstände bleiben im Gegensatz zum Blocksatz erhalten. Diese Option können Sie sinnvoll bei Overheadfolien und Gedichten einsetzen.

Zeilennummern

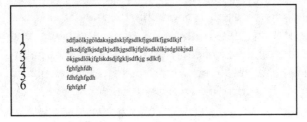

Sie können jede Zeile eines Dokuments automatisch mit einer vorangestellten Zeilennummer versehen, indem Sie die Schaltfläche *Zeilennummer* aktivieren.

Das Dialogfenster Zeilennummern

Für einen normalen Brief ist diese Option mit Sicherheit nicht zu gebrauchen – das Einsatzgebiet dürfte sich auf Programmlisting und Formualarentwicklung beschränken.

8.2 Seitenzahlen festlegen

Bei einem mehrseitigen Brief, einer Broschüre oder einer Dokumentation ist es sinnvoll, die Seiten durchzunumerieren. Glücklicherweise geschieht dieses in Word für Windows nach einer kurzen Vorarbeit automatisch. Über den Menübefehl *Einfügen/Seitenzahlen* legen Sie die Numerierung eines Dokuments fest.

Der Befehl Einfügen/Seitenzahlen

Die Seitenzahlen werden nicht als Text, sondern als Feld eingefügt, d.h. es wird eine Word-Funktion genutzt, die aufgrund der aktuellen Seitennummer eine Zahlen einsetzt. Löschen oder fügen Sie später Seiten ein, bleibt die Seitennumerierung immer aktuell.

Das Dialogfenster Seitenzahlen

Im Dialogfenster *Seitenzahlen* bestimmen Sie die *Position* der Seitenzahl auf der Seite. *Oben* bedeutet, daß die Seitenzahlen in der Kopfzeile plaziert werden, *unten* dementsprechend in der Fußzeile.

Zudem können Sie die *Ausrichtung* der Seitenzahlen festlegen. Bei doppelseitigen Dokumenten besteht die Möglichkeit, *Innen* oder *Außen*, *Zentriert* sowie *Rechts* oder *Links* zu wählen.

Auf der ersten Seite

Mit der Option *Auf erster Seite* können Sie die Seitennumerierung auf der ersten Seite eines Dokuments ein- oder ausschalten. Die erste Seite wird auf jeden Fall mitgezählt.

Wenn Sie mit arabischen Ziffern und einer bei 1 beginnenden Seitennumerierung zufrieden sind, schließen Sie das Dialogfenster *Seitenzahlen* über OK. Andernfalls klicken Sie auf die Schaltfläche *Format*.

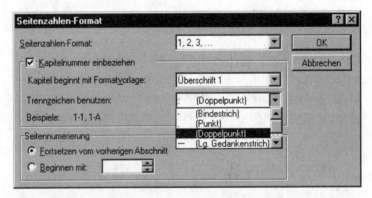

Im Dialogfenster Seitenzahlen-Format wählen Sie die Art und den Beginn der Numerierung

Die Schaltfläche Seitenzahlen Format

Im Dialogfenster *Seitenzahlen-Format* legen Sie die Art der Numerierung und den Beginn der Seitenzählung fest. Neben arabischen Ziffern stehen Buchstaben und römische Ziffern zur Verfügung.

Sofern Ihr Dokument mit den Formatvorlagen für Überschriften gegliedert ist, können Sie diese Überschriften als *Kapitelnummern* zusätzlich zur Seitennummer einsetzen.

Der Beginn der Seitennumerierung

Wenn die Numerierung Ihres Dokuments nicht mit Seite 1 beginnen soll, dann geben Sie die Nummer der ersten Dokumentenseite im Feld *Seitennumerierung* bei *Beginnen mit* ein. Bei einer Zeitschrift oder einem Buch wird die Titelseite als Seite 1 gezählt, die Umschlaginnenseite als 2 usw.; der eigentliche Text beginnt daher oftmals erst mit der Seite 3, obwohl es sich um die erste Seite des Dokuments handelt. Den einstellbaren Beginn der Seitennumerierung können Sie hervorragend bei längeren Dokumenten nutzen, indem Sie das Gesamtdokument in mehrere kleine Dokumente unterteilen. Es gibt hierfür zwar das Zentraldokument, aber bei vielen Änderungen am Dokument kommt es hierbei immer noch zu Problemen.

Sofern das Dokument in Abschnitte unterteilt ist, können diese jeweils mit der Seitennummer 1 beginnen, es sei denn, Sie haben die Option *Fortsetzen vom vorherigen Abschnitt* gewählt. Diese Option werden Sie vor allem dann einsetzen, wenn das Dokument aus unterschiedlichen Papierformaten etc. besteht, aber eine durchgehende Numerierung gewährleistet sein muß.

Abschnitts-wechsel und Seitennummer

Hinweis: Die Abschnitte eines Word-Dokuments haben nichts mit den Abschnitten einer Office 95 Sammelmappe zu tun.

Seitenzahlen über die Kopf- und Fußleiste einfügen

Die Seitennumerierung können Sie dann einfügen, wenn sich die Schreibmarke in der Kopf- oder Fußzeile befindet. Allerdings stehen auf diesem Weg die weitergehenden Optionen der Schaltfläche *Format* nicht zur Verfügung.

Hinweis: Wenn Sie die Zeilenzahlen über die Symbolleiste Kopf- und Fußzeilen eingefügt haben, können Sie nachträgliche Veränderungen auch über den Befehl *Einfügen/Seitenzahlen* durchführen.

Schriftformatierung der Seitenzahlen

Ein einfacher Weg, den Seitenzahlen eine bestimmte Schriftformatierung zuzuweisen, ist folgender Schrittablauf:

- Wechseln Sie über den Befehl *Ansicht/Kopf- und Fuß-zeilen* in die Kopf- bzw. Fußzeile.

- Markieren Sie das hellgraue Seitenzahlen-Feld; es wird dunkelgrau unterlegt.

- Führen Sie alle notwendigen Schriftformatierungen durch.

- Lassen Sie das neu formatierte Seitenzahlen-Feld selektiert und klicken Sie in das Listenfeld *Formatvorlage,* das sich in der Symbolleiste *Formatierung* befindet. Dort steht schon der Eintrag *Seitenzahl.*

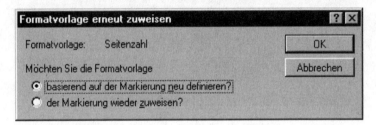

- Drücken Sie die ⏎-Taste und aktivieren Sie die Option *basierend auf der Markierung neu zuweisen.*

8.3 Kopf- und Fußzeilen benutzen

Der obere und untere Bereich eines Dokuments ist während des normalen Schreibens nicht erreichbar. Diese Bereiche werden *Kopf-* bzw. *Fußzeile* genannt und sind auf jeder Seite vorhanden. Normalerweise enthalten Kopf- und Fußzeilen Informationen, die auf allen Seiten wiederkehren sollen. Zum Beispiel eine Seitenzahl, einen Buchtitel oder ein Firmenlogo. Der Vorteil hierbei ist, daß Sie die Kopf- und Fußzeile nur auf einer Seite des Dokuments definieren müssen. Zudem ist dieser Bereich vor unbeabsichtigten Veränderungen geschützt, da Sie für Veränderungen erst in die Kopf- und Fußzeile wechseln müssen.

Mit dem Befehl *Ansicht/Kopf- und Fußzeile* wechseln Sie aus der normalen Dokumentenansicht in diesen besonderen Bereich. Es geschieht zweierlei: Zum einen wird der geschriebene Text hellgrau dargestellt und ist nicht mehr bearbeitbar, zum anderen wird in die Ansicht *Layout* gewechselt, da nur in der Ansicht *Layout* die Kopf- und Fußzeilen einer Seite sichtbar sind. *Ansicht/Kopf- und Fußzeile*

Diese Symbolleiste erscheint nur, wenn Sie die Kopf- oder Fußzeile bearbeiten

Zusätzlich erscheint eine neue Symbolleiste, nämlich die *Kopf- und Fußzeile*, die solange geöffnet bleibt, wie sich die Schreibmarke in diesem besonderen Seitenbereich befindet. Die Befehle der Symbolleiste *Kopf- und Fußzeile* sind nur dort enthalten und haben weder einen eigenen Menübefehl noch ein Tastaturkürzel. *Symbolleiste Kopf- und Fußzeile*

Die Symbolleiste Kopf- und Fußzeile

Symbol	Erklärung
	Hiermit wechseln Sie zwischen der Kopf- und Fußzeile einer Seite
	Zur Kopf- oder Fußzeile des vorherigen Abschnitts springen
	Zur Kopf- oder Fußzeile des nachfolgenden Abschnitts springen
	Wie vorherige Kopf- bzw. Fußzeile gestalten
	Eine automatische Seitennumerierung einfügen
	Das aktuelle Datum einfügen
	Die aktuelle Uhrzeit einfügen
	Die Seite einrichten
	Hiermit blenden Sie den Fließtext des Dokuments aus oder ein
Schließen	Wieder in die normale Fließtextbearbeitung wechseln.

Hinweis: Wie Sie unterschiedliche Kopf- und Fußzeilen innerhalb eines Dokuments verwenden, wird im Abschnitt *Das Seitenlayout festlegen* erläutert.

8.4 Die Zeichenformatierung

Der Arbeitsablauf beim Formatieren ist in Word für Windows immer der gleiche: Sie markieren die zu formatierenden Buchstaben, Worte oder Absätze und fügen dann die gewünschte Auszeichnung hinzu. Ein erneutes Hinzufügen derselben Auszeichnung bewirkt eine Aufhebung. Wollen Sie eine Schriftformatierung komplett aufheben, drücken Sie die Tastenkombination ⌗Strg⌗ + ⌗ ⌗.

Soll nur ein Wort formatiert werden, genügt es, wenn sich die Schreibmarke innerhalb des Wortes befindet, allerdings werden vorstehende und anschließende Satzzeichen nicht formatiert.

Die Zeichenformatierung umfaßt die Schriftart und -größe, den Stil und den Abstand der Buchstaben zueinander.

Schriften

Unter Windows 95 haben Sie die Möglichkeit, verschiedene Schriften zu installieren. Vom Betriebssystem werden nur *TrueType*-Schriften unterstützt, durch das Programm *Adobe Type Manager* lassen sich jedoch auch PostScript-Schriften benutzen. Solange Sie Ihre Dokumente nicht auf einem Laserbelichter ausgeben wollen, genügen die Windows 95-eigenen TrueType-Schriften vollkommen.

TrueType und PostScript-Schriften sind beliebig skalierbar, da in der Datei eine vektorielle Beschreibung des Buchstabenumrisses gespeichert ist. Zum Zeitpunkt der Benutzung wird aus der Beschreibung eine auf dem Bildschirm und Drucker darstellbare Bitmapschrift.

Der weiterer Vorteil der Vektorschriften besteht darin, daß die Bildschirmdarstellung dem Druckergebnis sehr ähnelt.

Gewisse Abstriche in der Übereinstimmung muß man aufgrund der großen Differenz des kleinsten darstellbaren Punktes eines Druckers und eines Bildschirms machen. Die Unterschiede sind vor allem bei kleinen Schriftgrößen deutlich.

Bei der Installation von Windows 95 und Word für Windows werden gleich mehrere TrueType-Schriften installiert. Dieser Fundus reicht für die meisten Aufgaben durchaus – auch die deutsche Werbewirtschaft kommt im Großen und Ganzen mit vier verschiedenen Schriftfamilien aus.

Proportionale / Unproportionale Schriften

Generell unterscheidet man bei Schriften die *Proportionale* und die *Unproportionale Schrift*. Bei einer proportionalen Schrift nimmt ein Buchstabe soviel Raum in Anspruch wie er aufgrund seiner Größe wirklich braucht. Bei unproportionalen Schriften nehmen alle Buchstaben, Ziffern und Satzzeichen gleichviel Raum ein. Diese Schriften eignen sich daher vor allem für Tabellen. Frühere Schreibmaschinen hatten nur unproportionale Schrifttypen.

Schriftfamilien

In der Grundeinstellung von Word für Windows wird die Schrift „Times New Roman" verwendet. Wieso? Weil diese Schrift sich hervorragend für längere Texte eignet und gut lesbar ist.

Kleine Schriftkunde

Die Schriften werden in sogenannte *Schriftfamilien* unterteilt. Jede dieser Familien hat eine bestimmte Eigenheit, die Sie im folgenden kennenlernen werden:

Serifen-Schrift

Schriften wie die „Times New Roman" haben an den Endungen der Auf- und Abstriche kleine Häkchen, die Serifen genannt werden. Die Lesbarkeit von Serifenschriften ist gerade bei Massentext sehr gut. Viele Zeitungen und Zeitschriften verwenden eine Schrift aus dieser Familie.

Die Serifenschriften

Serifenlose Schrift

Die Schrift „Arial" oder „Helvetica" hat an den Endungen keine Serifen, sondern endet gerade. Schriften mit diesem Merkmal werden als Serifenlose Schriften bezeichnet. Den Schriften fehlt ein wenig der Verspielheit von Serifenschriften, daher wird diese Schriftfamilie oftmals bei technischen Dokumentationen und bei Überschriften eingesetzt.

Die Serifenlosen Schriften

Schreibschrift

Hat die Schrift den Charakter einer Handschrift, wird sie den *Schreibschriften* zugeordnet. Da bei einer gesetzten Schrift die wechselnde Schreibweise einer realen Handschrift keine Berücksichtigung finden kann, reicht es aus, daß diese Schriftfamilie auf einer kalligraphischen Vorlage beruht. Schreibschriften werden vor allem dann eingesetzt, wenn eine persönliche Ansprache erfolgen soll. Die Schrift *Brush Script* gehört zu den Schreibschriften.

Schreibschriften

Gebrochene Schrift

Schriften, die während des Mittelalters entstanden, haben oftmals den Charakter einer Holzschnittschrift. Ausladende Schnörkel und Verzierungen der Buchstaben sind prägendes Merkmal. Schriften mit diesem Charakter werden *Gebrochene* Schriften genannt.

Gebrochene Schriften

Schriftauswahl

Wer viele Schriften auf seinem Rechner installiert hat, tut sich oftmals schwer, sich für eine Schrift zu entscheiden. Der Verwendungszweck eines Dokumentes kann häufig zur Vorauswahl herangezogen werden. Grundsätzlich sollte eine Schrift gut lesbar sein. Ihnen nutzt Ihre Mühe mit der Gestaltung eines Dokuments nichts, wenn Sie erfahren, daß es niemand gelesen hat, weil die Schrift viel zu klein, zu eng und zu dicht war.

Eine Schrift mit neutralem Charakter ist bei einem Massentext auf jeden Fall einer Schnörkelschrift vorzuziehen. Für Überschriften und besondere Hervorhebungen darf es dann aber auch diese sein, sofern Sie noch gut lesbar.

Schriftarten mischen

Eine Schriftart bildet ein stilistisches Gefüge, in dem die Schriftstile, wie normal, fett, kursiv usw. aufeinander abgestimmt sind. Solange es möglich ist, sollten Sie innerhalb eines Dokuments nur eine Schriftart verwenden.

Für besondere Hervorhebungen nehmen Sie am besten eine Schrift aus einer anderen Schriftfamilie – es ist ungeschickt, nahezu gleiche Schriften miteinander zu mischen, da dadurch eine Seite nur unruhig wird.

Schriftauszeichnung anwenden

Die Befehle zur Schriftauszeichnung sind überall im Programm verteilt. Einen Teil der Einstellungen können Sie über die Symbolleiste *Format* vornehmen, einen weiteren Teil über Tastaturkürzel. Alle Möglichkeiten der Schriftformatierung finden Sie im Menü *Format/Zeichen* zusammengefaßt. Dieses Menü erreichen Sie auch über die rechte Maustaste, sofern sich die Schreibmarke in einem Textbereich befindet.

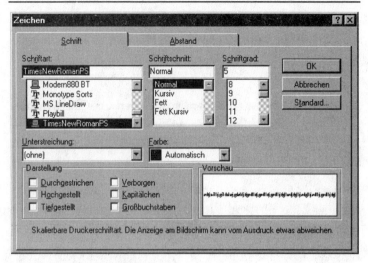

Das Dialogfenster Zeichen

Schriftart

Die *Schriftart* wählen Sie über das gleichnamige Listenfeld der Symbolleiste *Format* aus. TrueType-Schriften werden durch ein TT-Symbol gekennzeichnet, Drucker- und PostScript-Schriften durch ein Druckersymbol.

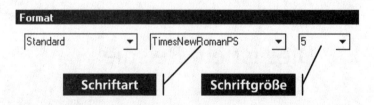

Ein Ausschnitt der Symbolleiste Format

Schriftgröße

Die *Schriftgröße* entscheidet über die Lesbarkeit von Texten. Normalerweise verwenden Sie für einen Massentext eine

Schriftgröße zwischen 9 und 12 pt. Für Überschriften werden Schriftgrößen ab 14 pt verwendet. Die maximale Schriftgröße, die Sie in Word für Windows verwenden können, liegt bei 999 pt.

Die Schriftgröße legen Sie am schnellsten über die Symbolleiste *Format* fest. Entweder wählen Sie eine vorgegebene Schriftgröße aus dem Listenfeld aus oder Sie tippen den Wert direkt in das Feld ein.

Probleme kann es nur dann geben, wenn dem Absatz ein genauer Zeilenabstand zugewiesen wurde. Ist die Schrift zu groß, dann wird der obere Teil einfach abschnitten.

Hinweis: Die Einheit *pt* ist ein typographisches Maß, wobei 1 pt ungefähr 0,375 mm entspricht.

Schriftgrößen-Beispiele

6 pt   Dies ist ein Beispiel

9 pt   Dies ist ein Beispiel

10 pt   Dies ist ein Beispiel

12 pt   Dies ist ein Beispiel

14 pt   Dies ist ein Beispiel

20 pt   Dies ist ein Beispiel

Schriftstil

Der Schriftstil ändert das Aussehen einer Schrift, indem ein anderer Schriftgrad aus der gleichen Schriftfamilie genommen wird. Hierdurch ist gewährleistet, daß sich die Auszeichnung harmonisch in den Text einfügt.

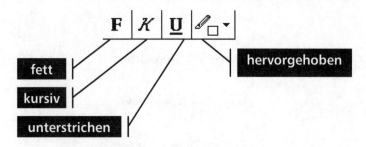

Ausschnitt aus der Symbolleiste Format

Neu in Word für Windows 95 ist die Möglichkeit, Text durch farbiges Hinterlegen hervorzuheben. Die Programment- wickler haben diese Option jedoch dem Schriftstil zugeordnet, obwohl es sich eigentlich eher um eine Farbgebung des Hintergrunds handelt. Das Hervorheben eines Textbereichs kann nur über das gleichnamige Symbol in der Symbolleiste *Format* erfolgen. Das Symbol rastet dabei solange ein, bis es zum zweiten Mal angeklickt wird. Solange die Hervorhebung aktiv ist, können Sie Textbereiche im Dokument einfärben. Zur Auswahl stehen die fünf Möglichkeiten *Ohne (Papierfarbe)*, *Gelb*, *Grün*, *Cyan* und *Magenta*. Das Hervorheben beeinflußt nur den Hintergrund des Textes und nicht die Schriftfarbe selbst.

Hinweis: Auf dem Bildschirm sind die Farben Grün, Cyan und Magenta sehr hell, so daß die Schrift gut lesbar ist. Dies ändert sich jedoch beim Ausdruck auf einem Farbdrucker. Zumindest Grün und Cyan werden wesentlich dunkler gedruckt.

Schriftstil-Beispiele

Sofern es ein Tastaturkürzel für einen *Schriftstil* gibt, ist dieses angegeben. Alle anderen Schriftstile können Sie über den Befehl *Format/Zeichen* einstellen.

Normal	Strg + ⬚	Dies ist ein Beispieltext
fett	Strg + F	**Dies ist ein Beispieltext**
kursiv	Strg + K	*Dies ist ein Beispieltext*
fett + kursiv	Strg + F K	***Dies ist ein Beispieltext***
unterstrichen	Strg + U	Dies ist ein Beispieltext
unterstrichen nur Wörter		Dies ist ein Beispieltext
unterstrichen doppelt		Dies ist ein Beispieltext
unterstrichen punktiert		Dies ist ein Beispieltext
Kapitälchen	Strg + ⇧ + Q	DIES IST EIN BEISPIELTEXT
Hochgestellt	Strg + +	Dies ist ein Beispieltext
Tiefgestellt	Strg + #	Dies ist ein Beispieltext
Durchgestrichen		~~Dies ist ein Beispieltext~~
Großbuchstaben	Strg + ⇧ + G	DIES IST EIN BEISPIELTEXT
Laufweite, gesperrt 2 pt		Dies ist ein Beispieltext

Der Zeichenabstand

Im Dialogfenster *Zeichen* auf der Registerkarte *Abstand* können Sie den Abstand der Buchstaben einstellen.

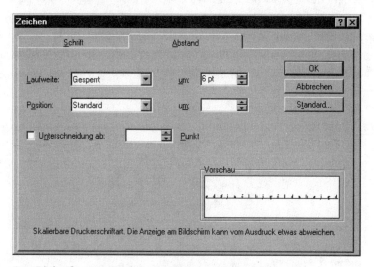

Das Dialogfenster Zeichen, Registerkarte Abstand

Sperren

Im Auswahlfeld *Laufweite* bedeutet *Gesperrt*, daß zwischen den Buchstaben eines Wortes mehr weißer Raum eingefügt wird, ein Wort wird insgesamt länger. Die Einstellung *Schmal* bewirkt genau das Gegenteil, die Buchstaben rükken dichter aneinander, ein Wort nimmt weniger horizontalen Raum ein.

Normal
G e s p e r r t
Schmal

Verschiedene Zeichenabstände (eingestellt sind jeweils 26 pt)

Unterschneiden

Gerade bei großen Überschriften kann es vorkommen, daß die Buchstabenzwischenräume nicht harmonisch wirken. Gerade bei Kombinationen wie „Te" kann es sein, daß zwischen dem „T" und „e" zuviel weiße Fläche liegt. Um dies zu verhindern, aktivieren Sie die Option *Unterschneidung ab:* und geben einen Schriftgrad an, ab dem diese automatische Unterschneidung einsetzen soll. Im Normalfall braucht dies erst ab einem Schriftgrad, der größer als 15 pt ist, erfolgen.

Te Te

Links ohne Unterschneidung, rechts mit eingeschalteter Option Unterschneidung

Manuelles Kerning

Bei Bankleitzahlen, Telefonnummern etc. werden die Zahlen in Zweier- oder Dreiergruppen aufgeteilt. Zwischen die einzelnen Gruppen fügt man einen Zwischenraum ein, der kleiner als ein Leerzeichen ist. Professionelle DTP-Programme beherrschen das manuelle Kerning per Tastendruck, in Word für Windows ist dieses etwas komplizierter:

- Markieren Sie das Zeichen, hinter dem der Zwischenraum eingefügt werden soll.

- Rufen Sie den Befehl *Format/Zeichen* mit der Registerkarte *Abstände* auf.

- Sperren Sie die Laufweite um 0,2 pt.

- Wiederholen Sie diesen Schritt solange, bis ein akzeptables Kerning entsteht.

> # 0123/2343454

Eine Telefonnummer ohne manuelles Kerning...

> # 0123/ 2343454

...und mit manuellem Kerning

Wenn Sie das manuelle Kerning öfter brauchen, sollten Sie das folgende Makro einer Tastenkombination zuordnen. Es sperrt den Zeichenzwischenraum hinter der Schreibmarke bei jedem Aufruf um jeweils 0,1 pt.

Hinweis: Makros werden über den Befehl *Extras/Makro* und nach Zuweisung des Makronamens über die Schaltfläche *Bearbeiten* eingegeben

```
REM Zeichen um jeweils 0,1 pt sperren.
Sub MAIN
    Dim ManuellesKerning As FormatZeichen
    GetCurValues ManuellesKerning
    Momentan = Val(ManuellesKerning.Laufweite)
    Momentan = 20 * (Momentan + Val("0,1"))
    ZeichenLinks 1, 1
    FormatZeichen .Laufweite = Momentan
    ZeichenRechts 1, 1
End Sub
```

Die Position eines Zeichens

Normalerweise werden alle Buchstaben auf einer Linie geschrieben. Wenn Sie es benötigen können Sie die Grundlinie jedoch auch nach oben oder unten verlassen. Die Schriftgröße bleibt im Gegensatz zum Höher- und Tiefer stellen erhalten.

Tiefergestellt	Normal	Höhergestellt

Veränderung der Position (jeweils um 5 pt)

Die Symbolleiste Formatierung

Die Symbolleiste *Formatierung* enthält die am häufigsten benötigen Befehle zur Schrift- und Absatzformatierung.

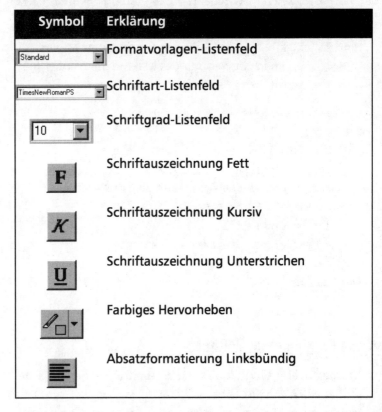

Symbol	Erklärung
Standard	Formatvorlagen-Listenfeld
TimesNewRomanPS	Schriftart-Listenfeld
10	Schriftgrad-Listenfeld
F	Schriftauszeichnung Fett
K	Schriftauszeichnung Kursiv
U	Schriftauszeichnung Unterstrichen
	Farbiges Hervorheben
	Absatzformatierung Linksbündig

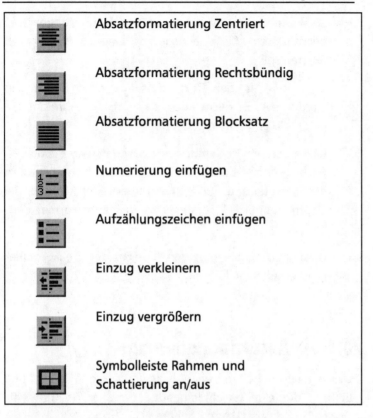

	Absatzformatierung Zentriert
	Absatzformatierung Rechtsbündig
	Absatzformatierung Blocksatz
	Numerierung einfügen
	Aufzählungszeichen einfügen
	Einzug verkleinern
	Einzug vergrößern
	Symbolleiste Rahmen und Schattierung an/aus

Eine bestehende Formatierung übertragen

Mit dem Symbol *Format übertragen* aus der Symbolleiste *Standard* kopieren Sie ein bestehendes Zeichenformat auf einen zu markierenden Bereich.

- Setzen Sie den Cursor in ein Wort mit der gewünschten Formatierung. *Mit der Tastatur*

- Drücken Sie die Tasten ⌷Strg⌷ + ⌷⇧⌷ + ⌷C⌷.

- Markieren Sie den Zielbereich.

- Drücken Sie die Tasten ⌷Strg⌷ + ⌷⇧⌷ + ⌷V⌷.

- Sie können die Formatierung so oft übertragen wie benötigt oder bis eine neue Formatierung übertragen werden soll.

- Markieren Sie den Text, dessen Format übertragen werden soll. Es reicht auch, daß sich die Schreibmarke innerhalb eines Wortes befindet.

- Klicken Sie in der Symbolleiste *Standard* auf die Schaltfläche *Format übertragen*. Bei einem Einfach-Klick kann die Formatierung nur einmalig übertragen werden, bei einem Doppelklick solange, bis ein neues Format definiert wird.

- Überstreichen Sie nun den Bereich, der die Formatierung erhalten soll.

8.5 Die Absatzformatierung

Der Bereich zwischen zwei Absatzendezeichen bildet eine Einheit, die eine gleichbleibende Formatierung aufweist. Dieser Bereich wird Absatz genannt.

Mit der *Absatzformatierung* legen Sie folgendes fest:

- Ausrichtung der Zeilen

- Zeilenabstand

- Linke und rechte Einzüge

- Silbentrennung und Aufteilung eines Absatzes innerhalb
des Dokuments

- Lage der Tabulatoren

Die Befehle zur Absatzformatierung sind im Menü *Format/Absatz* zusammengefaßt. Die häufig benötigten Befehle finden Sie auch in der Symbolleiste *Formatierung* und als Tastaturkürzel.

Die Absatzausrichtung

Sie können die Zeilen eines Absatzes *links, rechts, zentriert* oder *geblockt* ausrichten. Es genügt, wenn sich der Cursor innerhalb des zu formatierenden Absatzes befindet, sobald Sie den Absatzformat-Befehl aufrufen. Die Formatierung eines neuen Absatzes wird beim fortlaufenden Schreiben vom vorhergehenden Absatz übernommen.

Hinweis: Die vertikale Ausrichtung wird im Menü *Datei/Seite einrichten* auf der Registerkarte *Seitenlayout* eingestellt.

Die möglichen Ausrichtungen

Strg + L   Linksbündig

„Never change a running system" – was will uns dieser Satz sagen?
Die Tiefe der Bedeutung kann nur der erahnen, der nach einem Wechsel
der Hard- und Software bemerkt, daß es besser gewesen wäre, eine Sicherungskopie anzulegen, um sich nicht die nächsten drei Tage mit der Deinstallation zu beschäftigen.

Strg + R   Rechtsbündig

„Never change a running system" – was will uns dieser Satz sagen?
Die Tiefe der Bedeutung kann nur der erahnen, der nach einem Wechsel
der Hard- und Software bemerkt, daß es besser gewesen wäre, eine Sicherungskopie anzulegen, um sich nicht die nächsten drei Tage mit der Deinstallation zu beschäftigen.

`Strg` + `E`   **Zentriert**

„Never change a running system" – was will uns dieser Satz sagen?
Die Tiefe der Bedeutung kann nur der erahnen, der nach einem Wechsel
der Hard- und Software bemerkt, daß es besser gewesen wäre, eine Sicherungskopie anzulegen, um sich nicht die nächsten drei Tage mit der Deinstallation zu beschäftigen.

`Strg` + `B`   **Blocksatz**

„Never change a running system" – was will uns dieser Satz sagen?
Die Tiefe der Bedeutung kann nur der erahnen, der nach einem Wechsel
der Hard- und Software bemerkt, daß es besser gewesen wäre, eine Sicherungskopie anzulegen, um sich nicht die nächsten drei Tage mit der Deinstallation zu beschäftigen.

Der Zeilenabstand

Der sogenannte *Zeilendurchschuß* wird über den Menübefehl *Format/Absatz* auf der Registerkarte *Einzüge und Abstände* eingestellt.

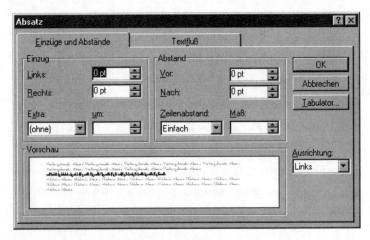

Das Dialogfenster Absatz

Neben den von der Schreibmaschine her kommenden Zeilenabständen *Einfach* bis *Doppelt* können Sie auch einen *Mindest* und *mehrfachen* Zeilenabstand eingeben.

Die bisher genannten automatischen Zeilenabstände ändern sich mit der eingestellten Schriftgrößeoder einem Grafikelement, das in der Zeile vorkommt. Je größer die Schrift, desto größer der Zeilenabstand

Für professionelle Satzaufgaben steht die Option *Zeilenabstand*: *Genau* zur Verfügung. Nur bei dieser Einstellung können Sie den Abstand konstant einhalten. Der genaue Zeilenabstand wird auch dann eingehalten, wenn der Schriftgrad oder das Grafikelement größer ist. Hierdurch kann es zu einem Ineinanderlaufen der Zeilen kommen.

Genauer Zeilenabstand

Im folgenden zeigen wir, was passiert, wenn die Schriftgröße (11 pt) größer als der genaue Zeilenabstand ist.

Zeilenabstand genau 6 pt	Dies ist ein Beispiel
Zeilenabstand genau 7 pt	Dies ist ein Beispiel
Zeilenabstand genau 8 pt	Dies ist ein Beispiel
Zeilenabstand genau 9 pt	Dies ist ein Beispiel
Zeilenabstand genau 10 pt	Dies ist ein Beispiel
Zeilenabstand genau 11 pt	Dies ist ein Beispiel

Zeilenabstand-Beispiele

Strg + 1   Normaler Zeilenabstand

„Never change a running system" – was will uns dieser Satz sagen? Die Tiefe der Bedeutung kann nur der erahnen, der nach einem Wechsel der Hard- und Software bemerkt, daß es besser gewesen wäre, eine Sicherungskopie anzulegen, um sich nicht die nächsten drei Tage mit der Deinstallation zu beschäftigen.

[Strg] + [5]   Eineinhalbfacher Zeilenabstand

„Never change a running system" – was will uns dieser Satz sagen? Die Tiefe der Bedeutung kann nur der erahnen, der nach einem Wechsel der Hard- und Software bemerkt, daß es besser gewesen wäre, eine Sicherungskopie anzulegen, um sich nicht die nächsten drei Tage mit der Deinstallation zu beschäftigen.

[Strg] + [2]   **Doppelter Zeilenabstand**

„Never change a running system" – was will uns dieser Satz sagen?

Die Tiefe der Bedeutung kann nur der erahnen, der nach einem Wechsel

der Hard- und Software bemerkt, daß es besser gewesen wäre, eine Siche-

rungskopie anzulegen, um sich nicht die nächsten drei Tage mit der Dein-

stallation zu beschäftigen.

Der Abstand vor und nach einem Absatz

Für jeden Absatz läßt sich der Abstand zum vorhergehenden und nachfolgenden Absatz einstellen. Der Wert beschreibt den Leerraum zwischen den Absätzen. Treffen der Abstand *Vor* und *Nach* zusammen, so werden beide Abstände addiert. Statt einer Leerzeile sollten Sie Absatzabstände verwenden.

[Strg] + [0]   Anfangsabstand einfügen (hier bei einem
               einfachen Zeilenabstand)

„Never change a running system" – was will uns dieser Satz sagen?
Die Tiefe der Bedeutung kann nur der erahnen, der nach einem Wechsel
der Hard- und Software bemerkt, daß es besser gewesen wäre, eine Sicherungskopie anzulegen, um sich nicht die nächsten drei Tage mit der Deinstallation zu beschäftigen.

Hinweis: Im Falle eines Seitenumbruchs wird der Anfangsabstand eines Absatzes nicht unterdrückt, obwohl
dieses beim Seitenbeginn wünschenswert wäre.
Sie können jedoch im Menü *Extras/Optionen* auf
der Registerkarte *Kompatibilität* für *Word für
Windows*-Dokumente die Option *„Abstand vor"
nach Seiten- oder Spaltenwechsel unterdrücken*
aktivieren. Ein Abschnittswechsel und der erste
Absatz eines Dokuments bleiben hiervon unbeein-
flußt.

*Abstand vor
bei Seiten-
wechsel unter-
drücken*

Absatzeinzüge

Der Beginn einer Zeile wird durch die Ausrichtung des Absatzes (links, rechts usw.) und die eingestellten Seitenränder
(*Seite einrichten*) festgelegt. Zusätzlich kann die Laufweite
der Zeilen durch den *Einzug* an der linken und rechten Seite
eingeschränkt werden.

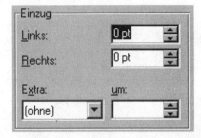

Sofern alle Zeilen gleich behandelt werden, spricht man
vom *Einzug*. Wird die erste Zeile gesondert behandelt,
nennt man dies *Hängender Einzug*. Der *Hängende Einzug*
wird über das Feld *Extra* eingestellt. Sie haben hierbei die
Wahl, ob die *erste Zeile* oder der restliche Absatz eingerückt werden soll.

Sofern Sie Tastaturkürzel für den Absatzeinzug verwenden,
werden die Tabulatoren als Einzugmarken genommen. Ha-

ben Sie keine Tabulatoren definiert, nimmt Word für Windows die Grundeinstellung, bei der sich alle 1,25 cm ein Tabulator befindet.

Absatzeinzug-Beispiele

$\boxed{\text{Strg}}$ + $\boxed{\text{M}}$ Einzug bis zum nächsten Tabulator

> „Never change a running system" – was will uns dieser Satz sagen? Die Tiefe der Bedeutung kann nur der erahnen, der nach einem Wechsel der Hard- und Software bemerkt, daß es besser gewesen wäre, nichts zu tun.

$\boxed{\text{Strg}}$ + $\boxed{\text{⇧}}$ + $\boxed{\text{M}}$ Einzug um einen Tabulator zurück

„Never change a running system" – was will uns dieser Satz sagen? Die Tiefe der Bedeutung kann nur der erahnen, der nach einem Wechsel der Hard- und Software bemerkt, daß es besser gewesen wäre, nichts zu tun.

$\boxed{\text{Strg}}$ + $\boxed{\text{T}}$ Hängender Einzug um einen Tabulator erweitern

„Never change a running system" – was will uns dieser Satz sagen? Die Tiefe der Bedeutung kann nur der erahnen, der nach einem Wechsel der Hard- und Software bemerkt, daß es besser gewesen wäre, nichts zu tun.

$\boxed{\text{Strg}}$ + $\boxed{\text{⇧}}$ + $\boxed{\text{T}}$ Hängender Einzug um einen Tabulator zurück

Textflußkontrolle innerhalb eines Absatzes

Über den Befehl *Format/Absatz* auf der Registerkarte *Textfluß* bestimmen Sie, wie ein Absatz innerhalb des Dokuments zu behandeln ist.

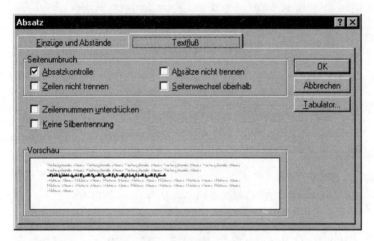

Das Dialogfenster Absatz, Registerkarte Textfluß

Einzelne Zeilen eines Absatzes, die oben oder unten auf einer Seite stehen, während der Rest des Absatzes sich auf einer anderen Seite befindet, werden mit der Option *Absatzkontrolle* unterdrückt. Diese falsch plazierten Zeilen werden unter Typographen auch Hurenkinder bzw. Schusterjungen genannt.

Absatzkontrolle

Ein Absatz wird durch einen Seitenumbruch nicht auf zwei Seiten verteilt, sondern zusammengehalten, wenn für den markierten Absatz die Option *Zeilen nicht trennen* aktiviert wurde.

Zeilen nicht trennen

Zwischen dem aktuellen und dem darauffolgenden Absatz erfolgt kein Seitenumbruch, wenn die Option *Absätze nicht trennen* aktiviert ist. Paßt nicht mehr alles auf eine Seite, werden beiden Absätze auf die nächsten Seite verschoben.

Absätze nicht trennen

Diese Option ist vor allem für Überschriften sinnvoll, da hiermit verhindert wird, daß eine Titelzeile unten und der dazugehörige Text auf der nächsten Seite beginnt.

Seitenwechsel oberhalb

Wenn ein Absatz auf jeden Fall auf einer neuen Seite beginnen soll, schalten Sie die Option *Seitenwechsel oberhalb* ein. Diese Option kann für Überschriften der Ebene 1 sinnvoll sein, wenn gleichzeitig ein neues Kapitel begonnen werden soll.

Zeilennummern unterdrücken

Sofern Sie in Menü *Seite einrichten* eine fortlaufende Zeilennummer eingestellt haben, können Sie diese mit der Option *Zeilennummern unterdrücken* für einen Absatz wieder ausstellen.

Keine Silbentrennung

Ein Absatz mit der Option *Keine Silbentrennung* wird von der *automatischen Silbentrennung* ausgenommen.

Das Absatz und Zeichenformat ermitteln

Sie möchten das Absatz- und Zeichenformat schnell ermitteln? Kein Problem, wenn Sie auf das Symbol *Hilfe* in der Symbolleiste *Standard* und dann auf den betreffenden Absatz klicken.

8.6 Spaltensatz

Wenn Sie einen Brief schreiben, werden Sie den Text in nur einer Spalte setzen. Bei Broschüren, Zeitungen und Büchern kann es jedoch sinnvoll sein, mehrere Textspalten nebeneinander zu verwenden. Hierdurch wird die Zeilenlänge kürzer, was die Lesbarkeit eines Textes fördert.

Wie bei allen Formatierungen bezieht sich der Spaltensatz immer auf den Absatz, in dem die Schreibmarke steht oder auf den kompletten markierten Bereich eines Dokuments. Wollen Sie ein bestehendes Dokument insgesamt in Spalten setzen, rufen Sie zuerst den Befehl *Bearbeiten/Alles markieren* auf. Der Spaltensatz wird über den Befehl *Format/Spalten* eingestellt.

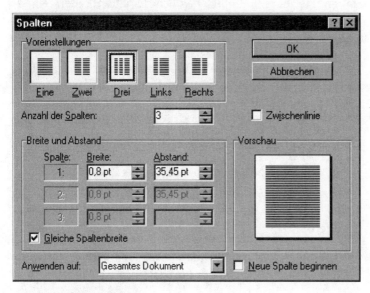

Das Dialogfenster Spalten

Der Fließtextbereich des Dokuments bleibt trotz Spaltensatz, mitsamt der eingestellten Seitenränder, erhalten. Allein der Textfluß innerhalb dieses Bereichs wird durch den Spaltensatz nochmalig unterteilt. Sie können in einem Dokument für jeden Absatz eine andere Spalteneinstellung verwenden, sofern Sie dieses wünschen.

Bis zu 8 Spalten können Sie im Fließtextbereich einrichten. Die *Anzahl der Spalten* kann numerisch eingegeben oder über eine *Voreinstellung* ausgewählt werden.

Anzahl der Spalten

„Never change a running system" – was will uns dieser Satz sagen? Die Tiefe der Bedeutung kann nur erahnen, wer nach einem Wechsel der Hard- und Software bemerkt, daß es besser gewesen wäre, nichts zu tun.

*Gleiche Spal-
tenbreite*

Ist die Option *Gleiche Spaltenbreite* aktiviert, werden alle Spalten gleichbreit gesetzt. Sie können in diesem Fall die *Breite* und den *Abstand* nur für die erste Spalte angeben. Haben Sie bereits unterschiedliche Spaltenbreiten eingegeben, bewirkt das Aktivieren ein Aufheben der unterschiedlichen Maße.

Sofern die Option *Gleiche Spaltenbreite* deaktiviert ist, können Sie unterschiedliche Spaltenbreiten angeben. Word für Windows berechnet automatisch die Breite für die restlichen Spalten. Bei mehr als drei Spalten erscheint in der Optionsgruppe *Breite und Abstand* ein Rollbalken.

Zwischenlinie

Zwischen den Spalten können Sie eine *Zwischenlinie* einfügen, deren Stärke sich allerdings nicht einstellen läßt. Die Linien werden dann zwischen allen Spalten des Absatzes gezogen.

Anwenden auf

Sie können sowohl einen *markierten* Textbereich als auch ein das *Gesamtes Dokument* im Spaltensatz setzen.

*Neue Spalte
beginnen*

Möchten Sie ab der Schreibmarkenposition mit dem Spaltensatz oder einem geänderten Spaltensatz beginnen, dann aktivieren Sie die Option *Neue Spalte beginnen*.

Vertikaler Spaltenausgleich

Gerade beim Spaltensatz sieht es nicht schön aus, wenn die einzelnen Spalten unterschiedliche Höhen haben. Den *vertikalen Ausgleich* können Sie für den Bereich der Spalten im Menü *Datei/Seite einrichten* auf der Registerkarte *Seitenlayout* auf *Blocksatz* setzen. Fügen Sie einfach zu Beginn und Ende der Spalten einen *Abschnittswechsel/fortlaufend (Einfügen/Manueller Wechsel)* ein.

Spaltenwechsel erzeugen

Mit der Tastenkombination ⌜Strg⌟+⌜⇧⌟+⌜↵⌟ erzeugen Sie an der Schreibmarkenposition einen Wechsel in die nächste Spalte. Der *Spaltenwechsel* kann in der Ansicht *Normal* durch ⌜Entf⌟ gelöscht werden. In der Ansicht *Layout* setzen Sie die Schreibmarke an den Beginn der gewechselten Spalte und drücken ⌜←⌟.

Der Spaltenwechsel ist auch über den Menübefehl *Einfügen/Manueller Wechsel* mit der Option *Spaltenwechsel* einfügbar.

8.7 Initial

Eine besondere Form der Absatzgestaltung bilden die *Initialen* genannten großen Anfangsbuchstaben eines Absatzes. Wie bei allen Absatzformatierungen muß sich die Schreibmarke innerhalb des zu formatierenden Absatzes befinden, bevor Sie den Befehl *Format/Initial* aufrufen.

Das Dialogfenster Initial

Initial im Text

Der erste Buchstabe wird in einen *Positionsrahmen* kopiert, wobei der restliche Text diesen Positionsrahmen umfließt.

N ever change a running system" – was will uns dieser Satz sagen? Die Tiefe der Bedeutung kann nur der erahnen, der nach einem Wechsel der Hard- und Software bemerkt, daß es besser gewesen wäre, eine Sicherungskopie anzulegen, um sich nicht die nächsten drei Tage mit der Deinstallation zu beschäftigen.

Initial am Rand

Das Initial wird außerhalb des Fließtextbereichs vor dem Absatz plaziert.

N ever change a running system" – was will uns dieser Satz sagen? Die Tiefe der Bedeutung kann nur der erahnen, der nach einem Wechsel der Hard- und Software bemerkt, daß es besser gewesen wäre, eine Sicherungskopie anzulegen und sich die nächsten drei Tage mit der Deinstallation beschäftigt.

Initial entfernen

Mit der Einstellung *Ohne* wird ein Absatz mit Initial wieder in einen normalen Absatz umgewandelt.

9 Numerierungen und Aufzählungen

9.1 Numerierungen

Bei einer Numerierung erhalten aufeinander folgende Absätze eine fortlaufende Nummer – wobei mit Nummern
nicht nur Zahlen, sondern auch Buchstaben gemeint sind.
Die Reihenfolge der Numerierung wird beim Umstellen,
Einfügen und Löschen von Text automatisch angepaßt.

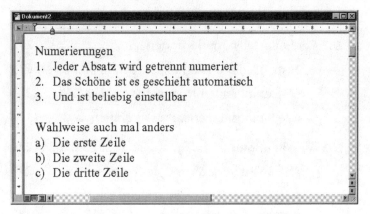

*Numerierungen in Word für Windows können automatisch erfol-
gen*

Hinweis: Die Numerierung orientiert sich an den Absatzendezeichen ↵ , ein Zeilenumbruch ⇧ ↵ be-
wirkt keine neue Nummer.

Numerierung einfach und schnell

Über das Symbol *Numerierung* aus der Symbolleiste *Format*
erzeugen Sie für den aktuellen oder die markierten Absätze
und alle nachfolgend neu geschriebenen Absätze eine fortlaufende Numerierung.

Numerierung wieder aufheben

Sie entfernen eine Numerierung durch nochmaliges Anklicken des Symbols *Numerierung*. Aber aufgepaßt: Befindet
sich der Absatz innerhalb mehrerer fortlaufend numerierter
Absätze, wird die Numerierung unterbrochen und beginnt
ggf. bei dem folgenden Absatz von vorne.

Über das Symbol Numerierung

Die fortlaufende Numerierung wird bei neu geschriebenen
Absätzen auch dadurch aufgehoben, daß Sie zweimal ein
Absatzendezeichen ⏎ einfügen.

Über die Tastatur

Außerdem wird die Numerierung dadurch aufgehoben, daß
Sie einem Absatz eine Formatvorlage, die keine Numerierung enthält, zuweisen.

Numerierung per AutoFormat

Sofern Sie im Menü *Extras/Optionen* auf der Registerkarte
AutoFormat während der Eingabe das Kontrollkästchen
Automatische Numerierung aktiviert haben, können Sie eine
Numerierung auch durch bestimmte Texteingaben einleiten.

Voraussetzung ist, daß Sie einen neuen Absatz beginnen.
Das erste Zeichen muß eine Ziffer oder ein Buchstaben sein,
der gleichzeitig den Beginn der Numerierung festlegt. Nun
muß direkt ein Satzzeichen, z.B. ein Punkt, eine schließende
Klammer oder ähnliches folgen. Nach einem Leerzeichen
geben Sie den Absatztext ein. Der folgende, neu geschriebene Absatz wird sogleich mit der eingestellten Numerierung weitergeführt.

Die AutoFormat Numerierung wird durch zwei aufeinanderfolgende Absatzendezeichen ausgeschaltet.

Beispiele, mit denen die AutoFormat-Numerierung einge-
schalten wird...

1.	Dies ist der erste Absatz.
d)	Hier beginnt eine Auflistung.
I.	Auch römische Ziffern sind erlaubt.

...und bei denen es nicht funktioniert:

1	Hier fehlt das Satzzeichen.
5*	Das Sternchen ist auch nicht erlaubt.
abc.	Wenn, dann bitte nur einen einzigen Buchstaben.

Wichtig: Die Nummern sind Elemente, die Word für Windows als Funktion verwaltet, daher können Sie
diese auch nicht markieren und normal löschen.
Um eine Numerierung zu entfernen, müssen Sie
daher die Funktion Numerierung ausschalten.

Numerierungen überspringen

Für den aktuellen Absatz können Sie über das Kontextmenü
die *Numerierung überspringen*.

Das Kontextmenü innerhalb einer Numerierung bzw. Aufzählung

Hinweis: Sofern Sie die *Automatische Rechtschreib-korrektur* aktiviert haben und die rechte Maustaste bei einem als unbekannt gekenn-zeichneten Wort drücken, erscheint nicht das oben abgebildete Kontextmenü, sondern das der Rechtschreibkorrektur.

Im Kontextmenü können Sie zusätzlich die *Numerierung beenden,* so daß ein folgender neu geschriebener Absatz keine Nummer mehr erhält, oder eine andere Art der *Numerierung und Aufzählungen...* auswählen.

Individuelle Numerierungsarten festlegen

Wenn Sie mit dem Aussehen der Numerierungen nicht zu-frieden sind, kann die *Numerierungsart* frei definiert wer-den.

Rufen Sie den Menübefehl *Format/Numerierung und Auf-zählungen...* auf. Wechseln Sie im Dialogfenster auf die Registerkarte *Numerierung.*

Auf dieser Registerkarte haben Sie eine schnelle Auswahl unter sechs Numerierungsarten. Sofern Ihnen Art gefällt, selektieren Sie das entsprechende Vorschaufenster und klik-ken dann auf *OK.* Der Absatz, in dem sich die Schreibmarke befindet, wird mit dieser Numerierungsart umgestaltet.

Hinweis: Die Registerkarte *Gliederung* steht nicht zur Ver-fügung, wenn sich die Schreibmarke in einem Ab-satz mit der Formatvorlage *Überschrift* befindet.

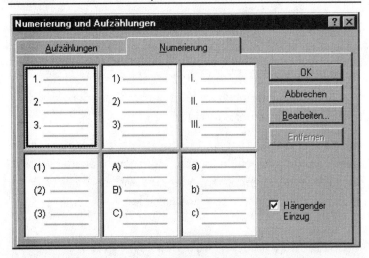

Auf der Registerkarte Numerierung haben Sie eine schnelle Auswahl von vorgegebenen Numerierungslayouts

Hängender Einzug

Die Numerierung kann, muß aber nicht, mit einem *Hängenden Einzug* formatiert werden. Beim hängenden Einzug beginnen die Zeilen eines Absatzes alle an der gleichen linken Position, die Nummern stehen vor dem Text.

Numerierung ohne *Hängenden Einzug*...

1. Die Funktion einer Methode wird einmal je Zeitintervall ausgeführt. Die Anzahl der Zeitintervalle in einer Animation wird durch die Animationsauflösung und den Sample-Parameter bestimmt.
2. In Real3D sind zwei Arten von Methoden möglich: Die eingebauten Animationsmethoden und benutzerdefinierte Methoden. In der Handhabung unterscheiden sich die Methoden dabei nicht.

...und mit *Hängendem Einzug*:

1. Die Funktion einer Methode wird einmal je Zeitintervall ausgeführt. Die Anzahl der Zeitintervalle in einer Animation wird durch die Animationsauflösung und den Sample-Parameter bestimmt.
2. In Real3D sind zwei Arten von Methoden möglich: Die eingebauten Animationsmethoden und benutzerdefinierte Methoden. In der Handhabung unterscheiden sich die Methoden dabei nicht.

Numerierung löschen

Wenn die Schreibmarke zum Zeitpunkt des Befehlsaufrufs in einem numerierten Absatz stand, ist die Schaltfläche *Entfernen* anwählbar. Sie löschen über diese Schaltfläche nicht ein Layout aus dem Dialogfenster, sondern entfernen die Numerierung in den markierten Absätzen.

Numerierungsarten verändern

Jedes der sechs Numerierungs-Layouts kann verändert werden, wenn Sie auf die Schaltfläche *Bearbeiten...* klicken.

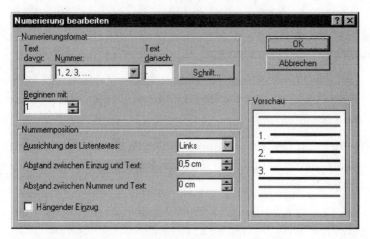

Dieses Dialogfenster läßt umfangreiche Umgestaltungen der Numerierung zu

In der Gruppe *Numerierungsformat* legen Sie fest, welcher Text *Vor* und *Nach* der *Nummer* stehen soll. Dieses kann ein Zeichen, wie ein Punkt, aber auch ein längerer Text sein. Wenn kein Text erscheinen soll, lassen Sie das Feld einfach leer.

Numerierungsformat

Nachfolgend ein Beispiel mit *Text vor* und *Hängendem Einzug*.

Absatz 1	Die Funktion einer Methode wird einmal je Zeitintervall ausgeführt. Die Anzahl der Zeitintervalle in einer Animation wird durch die Animationsauflösung und den Sample-Parameter bestimmt.
Absatz 2	In Real3D sind zwei Arten von Methoden möglich: Die eingebauten Animationsmethoden und benutzerdefinierte Methoden. In der Handhabung unterscheiden sich die Methoden dabei nicht.

Die Nummern können Sie im Listenfeld *Nummer* auswählen. Neben arabischen und römischen Ziffern stehen Buchstaben und die ausgeschriebenen Worte *„Erste, Zweite, ..."* zur Verfügung.

Schrift

Wenn Sie die Numerierung mit einer bestimmten Schriftformatierung durchführen wollen, klicken Sie auf die Schaltfläche *Schrift.* Sie gelangen in das Dialogfenster *Zeichen* und können den Nummern eine andere Farbe, einen geänderten Schriftstil/-art o.ä. zuweisen. Der eigentliche Absatz des numerierten Abschnitts behält natürlich seine ursprüngliche Formatierung.

Beginnen mit

Soll die Numerierung mit einer anderen Zahl als „1" oder einem anderen Buchstaben beginnen, stellen Sie dies im Feld *Beginnen mit* ein.

Nummernposition

In der Gruppe *Nummernposition* legen Sie die Ausrichtung der Nummern und den Beginn des eigentlichen Absatztextes fest.

Die *Ausrichtung des Listentextes* bestimmt die Position der Nummer in der ersten Zeile eines Absatzes. Zur Wahl steht *Links, Zentriert und Rechts.* Die Wirkung dieser Option wird allerdings erst dann sichtbar, wenn der *Abstand zwischen Einzug und Text* größer ist als der Raum, den die Nummer einnimmt. Vergrößern Sie z.B. diesen Abstand auf 1,0 cm und schauen Sie sich dann die Veränderungen im *Vorschau* Fenster an.

Ausrichtung links:

1.	Die Funktion einer Methode wird einmal je Zeitintervall ausgeführt. Die Anzahl der Zeitintervalle in einer Animation wird durch die Animationsauflösung und den Sample-Parameter bestimmt.
2.	In Real3D sind zwei Arten von Methoden möglich: Die eingebauten Animationsmethoden und benutzerdefinierte Methoden. In der Handhabung unterscheiden sich die Methoden dabei nicht.

Ausrichtung zentriert:

1.	Die Funktion einer Methode wird einmal je Zeitintervall ausgeführt. Die Anzahl der Zeitintervalle in einer Animation wird durch die Animationsauflösung und den Sample-Parameter bestimmt.
2.	In Real3D sind zwei Arten von Methoden möglich: Die eingebauten Animationsmethoden und benutzerdefinierte Methoden. In der Handhabung unterscheiden sich die Methoden dabei nicht.

Ausrichtung rechts:

> 1. Die Funktion einer Methode wird einmal je Zeitintervall ausgeführt. Die Anzahl der Zeitintervalle in einer Animation wird durch die Animationsauflösung und den Sample-Parameter bestimmt.
>
> 2. In Real3D sind zwei Arten von Methoden möglich: Die eingebauten Animationsmethoden und benutzerdefinierte Methoden. In der Handhabung unterscheiden sich die Methoden dabei nicht.

Soll zwischen der Nummer und dem Textbeginn ein zusätzlicher Abstand eingefügt werden, stellen Sie diesen unter *Abstand zwischen Nummer und Text* ein. Der hier eingestellte Wert schränkt allerdings die möglichen Positionen der Nummer ein, da er vom *Abstand zwischen Einzug und Text* abgezogen wird.

Abstand zwischen Nummern und Text im ersten Absatz 0 cm und im zweiten 1 cm:

> 1. Die Funktion einer Methode wird einmal je Zeitintervall ausgeführt. Die Anzahl der Zeitintervalle in einer Animation wird durch die Animationsauflösung und den Sample-Parameter bestimmt.
>
> 2. In Real3D sind zwei Arten von Methoden möglich: Die eingebauten Animationsmethoden und benutzerdefinierte Methoden. In der Handhabung unterscheiden sich die Methoden dabei nicht.

Die Option *Hängender Einzug* richtet die Absatzformatierung so aus, daß alle Zeilen an der gleichen linken Position beginnen. Der unter *Abstand zwischen Einzug und Text* eingestellte Wert bestimmt, wie weit der Einzug reicht.

Um die bearbeitete Numerierung zu übernehmen, klicken Sie auf die Schaltfläche *OK*. Sie gelangen in das Dokument zurück. Wenn Sie nun den Befehl *Format/Numerierung und Aufzählungen...* erneut aufrufen, ist keines der vorgegebenen Layouts markiert. Dies ist immer ein Hinweis für eine individuell festgelegte Numerierungsart.

9.2 Gegliederte Numerierungen

Numerierungen, die Unterpunkte enthalten, z.B. „Abschnitt 1.a", werden als gegliederte Numerierungen bezeichnet. Zudem können diese Gliederungen gegenüber einer normalen Numerierung mit weiterreichenden Gestaltungsmerkmalen versehen werden.

Hinweis: Die Arbeitsweise mit dem Tabulator funktioniert nur in Word für Windows 95.

Dieses ist die erste Zeile

⇥ Die zweite Zeile beginnt mit einem Tabulator

⇥ Die dritte ebenfalls

⇧ ⇥ Die Vierte wird mit der Tastenkombination Umschalt-Tabultor eingeleitet.

Wenn Sie die Numerierung mit einer Gliederung verbinden wollen, dann müssen Sie bei der Texteingabe folgendes beachten: Um eine Ebene tiefer zu gelangen, drücken Sie am Beginn des Absatzes die Taste ⇥; um eine Ebene höher zu gelangen die Tastenkombination ⇧ ⇥.

Warnung: Wenn Sie einen Text, der mit Tabulatoren am Absatzanfang versehen ist, über das Symbol *Numerierung* gliedern wollen, verlieren Sie alle führenden Tabulatoren. Ihre Gliederung ist danach verschwunden.

1	Dieses ist die erste Zeile
1.1	Die zweite Zeile beginnt mit einem Tabulator
1.1.1	Die dritte ebenfalls
1.2	Die Vierte wird mit der Tastenkombination Umschalt-Tabultor eingeleitet.

Texte gliedern

Um einen Text in Word für Windows 6.0 zu gliedern, können Sie die Tabulatoren nicht verwenden. Statt dessen erkennt das Programm eine Ebene anhand des Einzugs. Dies funktioniert auch in der Version 7.0.

Strg M   vergrößert den Einzug, d.h. eine Ebene tieferstufen.

⇧ Strg M   verkleinert den Einzug, d.h. eine Ebene höherstufen.

Sie können eine Gliederung auch über die Symbolleiste *Format* mit der Maus durchführen.

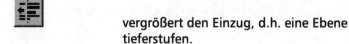 vergrößert den Einzug, d.h. eine Ebene tieferstufen.

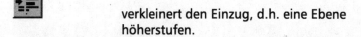 verkleinert den Einzug, d.h. eine Ebene höherstufen.

Auch bei einer Gliederung können Sie einen einzelnen Absatz von der Numerierung ausnehmen. Wählen Sie im Kontextmenü den Befehl *Numerierung überspringen*.

Kontextmenü

Zusätzlich können Sie die Ebene eines Absatzes auch über das Kontextmenü *Höherstufen* oder *Zurückstufen*.

Gliederungen mit Nummern versehen

Einem gegliederten und markierten Text können Sie die verschachtelte Numerierung nur über den Menübefehl *Format/Numerierung und Aufzählungen...* zuweisen. Wählen Sie die Registerkarte *Gliederung* aus, um eines der Layouts auszuwählen. Über *OK* weisen Sie dem markierten Bereich eine Gliederungsnumerierung zu.

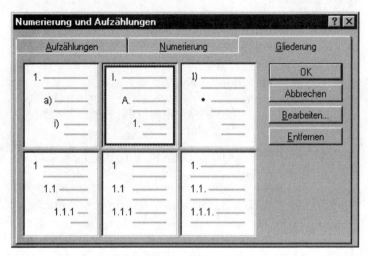

Die vorgegeben Auswahl an Gliederungsnumerierungen

Gliederungsnumerierungsart ändern

Wie bei der Numerierung haben Sie auch bei der gegliederten Numerierung die Möglichkeit, eigene Angaben zum Aussehen zu machen. Klicken Sie für die individuelle Festlegung auf die Schaltfläche *Bearbeiten*.

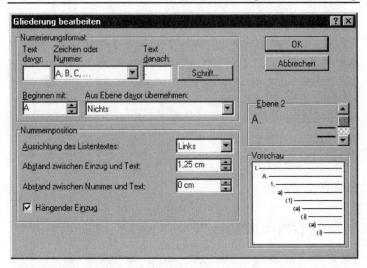

Die Bearbeitungsmöglichkeiten der gegliederten Numerierung

Die Möglichkeiten der Veränderung entsprechen denen der Numerierung und sind dort beschrieben. Hinzugekommen ist die Möglichkeit, die Numerierungsart für jede Ebene einzeln zu bestimmen.

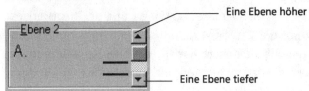

Die Ebene wählen Sie über den Rollbalken auf der rechten Seite aus. Im Titel der Dialogelementegruppe wird die aktive *Ebene* mit der dazugehörigen Nummer angezeigt.

Ab der zweiten Ebene können Sie Elemente aus der darüberliegenden Ebene übernehmen. Dies können *Nichts, Nummern* oder *Nummern und Position* sein. Wenn Sie eine Numerierung der Art „1; 1.1; 1.1.1" brauchen, dann stellen Sie ab Ebene 2 im Listenfeld *Aus Ebene davor übernehmen* jeweils die *Nummern* oder *Nummern und Position* ein.

Der Einzug jeder Ebene wird zu der davorliegenden Ebene addiert, daher verschiebt sich die Lage der Absätze immer weiter nach rechts, je tiefergestuft diese sind. Möchten Sie diese Einrückungen vermeiden, müssen Sie den *Abstand zwischen Einzug und Text* für jede benutzte Ebene auf *0 cm* einstellen.

Über die Schaltfläche *OK* verlassen Sie das Dialogfenster und weisen dem markierten Bereich die Gliederungsnumerierung zu.

9.3 Aufzählungen

Unter Aufzählungen versteht Word für Windows Absätze, die mit einem gleichbleibenden Zeichen, ähnlich der Numerierung, beginnen. Das Zeichen kann z.B. ein Bindestrich, ein Punkt, ein Symbol usw. sein.

Aufzählungen während der Texteingabe

Sofern Sie im Menü *Extras/Optionen* auf der Registerkarte *AutoFormat* die Option *Automatische Aufzählung* während der Texteingabe aktiviert haben, können Sie während des Schreibens die Aufzählung an und ausschalten.

Voraussetzung ist, daß Sie bei der Texteingabe ein paar kleine Konventionen einhalten:

Der Absatz muß mit dem Aufzählungszeichen beginnen. Dies darf kein Buchstabe und keine Ziffer sein. Nach dem Zeichen muß ein Leerzeichen folgen.

*	Dies ist erlaubt.
-	Auch der Bindestrich schaltet die Aufzählung ein.

Die Zeichen ⬚#⬚, ⬚?⬚, ⬚!⬚, ⬚„⬚, ⬚$⬚ usw. können Sie dagegen zum Einschalten der Aufzählungen nicht verwenden.

Um die Aufzählung wieder auszuschalten, geben Sie zwei aufeinanderfolgende Absatzendezeichen ⬚↵⬚ ein.

Genau wie bei der Numerierung können Sie die Aufzählungzeichen nicht markieren. Ein anderes Zeichen oder das Löschen funktionieren nur über den passenden Menübefehl oder das Symbol.

Um bei einem Absatz das Aufzählungszeichen auszulassen, rufen Sie im Kontextmenü den Befehl *Numerierung überspringen* auf. Alternativ können Sie auch die Aufzählung für diesen Absatz ausschalten.

Aufzählungszeichen auslassen

Aufzählungzeichen einfach und schnell per Symbol

Wenn Sie Absätze eines Dokuments markieren und dann auf das Symbol *Aufzählungszeichen* in der Symbolleiste *Format* klicken, wird dieser Bereich an jedem Absatzanfang mit einem Aufzählungszeichen versehen.

• Jeder Absatz beginnt mit einem Aufzählungszeichen

Hierbei wird das Zeichen verwendet, das auf der Registerkarte *Aufzählungen* im *Menü Format/Numerierungen und Aufzählungen* voreingestellt ist.

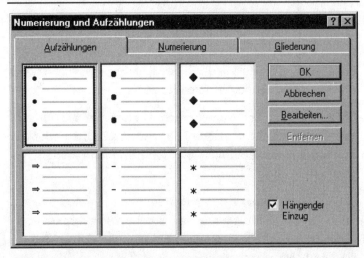

Die Auswahlmöglichkeiten der Aufzählungen

Aufzählungszeichen individuell einstellen

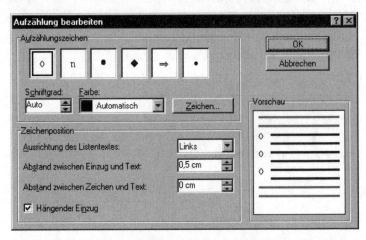

Hier können Sie ein Aufzählungszeichen individuell festlegen

Genau wie bei der Numerierung können Sie für die Festlegung der Aufzählungszeichen aus sechs Möglichkeiten auswählen. Genausogut können Sie aber auch eine eigene

Definition des Aufzählungszeichens über die Schaltfläche *Bearbeiten* angeben.

Im Dialogfenster *Aufzählung bearbeiten* haben Sie die Auswahl von sechs weiteren Zeichen. Zudem können Sie hier den *Schriftgrad (-größe)* und die *Farbe* des Aufzählungszeichens festlegen.

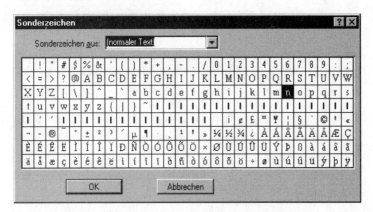

Wählen Sie hier das gewünschte Aufzählungszeichen aus.

Über die Schaltfläche *Zeichen...* können Sie ein bestimmtes Zeichen auswählen. Dies kann aus einem normalen Text-Zeichensatz oder einem Symbolzeichensatz erfolgen.

Zeichen

Im Listenfeld *Sonderzeichen aus:* werden nur die Schriften aufgelistet, deren Schriftkennung den Eintrag Symbol-Zeichensatz enthält. Die Schriftkennung können Sie nur über spezielle Programme ändern.

Die restlichen Einstellmöglichkeiten gleichen denen der Numerierung und sind dort beschrieben.

9.4 Überschriften numerieren

Sofern Sie Ihren Text zumindest mit den Absatzformaten *Überschrift* und *Standard* gegliedert haben, kann diese Gliederung sofort in eine Kapitel- und Überschriftennumerierung umgesetzt werden.

Die Numerierung schließt dabei nur die Überschriften ein und läßt alle Absätze, denen nicht das Absatzformat *Überschrift* zugewiesen wurde unberücksichtigt. Innerhalb der normalen Absätze können weitere Numerierungen, gegliederte Numerierungen sowie Aufzählungen erfolgen.

Anders als bei den Aufzählungen und Numerierungen brauchen Sie keinen Textbereich zu markieren, bevor der Befehl *Format/Überschriften numerieren* aufgerufen wird. Die getroffenen Einstellungen haben für das gesamte Dokument Gültigkeit.

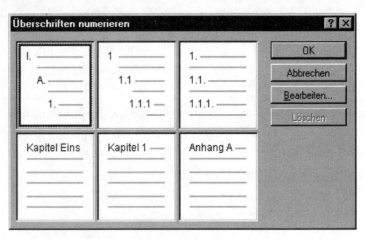

Die Schnellauswahl der Überschriftennumerierung

Die Gestaltungsmöglichkeiten der Überschriftennumerierung entsprechen denen der gegliederten Numerierung.

Mit *Ebene1* ist das Absatzformat *Überschrift 1* gemeint usw.

Zusätzlich können Sie die Numerierung nach einem Abschnittswechsel *(Einfügen/Manueller Wechsel)* neu beginnen lassen.

Hinweis: Sofern Sie eine Überschriftennumerierung mit *Hängendem Einzug* verwenden, wird dieser auch dann verwendet, wenn die Formatvorlage keinen Einzug beinhaltet. Eine Änderung der Formatvorlage kann diesen Einzug zwar rückgängig machen, ein erneutes Zuweisen der Überschriftennumerierung überschreibt die Veränderungen im Dokument wieder.

9.5 Zeilen numerieren

Wenn Sie jede Zeile eines Textes mit einer Nummer versehen möchten, z.B. für Programmlistings, können Sie die Zeilennummer automatisch einfügen lassen.

Die Zeilennummern sind im Gegensatz zur Numerierung kein Gestaltungsmittel für Absätze, sondern werden dem Seitenlayout zugeordnet.

Rufen Sie den Befehl *Datei/Seite einrichten* mit der Registerkarte *Seitenlayout* auf.

Unter *Anwenden auf:* legen Sie den Bereich, der numeriert werden soll, fest. Dies kann das gesamte Dokument, ein Abschnitt oder ein markierter Bereich sein. Um die Nummern einzustellen, klicken Sie auf die Schaltfläche *Zeilennummern...* .

Hinweis: Die Zeilennummern werden nur in der Seiten- oder Layoutansicht angezeigt.

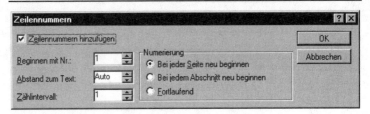

Die Zeilennumerierung

Damit überhaupt Zeilennummern eingefügt werden, muß das Kontrollkästchen *Zeilennummern hinzufügen* aktiviert sein.

Sie können den *Beginn* der Numerierung, den *Abstand zum Text* sowie das *Zählerintervall* festlegen. Sofern der *Abstand zum Text* auf *Auto* eingestellt ist, wird die Zeilennummer ca. 7 mm vor dem Fließtextbereich eingefügt. Achten Sie darauf, daß der Wert nicht zu groß ist, da sonst die Zeilennummern keinen Platz mehr im Seitenrand finden.

Numerierung

Zusätzlich können Sie festlegen, ob die Numerierung auf *jeder Seite* oder in *jedem Abschnitt* mit dem unter *Beginnen mit Nr.* eingestellten Wert von vorne beginnen soll oder *fortlaufend* durch den jeweils ausgewählten Bereich.

Zeilennummern entfernen

Um die Zeilennumerierung wieder auszuschalten, deaktivieren Sie das Kontrollkästchen *Zeilennummern hinzufügen*. Einzelne Absätze können Sie auch über den Befehl *Format/Absatz* auf der Registerkarte *Textfluß* von der Zeilennumerierung ausnehmen. Aktivieren Sie für die entsprechenden Absätze die Option *Zeilennummern unterdrücken*.

10 Formatvorlagen

Wenn Sie Texte gliedern, so geschieht dies durch Zuweisung einer *Formatvorlage*. Jeder Absatz wird als *Standard Textkörper*, als *Überschrift* oder *Liste* usw. gekennzeichnet. Aufgrund der Kennzeichnung kann Word für Windows umfangreiche automatische Funktionen, wie das Erzeugen eines Inhalts- und Abbildungsverzeichnisses, einer Kapitelnumerierung oder die Sichtbarkeit von Textabschnitten, nutzen.

Eine *Formatvorlage* besteht aus einer Zusammenfassung verschiedener Zeichen- und/oder Absatzformate und hat einen eindeutig definierten Namen.

Was ist eine Formatvorlage?

Geben Sie Text ohne Zuweisung einer Formatvorlage ein, so wird dieser vom Programm mit der Formatvorlage *Standard* gekennzeichnet. Diese Vorlage ist in allen Dokumenten vorhanden. Jedem Absatz und jedem Wort eines Word-Dokuments ist so eine Formatvorlage zugewiesen, die natürlich immer gleich sein kann.

10.1 Welche Formatvorlage ist einem Textbereich zugewiesen?

Ablesen in der Symbolleiste

Die Symbolleiste Format

In der Symbolleiste *Format* zeigt das erste Listenfeld den Eintrag für die *Formatvorlage* der aktuellen Vorlage an. Sind zwei Absätze mit unterschiedlichen Formatvorlagen markiert, so zeigt das Listenfenster *Formatvorlage* keinen Eintrag an.

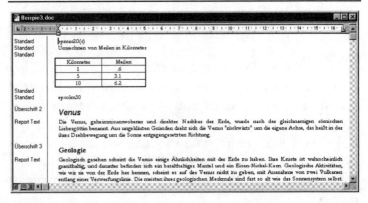

*Formatvorlagen können vor dem eigentlichen Dokumententext
angezeigt werden*

In der Ansicht *Normal* oder *Gliederung* können Sie das Absatzformat in einer eigenen Spalte - vor dem Dokumententext - anzeigen lassen. Hierzu muß im Menü *Extras/ Optionen* auf der Registerkarte *Ansicht* unter *Breite der Formatvorlagenanzeige* ein Wert größer als *0 cm* eingestellt werden.

*Ein Ausschnitt der Registerkarte Ansicht im Menü Extras/Optionen.
Hier stellen Sie die Breite der Formatvorlagenanzeige ein.*

Sofern zumindest ein kleiner Teil der Formatvorlagenspalte
sichtbar ist, können Sie diesen verbreitern, indem Sie den
Mauszeiger über die Spaltengrenzlinie setzen. Der Maus-
zeiger ändert seine Form in einen Doppelpfeil. Dann können
Sie bei gedrückter linker Maustaste die Breite variieren.
Wenn die Spaltenbreite ganz bis zum linken Fensterrand

gezogen wird, löschen Sie hiermit die Anzeige der Formatvorlagen, diese kann dann nur noch über den Befehl *Extras/Optionen* wieder sichtbar gestellt werden.

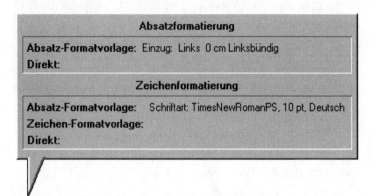

Wenn Sie in der Symbolleiste *Standard* zunächst auf das Symbol für die *Hilfe* und dann auf ein Wort im Dokument klicken, wird die Absatz- und Zeichenformatvorlage in einem Fenster angezeigt. Durch einen erneuten Mausklick auf das Symbol schalten Sie die Hilfe wieder aus.

Über das Symbol Hilfe

Hinweis: Eine Zeichenformatierung, die Sie über den Befehl *Format/Zeichen* oder die Symbolleiste *Format* direkt zugewiesen haben, hat Vorrang vor der Zuordnung durch die Formatvorlage. Hierdurch bleiben z.B. kursiv geschriebene Worte erhalten, auch wenn die Formatvorlage eigentlich etwas anderes aussagt.

10.2 Formatvorlagen zuweisen

Jedem Absatz läßt sich eine individuelle Formatvorlage zuweisen - und dies zu jedem Zeitpunkt: entweder direkt bei der Texterfassung oder erst während der Gestaltungsphase. Die Zuweisung erfolgt über die Symbolleiste *Format* oder über Tastaturkürzel und gilt im Prinzip immer für den gesamten Absatz oder den markierten Bereich, in dem die Schreibmarke steht. Es gibt allerdings auch *Formatvorlagen*, die sich nur auf *Zeichenformatierungen* beschränken. Daher kann auch einzelnen Worten eines Absatzes eine bestimmte Formatvorlage zugewiesen werden.

Im Listenfeld *Formatvorlage* werden Zeichenformate und Absatzformate unterschieden. Sie erkennen ein Absatzformat an dem Absatzendezeichen vor dem Namen. Ein Zeichenformat ist mit einem unterstrichenem „a" gekennzeichnet.

Zeichenformat

Ein *Zeichenformat* enthält nur Beschreibungen über das Aussehen der Buchstaben, z.B. die Schriftart und -farbe.

Absatzformat

Ein *Absatzformat* enthält sowohl Beschreibungen über das Aussehen der Buchstaben als auch das Aussehen des Absatzes, z.B. Blocksatz, Zeilenabstand doppelt, Rahmen um den Absatz usw. Das Absatzformat gilt immer für den Bereich zwischen zwei Absatzendezeichen. Löschen Sie ein Absatzendezeichen, dann wird das Absatzformat des folgenden Absatzes übernommen.

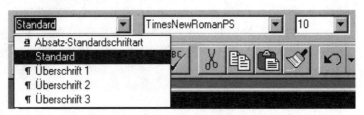

Die Formatvorlagen in der Symbolleiste Format

Zuweisung über die Symbolleiste Format

Um einem Absatz eine bestimmte Formatvorlage zuzuweisen, setzen Sie die Schreibmarke an eine beliebige Stelle in den Absatz. Wählen Sie dann aus dem Listenfeld *Formatvorlage* einen Eintrag aus. Der Absatz wird entsprechend den Definitionen formatiert.

Über den Menübefehl *Format/Formatvorlage* können Sie ebenfalls einem Wort oder einem Absatz eine Formatierung zuweisen. Dieses ist zwar der umständlichste Weg, aber der Vollständigkeit halber sei er nachstehend beschrieben:

Zuweisung über den Befehl Formatvorlage...

- Setzen Sie die Schreibmarke in den Absatz, der eine Zuweisung erhalten soll, oder markieren Sie den Bereich, wenn aufeinander folgende Absätze die gleiche Formatvorlage erhalten sollen.

- Rufen Sie den Befehl *Format/Formatvorlage...* auf.

- Markieren Sie die gewünschte *Formatvorlage* in der Liste.

- Klicken Sie auf die Schaltfläche *Zuweisen*.

Vordefinierte Formatvorlagen der Normal.dot

Ein neues Dokument, das auf Basis der Dokumentenvorlage *Normal.dot* erzeugt wurde, enthält immer einige vordefinierte Formatvorlagen, die sofort einsetzbar sind. Da alle anderen Dokumente, auch die, die auf anderen Dokumentenvorlagen beruhen, auf die *Normal.dot* zugreifen, sind diese Formatvorlagen auch dort einsetzbar. Allerdings kann es sein, daß die Definition anders lautet und sich damit Unterschiede im Aussehen des Dokuments ergeben.

In der Normal.dot von Word für Windows sind mindestens für die folgenden Formatierungen Formatvorlagen vorhanden. Da diese zugleich die am häufigsten benötigten Formatvorlagen sind gibt es dazu Tastenkürzel:

Zuweisung über die Tastatur

Formatvorlage	Tastenkürzel	Wofür
Standard	Strg + ⇧ + N	für Massentext; wird immer dann genommen, wenn Sie keine andere Formatvorlage auswählen.
Überschrift1	Alt 1	für Überschriften
Überschrift2	Alt 2	für Unter-Überschriften
Überschrift3	Alt 3	Zwischenüberschriften
Aufzählungszeichen	Strg + ⇧ + L	Aufzählungen

Alle Formatvorlagen anzeigen

Es gibt eigentlich für alles in Word für Windows eine Formatvorlage. Zum Beispiel für Anmerkungen, für Verzeichnisse, Bildunterschriften, Index usw. Um im Listenfeld *Formatvorlage (Symbolleiste Format)* alle definierten Formatbeschreibungen zu sehen, müssen Sie die ⇧ Taste gedrückt halten und dann in das Listenfeld klicken.

Auflistung der Formatvorlagen-Namen der Normal.dot

Wenn Sie in einer eigenen Dokumentenvorlage neue Formatvorlagen definieren, sind Sie grundsätzlich bei der Namensvergabe frei. Allerdings sollten Sie - soweit möglich - die gleichen Namen wie in der Normal.dot verwenden, da hierdurch spätere Umformatierungen eines kompletten Dokuments schnell möglich werden.

Zeichen-Formatvorlagen

Absatz-Standardschriftart	Fußnotenzeichen
Anmerkungszeichen	Seitenzahl
Endnotenzeichen	Zeilennummer

Absatz-Formatvorlagen (Ebenen)

Abbildungsverzeichnis	Listennummer (1- 5)
Absenderadresse	Makrotext
Anlage(n)	Nachrichtenkopf
Anmerkungstext	Standard
Aufzählungszeichen (1 - 5)	Standardeinzug
Beschriftung	Textkörper
Endnotentext	Textkörper-Einzug
Fußnotentext	Titel
Fußzeile	Überschrift (1 - 9)
Grußformel	Umschlagadresse
Index (1 - 9)	Unterschrift
Indexüberschrift	Untertitel
Kopfzeile	Verzeichnis (1 - 9)
Liste (1 - 5)	Zusatz (1 - 2)
Listenfortsetzung (1 - 5)	

10.3 Formatvorlagen ändern oder neu erzeugen

Formatvorlagen können auf zwei verschiedene Arten geändert und neu erzeugt werden. Entweder, indem Sie im Dokument einen Bereich mit den gewünschten Vorgaben formatieren und diesen als Definitionsgrundlage nutzen, oder indem Sie die Einstellungen in einem Dialogfenster vornehmen.

Formatvorlagen visuell ändern

Diese Arbeitsweise bietet sich immer dann an, wenn kleine Veränderungen an einer bestehenden Formatvorlage nötig werden.

- Weisen Sie einem Absatz die zu ändernde Formatvorlage zu, und legen Sie danach innerhalb des Absatzes die neue Ausrichtung, Schrift, den geänderten Zeilenabstand usw. fest.

- Markieren Sie den kompletten Absatz durch einen schnellen Dreifachklick auf die linke Maustaste.

- Klicken Sie nun in der Symbolleiste *Format* in das Formatvorlagenfeld. Der Name der Formatvorlage wird hierbei komplett markiert.

- Drücken Sie die ⏎ Taste.

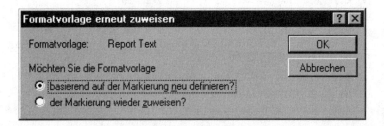

Im Dialogfenster *Formatvorlage erneut zuweisen* aktivieren Sie die Option *basierend auf der Markierung neu definieren?* und bestätigen Ihre Entscheidung über *OK*.

Achtung: Alle Worte bzw. Absätze des aktiven Dokuments, denen die geänderte Formatvorlage zugewiesen wurde, werden mit den neuen Einstellungen formatiert.

Eine Formatvorlage visuell definieren

Was für das visuelle Ändern einer bestehenden Formatvorlage gilt, können Sie auch bei der Neudefinition einsetzen.

Der einzige Unterschied besteht darin, daß Sie nach dem Markieren des Formatvorlagenfeldes den Formatvorlagennamen komplett löschen und einen neuen Namen eingeben. Allerdings ist Vorsicht bei der Namensvergabe geboten: Word für Windows überprüft leider nicht, ob dieser Name schon existiert. Im schlimmsten Fall wird eine bestehende Definition ohne Rückfrage überschrieben.

10.4 Eine Formatvorlage genau definieren

Über den Menübefehl *Format/Formatvorlage...* haben Sie alle Möglichkeiten, eine Formatvorlage Ihren Wünschen entsprechend anzupassen. Sei dies die Definition eines bestimmten Zeichenformates, die Zuweisung einer Umrahmung oder die Festlegung eines Tastenkürzels.

Eine bestehende Formatvorlage ändern

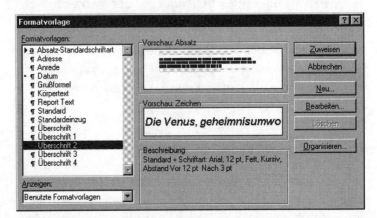

Das Dialogfenster Formatvorlage

Wählen Sie aus der *Formatvorlagen*-Liste die zu ändernde Vorlage aus. Ist die gewünschte Formatvorlage nicht in der Liste, schalten Sie die *Anzeige* auf *Alle Formatvorlagen* um.

Absatz-/Zeichenformate sind in separaten *Vorschau*fenstern. Es gibt eine genaue *Beschreibung* der festgelegten Formate.

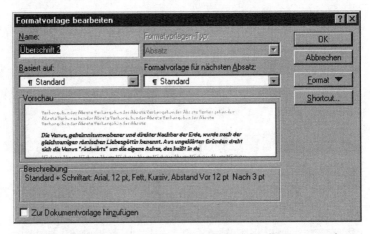

Das Dialogfenster Formatvorlage bearbeiten ist die Kommandozentrale zur Definition von Formatzuweisungen

Über die Schaltfläche *Bearbeiten* gelangen Sie in das Dialogfenster *Formatvorlage bearbeiten*, von dem aus alle Einstellungen für die Formatvorlage gemacht werden können.

Das Feld *Name* enthält den Namen der Formatvorlage, wie er auch im Listenfeld der Symbolleiste Format erscheint.

Wenn Sie den Namen hier ändern, wird der alte Name nicht überschrieben, sondern der neue Name - durch ein Semikolon getrennt - an den Bestehenden angehängt. Hierdurch wird verhindert, daß bestehende Absätze auf einmal ohne eine Formatvorlage dastehen oder eine falsche Zuweisung erhalten.

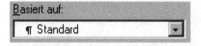

Wenn eine Formatvorlage Definitionen einer anderen enthält – dies ist z.B. der Fall wenn nur eine einzige Schriftänderung die beiden Vorlagen unterscheidet – kann man die Basis-Formatvorlage unter *Basiert auf* festlegen. Hierdurch erspart man sich langwierige und fehlerträchtige Eingaben.

Es werden alle Definitionen der *Basiert auf* Vorlage übernommen, was allerdings nicht heißt, daß die gerade Bearbeitete nicht komplett verändert werden kann. Geben Sie keine Basis-Formatvorlage an, nimmt Word für Windows die *Standard*-Formatvorlage.

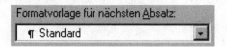

Wenn Sie die Formatvorlage *Überschrift* bearbeiten, können Sie davon ausgehen, daß während der Texteingabe auf die Überschrift ein Absatz mit Fließtext folgt, dem die Formatvorlage *Standard* zugewiesen ist. Auf ein Bild folgt eine Bildunterschrift usw. Über das Listenfeld *Formatvorlage für nächsten Absatz* legen Sie fest, welche Zuweisung der nächste neue Absatz bei der Texteingabe automatisch erhalten soll. Die hier getroffene Auswahl hat allerdings keine Auswirkung, wenn Sie einen bestehenden Absatz ändern.

Grundsätzlich geht Word für Windows erst einmal davon aus daß der nächste Absatz mit der selben Formatvorlage definiert wird.

*Zur Dokument-
vorlage hinzu-
fügen*

☐ Zur Dokumentvorlage hinzufügen

Soll die bearbeitete oder neue Formatvorlage der Dokumentenvorlage *Normal.dot* zugewiesen werden, dann aktivieren Sie die Option *Zur Dokumentenvorlage hinzufügen*. Ansonsten wird die Formatvorlage in der Dokumentenvorlage des gerade aktiven Dokuments gespeichert (die natürlich auch wiederum die Normal.dot sein kann).

Die Schaltfläche Format

Über die Schaltfläche Format werden die eigentlichen Formatanweisungen festgelegt. Diese Schaltfläche sollten Sie für umfangreiche Festlegungen öfter nutzen.

Format ▼

Die Befehle hinter der Schaltfläche Format

In einer Formatvorlage werden die Formatierungen für *Zeichen, Absätze, Tabulatoren, Rahmen, Sprache, Positionsrahmen* und *Numerierung* getrennt eingestellt. Sie müssen nicht unter allen Menüpunkten eine Auswahl treffen, sondern nur unter denen, die festgelegt werden sollen.

Ein Beispiel:

Die zu bearbeitende Formatvorlage soll die Schriftart Times, Schriftgröße 10 pt, einen linksbündigen Satzspiegel und einen Rahmen um den Textblock enthalten.

- Zuerst stellen Sie über den Befehl *Zeichen...* das Zeichenformat ein. Sie gelangen über diesen Befehl in das Dialogfenster *Zeichen*, in dem Sie auch für ganz normale Textformatierungen die Einstellungen vornehmen. Legen Sie nur die *Schriftart* und *-größe* fest, jede weitere Veränderung im Dialogfenster würde in die Formatvorlage übernommen werden. Schließen Sie anschließend den Dialog über *OK*.

- Klicken Sie erneut auf die Schaltfläche *Format,* wählen Sie diesmal allerdings den Befehl *Absatz*. Stellen Sie im Dialogfenster *Absatz* die Ausrichtung auf *Links* und schließen das Fenster über *OK*.

- Zum Schluß soll noch festgelegt werden, daß der Absatz von einem Rahmen umgeben wird. Klicken Sie dazu ein letztes Mal auf die Schaltfläche *Format* und rufen den Befehl *Rahmen...* auf. Im Dialogfenster *Rahmen und Schattierungen* wählen Sie von den Standardvorgaben den *Kasten*. Auch diesen Dialog schließen Sie über *OK*.

Nach einem *Format*-Befehlsaufruf gelangen Sie immer wieder in das Dialogfenster *Formatvorlage bearbeiten*. In der *Vorschau* werden Ihre Änderungen aktuell angezeigt.

Änderungen
übernehmen

Stimmt alles, verlassen Sie dieses Dialogfenster über *OK*. Wollen Sie die Veränderungen doch nicht übernehmen, dann haben Sie über *Abbrechen* die Möglichkeit, alles zu verwerfen.

Im Dialogfenster *Formatvorlage* haben Sie eine letzte Möglichkeit, die Änderungen unwirksam zu machen, indem Sie das Fenster *Schließen*. Wollen Sie die Veränderungen übernehmen, klicken Sie auf die Schaltfläche *Zuweisen*.

Hinweis: Veränderungen die die Dokumentenvorlage Normal.dot betreffen, werden nicht sofort gespeichert, sondern erst beim Beenden von Word für Windows.

Tastenbelegung für Formatvorlagen festlegen

Die Schaltflä-
che Shortcut...

Möchten Sie eine beliebige Formatvorlage schnell über die Tastatur zuweisen, dann klicken Sie auf die Schaltfläche *Shortcut...* im Dialogfenster *Formatvorlagen*.

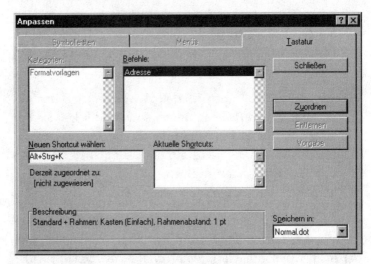

Im Dialogfenster Anpassen legen Sie Tastenkürzel für eine Formatvorlage fest.

Drücken Sie die Tastenkombination, über die Sie später die Formatvorlage aufrufen wollen. Die Tastenkombination muß mit einer der folgenden Tasten eingeleitet werden:

Strg oder Alt oder AltGr

Gleichzeitig drücken Sie die Kennungstaste, z.B. a oder #. Zusätzlich können Sie noch die ⇧ Taste benutzen, da bei Tastenkürzeln zwischen Groß- und Kleinschreibung unterschieden wird.

Hinweis: Sie können auch die Funktionstasten, mit Ausnahme von F1 als Tastenkürzel benutzen, allerdings bietet sich dies nicht unbedingt an, da wichtige Word-Funktionen mit diesen Tasten definiert sind.

Der festgelegte Shortcut wird im Feld *Neuen Shortcut wählen* angezeigt. Gleichzeitig werden Sie darüber informiert, ob es bereits eine Zuordnung dieser Tastenkombination gibt. Wenn ja, dann wird angezeigt, welchem Befehl die Kombination bisher zugewiesen wurde.

Wo soll die Zuordnung der Tastenkombination gespeichert werden?

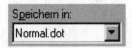

Vorsicht Falle! Wenn Sie eine Tastenkombination in der falschen Dokumentenvorlage, z.B. in der *Normal.dot*, speichern, so hat diese auch nur bei Dokumenten, die hierauf basieren, dort Gültigkeit. Schauen Sie auf jeden Fall, nach welche Dokumentenvorlage unter *Speichern in:* eingestellt ist und wählen Sie ggf. die richtige Vorlage aus.

Die Tastenkombination dauerhaft festlegen

Zuordnen

Sie legen die *Zuordnung* des Tastenkürzels fest, indem Sie auf die Schaltfläche *Zuordnen* klicken.

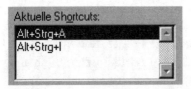

Einer Formatvorlage lassen sich auch mehrere Tasten-kombinationen zuordnen

Entfernen

Soll eine zugeordnete Tastenkombination wieder gelöscht werden, markieren Sie den Eintrag in der Liste *Aktuelle Shortcuts:* und klicken dann auf die Schaltfläche *Entfernen*.

Hinweis: Tastenkombinationen können Sie auch ausdruk-ken. Rufen Sie den Befehl *Datei/Drucken* auf und wählen aus der Liste *Drucken* den Eintrag *Tasten-belegung*.

Formatvorlagen neu definieren

Eine neue Formatvorlage definieren Sie im Dialogfenster *Formatvorlage* über die Schaltfläche *Neu*.

Im Prinzip funktioniert alles wie beim Ändern einer beste-henden Formatvorlage – bis auf eine Kleinigkeit: Im Dia-logfenster *Neue Formatvorlage* können Sie den *Formatvor-lagen-Typ* als *Absatz* oder *Zeichen* einstellen. In Abhängig-keit hiervon stehen hinter der Schaltfläche *Format* eine un-terschiedliche Anzahl von Einstellmöglichkeiten zur Verfü-gung.

Formatvorlage und mögliche Befehle	
Absatz	Zeichen
Zeichen...	Zeichen...
Absatz...	Sprache...
Tabulator...	
Rahmen...	
Sprache...	
Positionsrahmen...	
Numerierung	

Für den Namen einer Formatvorlage stehen Ihnen 255 Zeichen zur Verfügung. Leerzeichen sind erlaubt, Groß- und Kleinschreibung wird nicht unterschieden. Sonderzeichen sollten Sie vermeiden, da nur einige funktionieren. Bedenken Sie bei der Namensvergabe, daß dieser in das Listenfeld *Formatvorlage* der Symbolleiste *Format* paßt (12 Zeichen) und eine Aussage über die Verwendung erlaubt. Die standardmäßig von Word für Windows vergebenen Namen *Formatvorlage 1* usw. sagen gegenüber einem Namen *Anschrift* nahezu nichts aus.

Namensvergabe

Formatvorlagen löschen

Sie können die in Word für Windows vordefinierten Formatvorlagen nicht löschen. Etwas anders verhält es sich bei den *Benutzerdefinierten Formatvorlagen*. Indem Sie den Namen in der Liste markieren und auf die Schaltfläche *Löschen* klicken, wird diese Formatvorlage entfernt.

Vorsicht: Es findet beim Löschen einer Formatvorlage keine Überprüfung auf deren Verwendung im Dokument statt. Löschen Sie eine benutzte Formatvorlage, wird den entsprechenden Absätzen/Worten die Formatvorlage Standard zugewiesen.

10.5 Besondere Formatvorlagen

Die Formatvorlage *Absatz-Standardschriftart* kann nicht über den Befehl *Format/Formatvorlage* geändert werden. Möchten Sie die Grundschrift ändern, so müssen Sie die Einstellungen im Menü *Format/Zeichen* vornehmen und hierin auf die Schaltfläche klicken. Die Zuweisung erfolgt zu der Dokumentenvorlage des aktiven Dokuments.

10.6 Formatvorlagen suchen und ersetzen

Innerhalb eines Dokuments können Sie auch Formatvorlagen über *Bearbeiten/Ersetzen* austauschen. Zum Suchen und Ersetzen von Formatvorlagen, lassen Sie die Textfelder leer.

Setzen Sie die Schreibmarke im Dialogfenster *Ersetzen* in das *Suchen*-Feld. Um die gesuchte Formatvorlage anzugeben, klicken Sie auf die Schaltfläche *Format*. Im Kontextmenü wählen Sie den Befehl *Formatvorlage...* aus.

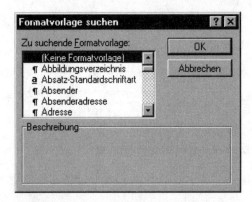

Geben Sie die *zu suchende Formatvorlage* an und schließen Sie den Dialog über OK. Das gleiche wiederholen Sie für die *Ersetzen*-Formatvorlage.

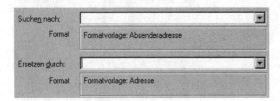

Die ausgewählten Formatvorlagen werden in den Format-Feldern angezeigt.

Über die Schaltfläche *Keine Formatierung* entfernen Sie die Suche nach einer Formatvorlage wieder.

10.7 Formatvorlagen und Dokumenten-vorlagen

Eine Formatvorlage, die Sie neu erzeugen, ist an das aktive Dokument gebunden und hierdurch an die Dokumenten-vorlage, auf der das Dokument basiert. Die Dokumenten-vorlage umfaßt deshalb unter anderem auch die Format-vorlagen, Tastenbelegungen und Absatz-Standardschrift-arten. Basiert das Dokument auf keiner speziellen Doku-mentenvorlage, so wird die globale Vorlage *normal.dot* herangezogen.

Die Dokumentenvorlage eines Dokuments wechseln

Da die Formatbeschreibungen ein Teil der *Dokumentenvorla-ge* sind, können Sie beim Wechseln der Dokumentenvorlage das Dokuments automatisch neu formatieren lassen.

Um eine Dokumentenvorlage zu wechseln, rufen Sie den Menübefehl *Datei/Dokumentenvorlage* auf.

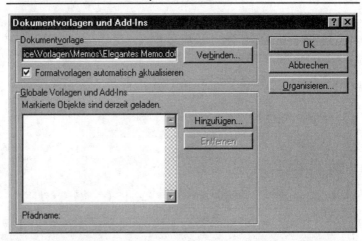

In diesem Dialogfenster stellen Sie die Dokumentenvorlage des aktiven Dokuments ein

Wählen Sie über die Schaltfläche *Verbinden...* die neue Dokumentenvorlage aus. Normalerweise werden Dokumentenvorlagen in der Dateiauswahl mit der Endung *.dot gekennzeichnet und haben das gleiche Symbol wie Word-Dokumente. Sollen beim Dokumentvorlagenwechsel gleichzeitig die Formatvorlagen aus der neuen Vorlage übernommen werden, dann aktivieren Sie die Option *Formatvorlagen automatisch aktualisieren.* Ist eine Definition in der neuen Dokumentenvorlage nicht enthalten, bleibt die alte bestehen.

Formatvorlagen kopieren

Es wäre aufwendig eine Formatvorlage, die in der Dokumentenvorlage A gespeichert und in B gebraucht, wird neu zu definieren. Viel schneller geht es, wenn die Definition einfach von einer Dokumentenvorlage in die andere kopiert wird.

Dokumenten-vorlagen organisieren

Das Dialogfenster zum Organisieren von Formatvorlagen können Sie über verschiedene Befehle aufrufen:

- Rufen Sie den Befehl *Datei/Dokumentenvorlage* auf und klicken Sie auf die Schaltfläche *Organisieren*.

- Rufen Sie den Befehl *Format/Formatvorlage...* auf und klicken Sie auf die Schaltfläche *Organisieren*.

- Rufen Sie den Befehl *Extras/Makros* auf und klicken Sie auf die Schaltfläche *Organisieren*.

In allen Fällen aktivieren Sie die Registerkarte *Formatvorlagen*. Trotz der unterschiedlichen Aufrufe dieses Dialogfensters gibt es keinen Unterschied in der Arbeitsweise.

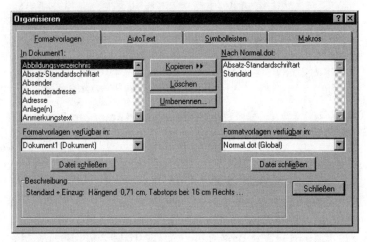

In diesem Dialogfenster organisieren Sie die Formatvorlagen innerhalb der Dokumentenvorlagen

Das Dialogfenster *Organisieren/Formatvorlagen* enthält alle Informationen doppelt. Auf welcher Seite eine bestimmte Dokumentenvorlage steht, ist egal.

Über die Schaltflächen *Datei schließen* und *Datei öffnen* verwalten Sie die Dokumente und Dokumentenvorlagen. Um eine bestimmte Dokumentenvorlage zu laden, müssen Sie die in dem Dialogfenster angezeigte Dokumentenvorlage erst einmal schließen und danach auf die Schaltfläche

Datei öffnen klicken. In dem Dialogfenster *Öffnen* sollten Sie kontrollieren, ob als *Dateityp Dokumentenvorlagen (*.dot)* eingestellt ist. Wenn nicht, dann ändern Sie dieses. Leider wird der Pfad nicht automatisch auf den in den Grundeinstellungen festgelegten Pfad für Vorlagen umgestellt, daher müssen Sie diesen selbst angeben. Es besteht allerdings auch die Möglichkeit, die Formatvorlagen direkt von einem Dokument zum nächsten zu kopieren.

Hinweis: Sofern Sie das Office 95-Paket installiert haben, befinden sich die Word-Dokumentvorlagen zusammen mit den Vorlagen für Excel- und Power-Point-Dateien im Unterverzeichnis *Vorlagen* des Ordners *MS Office*.

Solange nur eine Dokumentenvorlage geöffnet ist, können Sie die Formatvorlagen nur *Löschen* oder *Umbenennen*.

Hinweis: *Absatz-Standardschriftart* und *Standard* können Sie nicht löschen.

Formatvorlagen kopieren

Um eine oder mehrere Formatvorlagen zu kopieren, klicken Sie auf die Schaltfläche *Kopieren*. Dieses geht beidseitig, die Richtung des Kopierens wird jeweils angepaßt. Besteht eine Formatvorlage gleichen Namens, werden Sie gefragt, ob diese überschrieben werden soll. Die Listen werden um die jeweils kopierten Formatvorlagen erweitert.

Sobald Sie eine offene *Datei schließen*, wird gefragt, ob Sie die *Änderungen speichern* möchten. Dieses ist die letzte Chance eine Veränderung rückgängig zu machen.

Hinweis: Bei einer Änderung der *Normal.dot* erscheint die Sicherheitsabfrage erst zum Zeitpunkt des Beendens von Word für Windows, sofern die Grundeinstellung des Programms (*Extras/Optionen/Register/Speichern*) dies veranlaßt.

10.8 Der Formatvorlagen-Katalog

Eine weitere Möglichkeit, ein gegliedertes Dokument schnell umzuformatieren und dabei gleich eine Vorschau auf das Aussehen der Neuformatierung zu erhalten, bietet der *Formatvorlagen-Katalog*.

Rufen Sie den Befehl *Format/Formatvorlagen-Katalog* auf.

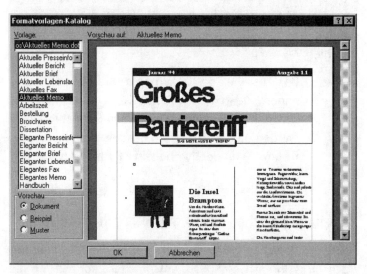

Das Dialogfenster Formatvorlagen-Katalog

Aus der *Vorlage*-Liste wählen Sie eine Dokumentenvorlage aus. In der Liste werden nur die Vorlagen angezeigt, die sich in dem Ordner befinden, der unter *Extras/Optionen* auf der Registerkarte *Dateiablage* als Vorlagenverzeichnis eingestellt wurde. Unterverzeichnisse werden bei der Suche eingeschlossen.

Vorlage

Das größte Fenster nimmt die *Vorschau* ein. Im Gegensatz zu anderen Vorschaufenstern können Sie durch das Dokument scrollen. Die Vorschau kann auf das aktive *Dokument*, ein *Beispiel* oder *als Muster* angezeigt werden.

Vorschau

Die Einstellung *Dokument* hat den Vorteil, daß Sie sehen, was mit Ihrem gegliederten Text passiert. Das *Beispiel* ist ein beispielhaftes Dokument für diese Dokumentenvorlage, und das *Muster* besteht in einer Auflistung der am häufigsten verwendeten Formatvorlagen.

Über die Schaltfläche *OK* weisen Sie dem aktiven Dokument die Formatvorlagen der ausgewählten Dokumentenvorlage zu. Über *Abbrechen* oder Auswahl der Vorlage *(Original)* werden an dem Dokument keine Veränderungen vorgenommen.

Hinweis: Das Aussehen des Dokuments wird nur dann verändert, wenn gleiche Formatvorlagen-Namen verwendet werden. Die restlichen Formatvorlagen werden dem Dokument hinzugefügt und stehen fortan z.B. in der Symbolleiste Format zur Verfügung.

Rückgängig machen der Formatvorlagen-Zuweisung

Sollte die Vorschau getäuscht haben oder die Formatierung doch nicht Ihrem Geschmack entsprechen, können Sie die Formatvorlagen-Zuweisungen über das Symbol *Rückgängig* ungeschehen machen. Der Eintrag in der Rückgängig-Liste lautet *Formatvorlagen Gruppe*.

10.9 Formatvorlagen einem Symbol zuordnen

Wenn Sie Formatvorlagen oft nutzen, so können Sie die Anweisung zum Formatieren eines Absatzes neben dem Tastenkürzel auch einer Symbolleiste zuweisen. Empfehlenswert ist es hierbei, eine eigene Symbolleiste zu erzeugen.

Um eine Formatvorlage einem Symbol zuzuordnen, gibt es wie immer mehrere Wege:

- Entweder rufen Sie den Befehl *Ansicht/Symbolleisten...* auf und klicken in dem Dialogfenster auf die Schaltfläche *Anpassen...*

- ... oder Sie klicken über einer sichtbaren Symbolleiste auf die rechte Maustaste und wählen aus dem Kontextmenü den Befehl *Anpassen...*

Anpassen der Symbolleisten

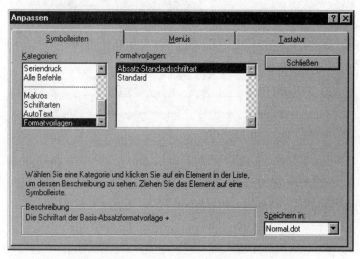

In diesem Dialogfenster passen Sie Symbolleisten an.

- Auf der Registerkarte *Symbolleisten* wählen Sie aus der *Kategorie* den Eintrag *Formatvorlagen.* Der Eintrag ist der letzte in der Liste der *Kategorien.*

- In der Liste *Formatvorlagen* werden die verfügbaren Formatvorlagen angezeigt.

- Markieren Sie einen Eintrag aus der Liste. Der Mauszeiger zeigt hierbei ein Quadrat um den Zeigerpfeil.

- Ziehen Sie dieses Quadrat bei gedrückter linker Maustaste über eine Symbolleiste des Programmfensters. Lassen Sie dort die Maustaste wieder los.

Wählen Sie eines der Symbole aus oder geben Sie einen Text für die Schaltfläche ein.

- Im Dialogfenster *Benutzerdefinierte Schaltflächen* wählen Sie eines der Symbole aus. Sie können über die Schaltfläche *Bearbeiten* auch ein eigenes Symbol zeichnen.

- Soll das Symbol nur Text enthalten, dann markieren Sie die Schaltfläche *Text* und geben unter *Name der Text-*

schaltfläche einen möglichst kurzen Formatvorlagen-
namen an.

- Klicken Sie auf *Zuordnen* und *Schließen* den Dialog
  Anpassen. Das neue Symbol steht von nun an in der
  Dokumentenvorlage, die unter *Speichern in:* eingestellt
  war, zur Verfügung.

Um das Symbol wieder aus der Symbolleiste zu entfernen,
öffnen Sie ebenfalls das Dialogfenster *Anpassen* und ziehen
das Symbol aus der Symbolleiste über das Dialogfenster.

*Symbol wieder
entfernen*

10.10 Formatvorlagenübersicht drucken

Sie können eine Liste der Formatvorlagen über den Befehl *Datei/Drucken* ausgegeben. Wählen Sie hierzu im Listenfeld *Drucken* den Eintrag *Formatvorlagen*.

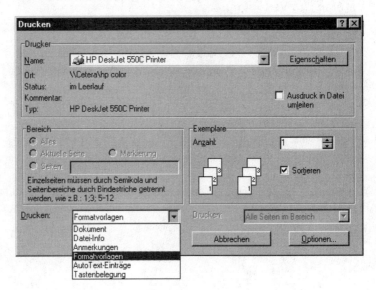

Formatvorlagenübersicht drucken

11 Tabulatoren

Tabulatoren sind frei definierbare Haltemarken, an denen die Schreibmarke stoppt. Um den nächsten Haltepunkt zu erreichen, drücken Sie die ⬚ Taste. Liegt der nächste Haltepunkt in einer neuen Zeile, so wird dieser automatisch angesteuert. Der Geltungsbereich von Tabulatoren erstreckt sich immer auf einen Absatz. Um Tabstops zu setzen, zu verschieben oder zu löschen genügt es daher, daß sich die Schreibmarke innerhalb des Absatzes befindet.

Mit Tabulatoren können Sie Listen, Tabellen aber auch Einzüge des Absatzformates bestimmen. In Word für Windows können Sie Listen und Tabellen auch mit den Tabellenfunktionen erzeugen, was oftmals sogar einfacher ist. Dennoch gibt es immer wieder Situationen, in denen man lieber mit Tabulatoren arbeitet, z.B. wenn Sie innerhalb eines Fließtextes nur eine Zeile tabulieren wollen. Text mit Tabulatoren kann per Befehl in eine Tabelle und wieder zurück gewandelt werden. Daher bleibt es Ihre Entscheidung, ob Sie lieber mit einer Tabelle oder den Tabulatoren arbeiten.

Hinweis: In diesem Buch wird zur Unterscheidung von den Tabellenfunktionen nicht von einer Tabelle gesprochen, sondern von tabuliertem Text.

11.1 Tabulatoren anzeigen

Normalerweise sehen Sie die Tabulatoren innerhalb eines geschriebenen Textes nicht, auch der Ausdruck läßt nur anhand der vertikalen Ausrichtung von Spalten erkennen, daß hier Tabulatoren vorhanden sein müssen.

Über das Symbol ¶ *anzeigen/verbergen* werden die Tabulatoren innerhalb des Textes als kurze Pfeile sichtbar, allerdings nur dann, wenn im Menü *Extras/Optionen* auf der Registerkarte *Ansicht* als *Nichtdruckbare Zeichen* entweder *Tabstops* oder *Alle* eingestellt sind.

11.2 Vordefinierte Tabulatoren

Wenn Sie Word mit einem neuen Dokument starten und sich in einem Absatz mit der Formatvorlage *Standard* befinden, enthält diese Vorlage bereits definierte Tabstops. Alle 1,25 cm ist ein Tabulator vorgegeben, dessen Ausrichtung *links* ist. Das bedeutet für den Text, der nach Ansteuern des Tabulators eingeben wird, eine linksbündige Ausrichtung. Bei aktiviertem Lineal erkennen Sie die *Standard-Tabstops* an den mittelgrauen kleinen Strichen unterhalb der Maßzahlen.

Standard-Tabstops

```
· I · 1 · I · 2 · I · 3 · I · 4 · I · 5 · I · 6 · I · 7 · I · 8 · I · 9 · I · 10 · I · 1
```

Vordefinierte Tabstops sind als graue Gravuren erkennbar

Die vordefinierten Tabulatoren werden durch selbstdefinierte Tabulatoren bis zur Position des neuen Tabstops außer Kraft gesetzt. Nach einem selbstdefinierten Tabstop stehen die vordefinierten Tabulatoren weiterhin zur Verfügung, davor aber nicht.

Vorgabeabstand der Tabulatoren ändern

Generell können Sie immer mit den vorgegeben Tabstops arbeiten und nur im Bedarfsfall eigene Tabstop-Positionen einfügen.

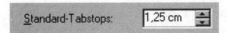

Die Entfernung zwischen den *Standard-Tabstops* ändern Sie über den Befehl *Format/Tabulator*, indem Sie im Dialogfenster *Tabulator* einen anderen Wert hinter *Standard-Tabstops* festlegen.

11.3 Die Ausrichtung der Tabulatoren

Standardmäßig verwendet Word für Windows einen linksbündigen Tabstop für die Standard- und selbstdefinierten Tabstops. Neben dieser Ausrichtung stehen aber noch weitere Ausrichtungsmöglichkeiten zur Verfügung.

Bei allen folgenden Beispielen ist die Tabstop-Position bei 5 cm festgelegt worden.

Ausrichtung: Links

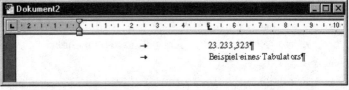

Linksbündiger Tabulator

Der linksbündige Tabulator wird am häufigsten benötigt und ist daher die Standardeinstellung. Der Text wird von der Tabstop-Position nach rechts weitergeschrieben.

Ausrichtung: Zentriert

23.233,323
Beispiel eines Tabulators.

Zentrierter Tabulator

Dieser wird eher selten benötigt. Der Text wird um die Tabstop-Position zentriert.

Ausrichtung: Rechts

23.233,323
Beispiel eines Tabulators.

Rechtsbündiger Tabulator

Wird häufig für Zahlen benötigt. Der Text wird von der Tabstop-Position aus nach links weitergeschrieben.

Ausrichtung: Dezimal

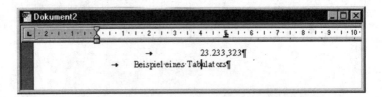

23.233,323
Beispiel eines Tabulators.

Dezimaler Tabulator

Ein dezimaler Tabulator wird zur Ausrichtung von Geldbeträgen und Zahlen mit Komma verwendet. Ein Punkt innerhalb der Zahl bewirkt keine Ausrichtung am Tabulator. Die Ausrichtung erfolgt rechtsbündig am Trennzeichen.

Ausrichtung: Vertikale Linie

23.233,323	
Beispiel eines	Tabulators

Vertikale Linie als Tabulator

Die *Vertikale Linie* kann als Gestaltungselement innerhalb eines tabulierten Textes verwendet werden. Im Gegensatz zu den anderen Textausrichtungen kann die *Vertikale Linie* nur über den Menübefehl *Format/Tabulator* eingefügt werden.

11.4 Eigene Tabulatoren definieren

Nicht immer können Sie etwas mit Tabulatoren anfangen, die gleich weit voneinander entfernt sind und deren Ausrichtung *Links* ist. Nehmen Sie z.B. einen Lieferschein, in dem Sie Anzahl, Bezeichnung und Artikelnummer des Artikels aufführen wollen.

Wann ist dieses sinnvoll

Anzahl	Bezeichnung	Artikelnummer	
3	Word für Windows Bücher	012323-345	
456	Kochbücher für Singles 023344-565		

Beispiel mit vordefinierten Tabstops

Entweder müssen Sie in den einzelnen Textzeilen eine unterschiedliche Anzahl eingeben (dieser Fehler wird leider immer wieder gemacht), oder Sie geben eigene Tabstop-Positionen vor. Der zweite Weg ist professionell, der erste rächt sich spätestens bei geänderten Zeichenformatierungen.

Merksatz: Wenn Sie innerhalb eines tabulierten Textes immer mehrere Tabulatoren benutzen, um die gleiche Tabstop-Position zu erreichen, dann sind zu viele Tabstop-Positionen definiert.

Ein Zurechtrücken des Textes über das Einfügen von Leerzeichen ist absolut falsch – gewöhnen Sie sich diese Unsitte am besten gar nicht erst an.

Anzahl	Bezeichnung	Artikelnummer
3	Word für Windows Bücher	012323-345
456	Kochbücher für Singles	023344-565

Beispiel mit selbstdefinierten, ausgerichteten Tabstops

Tabstop-Positionen per Maus definieren

Sofern das *horizontale Lineal* sichtbar ist, können Sie die Tabstop-Positionen per Mausklick innerhalb des Lineals setzen, löschen und verschieben. Wie bereits gesagt, werden hierdurch die davorliegenden *Standard-Tabstops* außer Kraft gesetzt.

Zuerst legen Sie die Ausrichtung des Tabulators fest, indem Sie so oft auf das Ausrichtungssymbol vor dem Lineal klikken, bis die richtige Einstellung erscheint.

L   Linksbündig

⊥   Zentriert

⅃   Rechtsbündig

⊥   Dezimal

Ein Ausschnitt des Lineals: Vorne befinden sich die Ausrichtungssymbole, im Lineal sind zwei linksbündige Tabstops gesetzt worden. Nach dem letzten definierten Tabstop sind die Standard-Tabstops als graue Gravuren erkennbar.

Setzen

Klicken Sie einfach innerhalb der weißen Fläche des Lineals mit der linken Maustaste an die gewünschte Tabstop-Position.

Verschieben

Um einen gesetzten Tabulator zu verschieben, müssen Sie diesen markieren und bei gedrückter linker Maustaste innerhalb des Lineals an die neue Position ziehen. Dort lassen Sie die Maustaste wieder los. Innerhalb des Dokuments wird die Tabstop-Position durch eine vertikale, gestrichelte Linie gekennzeichnet. Dieses ist auch gleichzeitig das Kennzeichen dafür, daß Sie einen Tabulator markiert haben.

Um einen Tabulator zu entfernen, markieren Sie diesen wie unter *Verschieben* beschrieben und ziehen den Mauszeiger nach unten in die Arbeitsfläche des Dokumentenfenster. Sofern Sie die Maustaste hier loslassen, wird die Tabstop-Position gelöscht. Bewegen Sie sich statt dessen wieder in das Lineal, wird der Tabulator verschoben.

Löschen

Tabulatoren genau setzen

Wenn Sie die Tabstop-Positionen sehr genau setzen müssen und/oder zusätzlich Füllzeichen für einen Tabulator definieren möchten, geht dies nur über den Befehl *Format/Tabulator*. Der Befehl kann über das Befehlsmenü oder über einen Doppelklick auf die weiße Fläche des Lineals aufgerufen werden.

Hinweis: Den Befehl *Tabulator* können Sie auch aus dem Dialogfenster *Absatz* heraus aufrufen.

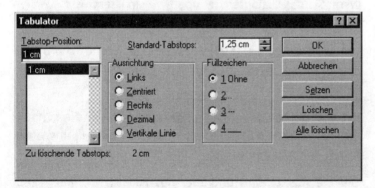

In diesem Dialogfenster werden Tabulatoren genau definiert

Setzen

Um einen Tabulator zu setzen, geben Sie in das Feld *Tabstop-Position* die Entfernung vom linken Rand der Textspalte an. Legen Sie die Ausrichtung und das Füllzeichen fest. Klicken Sie abschließend auf die Schaltfläche *Setzen*. Die Tabstop-Position wird in die Liste der definierten Tabstops aufgenommen. Für jeden weiteren Tabstop müssen Sie die Schaltfläche *Setzen* anklicken. Die Reihenfolge, in der Sie die Tabstops definieren, ist unerheblich, ein an gleicher Position gesetzter Tabstop überschreibt den bereits vorhandenen.

Hinweis: Sie können auch negative Werte für die Tabstop-Position eingeben, allerdings sind die Tabulatoren für die Schreibmarke nicht erreichbar und lassen sich nicht über das Lineal löschen.

Löschen

Um eine Tabstop-Position zu löschen, müssen Sie diese in der Liste der bereits gesetzten Tabstops markieren. Klicken Sie danach auf die Schaltfläche *Löschen*. Das Löschen erfolgt nicht direkt, vielmehr werden alle in dem Dialogfenster *Tabulator* entfernten Tabstops in einer weiteren Liste, den *Zu löschenden Tabstops* zwischengespeichert. Erst wenn Sie das Dialogfenster über *OK* verlassen, wird *Löschen* durchgeführt.

Zurück zu den Standard-Tabstops

Um alle Tabstops zu löschen, klicken Sie auf die Schaltfläche *Alle Löschen*. Anschließend stehen wieder die *Standard-Tabstops* zur Verfügung.

Verschieben

Ein Verschieben der Tabstop-Position ist nicht direkt möglich. Sie müssen daher den alten Tabstop löschen und einen neuen Tabstop definieren.

Ausrichtung und/oder Füllzeichen ändern

Um die Ausrichtung und/oder das Füllzeichen eines Tabulators zu ändern, markieren Sie diesen in dem Listenfeld, wählen die gewünschten Optionen aus und klicken dann auf die Schaltfläche *Setzen*.

Füllzeichen

Die *Füllzeichen* füllen den Bereich vom Textende bis zum folgenden Tabstop mit einem Zeichen. Es steht *Ohne*, *Punkte*, *Bindestrich* und der *Unterstrich* zur Verfügung. Weitere Füllzeichen gibt es nicht. Die *Füllzeichen* beziehen sich immer nur auf einen bestimmten Tabulator und können daher innerhalb einer Zeile gemischt werden.

Füllzeichen 1. Ohne	nächster Tabstop
Füllzeichen 2. Punkte	nächster Tabstop
Füllzeichen 3. Bindestrich --------------	nächster Tabstop
Füllzeichen 4. Unterstrich _____	nächster Tabstop
Füllzeichen _____ gemischt	Tabstop --------------- 1

Markieren von Spalten innerhalb eines tabulierten Textes

Wenn Sie innerhalb eines tabulierten Textes eine komplette Spalte markieren möchten, müssen Sie die [Alt] Taste beim Markieren mit der Maus gedrückt halten.

Spaltenmodus

Eine zweite Möglichkeit besteht darin, den Spaltenmodus über die Tastenkombination [Strg] + [⇧] + [F8] einzuschalten. In der Statuszeile erkennen Sie den Spaltenmodus anhand des schwarz geschriebenen „SP". Der Spaltenmodus wird durch die gleiche Tastenkombination wieder ausgeschaltet. Alternativ können Sie auch die [Esc] Taste benutzen. Im Spaltenmodus können Sie sowohl über die Tastatur als auch mit der Maus markieren.

11.5 Zusätzliches zu Tabulatoren

Tabulatoren in Tabellen und in der Gliederungsansicht

Wenn Sie in einer Tabelle die 🔄 Taste drücken, gelangen Sie in die nächste Zelle. Sobald Sie in der Gliederungsansicht diese Taste drücken, wird der Absatz um eine Ebene tiefergestuft.

Diese Verhaltensweise bedeutet allerdings nicht, daß Sie in Tabellen und in der Gliederungsansicht gänzlich auf Tabulatoren verzichten müssen. Sie können eine Tabellenzelle in sich tabulieren, sozusagen eine Tabelle in der Tabelle erzeugen. Um den Tabulator wie gewohnt während der Texteingabe zu benutzen, müssen Sie allerdings die Tastenkombination Strg + 🔄 einsetzen.

Suchen und Ersetzen von Tabulatoren

Nach einem Tabulator suchen

Sie können innerhalb eines Dokuments nach Tabulatoren suchen oder diese ersetzen lassen. Hierzu darf in dem Dialogfenster *Suchen (und Ersetzen)* die Option *Mit Mustervergleich* nicht aktiviert sein.

Das Sonderzeichen *Tabstopzeichen* erreichen Sie über die Schaltfläche *Sonstiges*.

Tabulatoren und Formatvorlagen

Da Tabulatoren zur Absatzformatierung gehören,l können Sie für eine Formatvorlage auch die Tabulatoren einstellen. Dieses geschieht nach Aufruf des Befehls *Format/Formatvorlage,* im Dialogfenster *Formatvorlage bearbeiten* durch Anklicken der Schaltfläche *Format* und Auswahl des Menüpunkts *Tabulatoren... .*

Tabulierten Text in eine Tabelle wandeln

Einen bereits tabulierten und markierten Text können Sie in eine Tabelle umwandeln. Rufen Sie hierzu den Befehl *Tabelle/Text in Tabelle umwandeln* auf und selektieren Sie als *Trennzeichen* die Option *Tabstops.* Nun können Sie alle Möglichkeiten der Tabellenfunktionen nutzen.

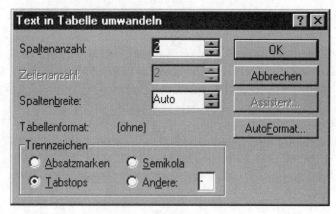

Achten Sie in dem Dialogfenster auf die korrekte Spaltenanzahl

12 Tabellen

Neben den Tabulatoren stellt Word für Windows Möglichkeiten zur Erstellung von Tabellen zur Verfügung. In einfacher Form nutzen Sie Tabellen, wie auch tabulierten Text, zum Erzeugen von übersichtlichen Listen. In eine Tabelle können Sie Text, Grafiken und Objekte einfügen.

Anzahl	Artikel	Bild	Preis	Bemerkung
232	XLS 344	Tabellen-Ass...	gratis	*Das Bild paßt nicht so ganz*
2	RS-4300		4000,-	

Sie können Tabellen alphabetisch sortieren lassen, als Datenbank für die Serienbrief-Funktion benutzen und mit Hilfe eines Assistenten gestalten lassen.

Auch einfache Funktionen der Tabellenkalkulation, d.h. des Rechnens innerhalb der Tabelle, beherrscht Word für Windows. Die Berechnungen erfolgen jedoch nicht automatisch, und die Formeleingabe ist mit Schwierigkeiten verbunden. Wenn Sie bisher Ihre Rechenblätter in einem Tabellenkalkulationsprogramm, wie z.B. *MS Excel* erzeugt haben, dann verwenden Sie dieses Programm auch weiterhin und importieren die Tabelle als OLE-Objekt.

Wie ist eine Tabelle aufgebaut?

Eine Tabelle besteht aus Zeilen und Spalten. Die Spalten werden von links nach rechts beginnend mit A bezeichnet; die Zeilen werden von oben nach unten, beginnend mit 1, durchnumeriert.

A1	B1	C1	D1	E1
A2	B2	C2	D2	E2
A3	B3	C3	D3	E3

Eine markierte Zeile

A1	B1	C1	D1	E1
A2	B2	C2	D2	E2
A3	B3	C3	D3	E3

Eine markierte Spalte

Der Schnittpunkt zwischen einer Zeile und einer Spalte wird Zelle genannt. Die Zelle ist die kleinste Einheit innerhalb der Tabelle.

A1	B1	C1	D1	E1
A2	B2	C2	D2	E2
A3	B3	C3	D3	E3

Eine markierte Zelle

Mit Hilfe der Numerierung läßt sich eine bestimmte Zelle innerhalb der Tabelle bezeichnen. Die Zelle oben links in der Tabelle hat die Bezeichnung A1, die nächste Zelle innerhalb der Zeile die Bezeichnung B1 usw. Jede Zelle kann eine beliebige Menge Text, Zahlen, Grafiken und Objekte aufnehmen.

Innerhalb einer Tabelle können Sie keine weitere Tabelle anlegen, es sei denn, Sie fügen diese als OLE-Objekt ein.

12.1 Eine neue Tabelle anlegen

Eine neue Tabelle legen Sie über das Symbol *Tabelle einfügen*, den Menübefehl *Tabelle/Tabelle einfügen* oder über den *Tabellen-Assistenten* an. Hierbei entscheidet fast immer die aktuelle Arbeitssituation über die Vorgehensweise.

Hinweis: Alle Befehle zum Anlegen einer neuen Tabelle funktionieren nur dann, wenn sich die Schreibmarke nicht bereits innerhalb einer bestehenden Tabelle befindet.

Gitternetzlinien

Tabelle in Gitternetzliniendarstellung

Eine neue Tabelle besteht nur aus leeren Zellen. Da Zellen normalerweise nicht sichtbar, sind bedarf es eines Hilfsmittels um sie auf dem Bildschirm darzustellen. Dieses finden Sie im Menü *Tabelle* unter der Option *Gitternetzlinien*. Die Gitternetzlinien sind gepunktetet Hilfslinien, die nur auf dem Bildschirm sichtbar sind und nicht gedruckt werden. Sie erleichtern Ihnen die Orientierung. Ein Rahmen, eine Fläche oder eine Liniengestaltung der Zellen verdeckt die entsprechenden Gitternetzlinien.

Das Symbol Tabelle einfügen

Über das Symbol *Tabelle einfügen* legen Sie eine neue Tabelle mit vorgegebenen Spalten und Zeilen an.

Vorsicht: Verwechseln Sie das Symbol nicht mit dem nahezu gleich aussehenden Symbol *Microsoft-Excel Tabelle einfügen*, das sich nur durch ein eingezeichnetes „x" unterscheidet.

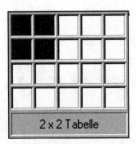

2 x 2 Tabelle

Klicken Sie das Symbol an und markieren Sie, bei gedrückter linker Maustaste, die gewünschte Anzahl der Spalten und Zeilen. Sofern Sie mehr Spalten oder Zeilen als sichtbar benötigen, bewegen Sie den Mauszeiger weiter nach rechts und/oder nach unten. Sie können die Anzahl jederzeit wieder verringern oder vergrößern. Zur Kontrolle wird die Zeilen- und Spaltenanzahl unten im Fenster angezeigt.

Hinweis: Die maximale Anzahl der Spalten und Zeilen ist über das Symbol *Tabelle einfügen* durch die Lage des Auswahlfensters eingeschränkt. Wenn der rechte oder untere Bildschirmrand erreicht ist, bedeutet dies auch gleichzeitig die maximale Anzahl.

Der Befehl Tabelle einfügen

Über den Befehl *Tabelle/Tabelle einfügen* geben Sie die Anzahl der Spalten und Zeilen an.

Hinweis: Die maximale Anzahl der Spalten beträgt 31.

Spaltenbreite

Zusätzlich können Sie eine bestimmte *Spaltenbreite* vorgeben. Alle Spalten erhalten dann die eingegebene Breite.

Aber Vorsicht bei der Spaltenbreite-Vorgabe: Word für Windows überprüft nicht, ob die Spalten noch auf das Blatt passen. Es kann also durchaus passieren, daß eine Tabelle entsteht, die nicht bearbeitet werden kann.

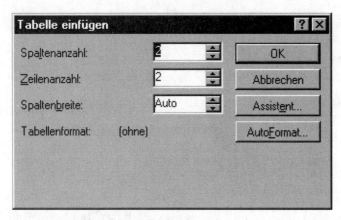

Das Dialogfenster Tabelle einfügen

Aus dem Dialogfenster *Tabelle einfügen* können Sie direkt den *Tabellenassistenten* aufrufen. Zusätzlich kann die neu zu erzeugende Tabelle sofort über die Schaltfläche *Auto-Format* gestaltet werden.

Der Tabellen-Assistent

Möchten Sie eine Tabelle in einem Dokument, bietet sich die Arbeit mit dem *Tabellen-Assistenten* an.

Wann mit dem Tabellen-Assistenten arbeiten?

Hinweis: Um den *Tabellen-Assistenten* in einem bestehenden Dokument zu nutzen, müssen Sie den Befehl *Tabelle/Tabelle einfügen* aufrufen und dort die Schaltfläche *Assistent...* anklicken.

Der *Tabellen-Assistent* bietet sich außerdem immer dann an, wenn Sie eine Tabelle mit Kalendarium oder Numerierung benötigen.

Tabellen-Ass...

- Um den Assistenten „aus dem Schlaf zu wecken", rufen Sie den Befehl *Datei/Neu* auf. Wechseln Sie im Dialogfenster auf die Registerkarte *Sonstige Dokumente* und markieren den den Eintrag *Tabellen-Assistent.wiz*.

Optionen für das anlegen einer neuen Word-Datei

- Achten Sie darauf, daß die Option *Dokument* aktiviert ist, wenn Sie den Tabellen-Assistenten starten.

- Bestätigen Sie Ihre Wahl mit *OK*.

Hinweis: Die Endung *.wiz weist darauf hin, daß es sich bei diesem Dokument um eine erweiterte Dokumentenvorlage handelt, die vor dem Erzeugen eines Word-Dokuments Abfragen durchführt.

Die Arbeitsweise des Tabellen-Assistenten

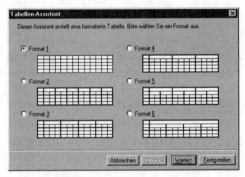

Wählen Sie eines der sechs Grundmuster für Tabellen

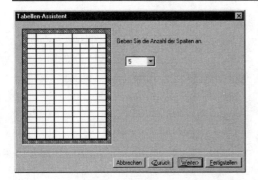

Nun müssen Sie die Spaltenanzahl festlegen

Geben Sie die benötigte Anzahl der Spalten ein. Keine Angst, Sie sind durch die Eingabe nicht auf alle Zeiten festgelegt, sondern Sie können zu späteren Zeitpunkten Spalten entfernen oder einfügen. Allerdings ist eine spätere Änderung immer mit zusätzlichem Gestaltungsaufwand verbunden.

Tabellenüberschriften und Ausrichtung werden festgelegt

Eine Tabelle kann mehrere Seiten lang sein. Möchten Sie, daß auf jeder Seite die Tabellenüberschriften erscheinen, aktivieren Sie die Option *Überschriften wiederholen*. Außerdem legen Sie auf dieser Assistentenseite die Ausrichtung der Überschrift innerhalb einer Zelle fest. Für Tabellen, die hauptsächlich Text enthalten, sollte die Ausrichtung *Links* oder *Zentriert* sein. Bei Tabellen, die vornehmlich Zahlen und Währungen enthalten, kann auch die Ausrichtung *Rechts* sinnvoll sein.

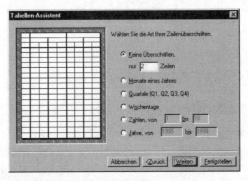

Das Kalendarium festlegen

Sie benötigen kein Kalendarium, und wollen die Überschriften selbst festlegen? Dann können Sie angeben, wieviele Zeilen Sie hierfür benötigen.

Ansonsten haben Sie die Möglichkeit, die Zeilen mit den *Monaten*, *Quartalen*, *Wochentagen*, *Zahlen* oder *Jahreszahlen* füllen zu lassen. Die Zeilenüberschriften werden dann in der ersten Spalte einer Tabelle eingefügt.

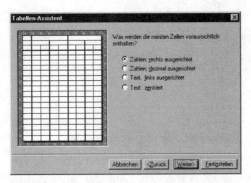

Zelleninhalt und daraus resultierende Formatierung

Damit Sie sich nicht weiter um die Formatierung der Zellen kümmern müssen, nimmt Ihnen der Assistent auch diese Arbeit ab. Zahlen und Währungen werden rechtsbündig ausgerichtet. Text in einer Tabelle linksbündig oder zentriert. Da Tabellen normalerweise eine Mischung aus Zahlen und Text enthalten, müssen Sie die einzelnen Spalten in den meisten Fällen nachträglich formatieren.

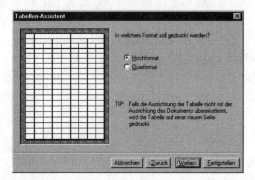

Das Blattformat bestimmen

Tabellen, die viele Spalten enthalten, passen normalerweise nicht auf ein hochformatiges DIN A4 Blatt. Nehmen Sie in diesem Fall ein Querformat; die Tabelle wird auf einem gesonderten Blatt gedruckt, wenn das restliche Dokument in einem anderen Format angelegt wurde.

Nun können Sie auf die Schaltfläche *Fertigstellen* klicken. Hiermit ist allerdings noch nicht die gesamte Arbeit getan, da dem Assistenten noch die Anweisungen zur optischen Gestaltung der Tabelle fehlen. Diese Anweisungen können Sie im letzten Dialogfenster einstellen.

12.2 Tabellen automatisch gestalten lassen

Tabelle Auto-
format

Der Tabellen-Assistent benutzt den Befehl *Tabelle/Tabelle*
AutoFormat, um Anweisungen zur Gestaltung zu erhalten.
Diesen Befehl können Sie jederzeit aufrufen, sofern sich die
Schreibmarke innerhalb einer Tabelle befindet.

Es stehen eine ganze Reihe von Format-Vorgaben zur Verfügung, die von *(ohne)*, über *Gitternetz* bis hin zu *Profes-*
sionell einen weiten Bereich möglicher Tabellenformate
abdecken. Sollte Ihnen keine der Vorschläge gefallen, können Sie die Tabelle natürlich auch manuell formatieren.
Eigene Formate können Sie leider nicht dauerhaft in der
Liste speichern.

Vorsicht: Eine Tabelle, die auf dem Bildschirm einen guten
optischen Eindruck macht, kann im Druck viel von
ihrer Wirkung verlieren.

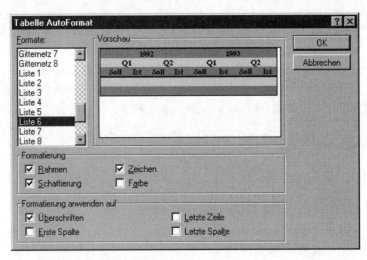

Tabellengestaltung vollautomatisch

Nachdem Sie aus dem Listenfeld *Formate* eine Grundgestaltung ausgewählt haben, können Sie diese weiter verfeinern. Im Vorschaufenster sehen Sie das Tabellenabbild der markierten Gestaltung.

Über das Kontrollkästchen *Rahmen* legen Sie fest, ob eine Zelle umrahmt werden soll oder nicht. Bei dem Format *3-D Effekt* werden weiße Umrandungen gewählt, um den räumlichen Effekt zu erzeugen.

Formatierung

Das Kontrollkästchen *Schattierung* legt fest, ob der Zellenhintergrund mit einer Farbe gefüllt werden soll oder transparent ist.

Sollen die Überschriften in der Schriftauszeichnung *Fett* erscheinen, so aktivieren Sie das Kontrollkästchen *Zeichen*. Weitere Einstellungen zur Schrift legen Sie unter *Formatierung anwenden auf* fest.

Formatierung anwenden auf

Mit dem Kontrollkästchen *Farbe* bestimmen Sie, ob Word für Windows die Zellenhintergründe farbig oder in Graustufen gestalten soll. Ist gleichzeitig die Option *Schattierung* deaktiviert, hat *Farbe* keine Auswirkung.

Farbe

Das Kontrollkästchen *Optimale Breite* verringert die Spaltenbreiten einer Tabelle in Abhängigkeit vom Inhalt auf das notwendige Mindestmaß.

Optimale Breite

Hinweis: Sofern der *AutoFormat*-Befehl vom *Tabellen-Assistenten* aufgerufen wird, fehlt die Option *Optimale Breite*.

Die Formatierung eines Tabellenformats kann noch weiter differenziert werden. Die Optionen der Gruppe *Formatierung anwenden auf* bewirken nicht bei allen Tabellenformaten eine sichtbare Auswirkung.

Formatierung anwenden auf

12.3 Markieren innerhalb einer Tabelle

Wenn sich die Schreibmarke innerhalb einer Zelle der Tabelle befindet, können Sie die gewohnte Markierung von Text- und Grafikelementen anwenden: Durch einen Doppelklick markieren Sie ein Wort, durch einen Dreifachklick die komplette Zelle. Darüberhinaus gibt es weitere Möglichkeiten, mit denen Sie eine komplette Spalte oder Zeile markieren können.

Spalten markieren

Wenn Sie den Mauszeiger knapp über der ersten Tabellenzeile positionieren, ändert sich dessen Form in einen gefüllten Pfeil. Mit einem Mausklick markieren Sie die komplette darunterliegende Spalte.

A1	B1	C1	D1	E1
A2	B2	C2	D2	E2
A3	B3	C3	D3	E3

Noch schneller geht es, wenn Sie die Alt Taste gedrückt halten und irgendwo innerhalb der Spalte auf die linke Maustaste klicken. Halten Sie zusätzlich die ⇧ Taste fest können Sie nacheinander mehrere benachbarte Spalten markieren.

Natürlich können Sie auch den Menübefehl *Tabelle/Spalte markieren* aufrufen.

Zeilen markieren

Genauso verhält es sich bei den Zeilen. Positionieren Sie den Mauszeiger knapp vor der ersten Spalte und klicken Sie auf die linke Maustaste. Beim Markieren der Zeilen ändert sich die Mauszeigerform allerdings nicht.

A1	B1	C1	D1	E1
A2	B2	C2	D2	E2
A3	B3	C3	D3	E3

Alternativ können Sie auch den Befehl *Tabelle/Zeile markieren* aufrufen.

Um benachbarte Zellen zu markieren, setzen Sie die Schreibmarke in die erste zu markierende Zelle und ziehen dann, bei gedrückter linker Maustaste, den Zeiger über die Zellen.

A1	B1	C1	D1	E1
A2	B2	C2	D2	E2
A3	B3	C3	D3	E3

Sie können auch den Mauszeiger in eine Ecke des zu markierenden Zellenbereichs setzten, die ⇧ Taste gedrückt halten und dann die Zelle in der anderen Ecke des Bereichs anklicken.

12.4 Tastaturbefehle innerhalb einer Tabelle

Zusätzlich zum Bewegen der Schreibmarke über die Pfeiltasten gibt es innerhalb einer Tabelle weitere Tastenbelegungen:

$\boxed{\leftarrow\!\!\!\rightarrow}$	Eine Zelle nach rechts. Befindet sich der Cursor in der letzten Zelle, entsteht eine neue Zeile.
$\boxed{\diamond}$ + $\boxed{\leftarrow\!\!\!\rightarrow}$	Eine Zelle nach links (zurück)
$\boxed{Strg}$ + $\boxed{\leftarrow\!\!\!\rightarrow}$	Tabstop in einer Zelle ansteuern
$\boxed{Alt}$ + $\boxed{Pos1}$	Zur ersten Zelle einer Zeile
$\boxed{Alt}$ + $\boxed{Ende}$	Zur letzten Zelle einer Zeile
$\boxed{Alt}$ + $\boxed{Bild\uparrow}$	Zur obersten Zelle einer Spalte
$\boxed{Alt}$ + $\boxed{Bild\downarrow}$	Zur untersten Zelle einer Spalte
$\boxed{Alt}$ + $\boxed{\diamond}$ + $\boxed{Pos1}$	Bis zur ersten Zelle einer Zeile markieren
$\boxed{Alt}$ + $\boxed{\diamond}$ + $\boxed{Ende}$	Bis zur letzten Zelle einer Zeile markieren
$\boxed{Alt}$ + $\boxed{\diamond}$ + $\boxed{Bild\uparrow}$	Bis zur obersten Zelle einer Spalte markieren
$\boxed{Alt}$ + $\boxed{\diamond}$ + $\boxed{Bild\downarrow}$	Bis zur untersten Zelle einer Spalte markieren
$\boxed{Alt}$ + $\boxed{5}$ num. Tast.	Ganze Tabelle markieren
$\boxed{Strg}$ + $\boxed{\diamond}$ + $\boxed{\hookleftarrow}$	Tabelle teilen
$\boxed{F9}$	Felder aktualisieren
$\boxed{\diamond}$ + $\boxed{F9}$	Feldfunktion anzeigen/ verbergen

12.5 Zeilen, Spalten und Zellen einfügen

Eine Tabelle ist nicht für alle Ewigkeit auf ihre Ausmaße festgelegt. Sie können jederzeit Spalten oder Zeilen einfügen und entfernen.

Wichtig: Um eine Zeile oder Spalte einzufügen, muß sich die Schreibmarke innerhalb der Tabelle befinden.

Eine Zeile einfügen

Setzen Sie die Schreibmarke in die Zeile, oberhalb derer eine neue Zeile eingefügt werden soll.

A1	B1	C1	D1	E1
A2	B2	C2	D2 I	E2
A3	B3	C3	D3	E3

Die Tabelle vor dem Einfügen einer neuen Zeile, die Schreibmarke befindet sich in der Zelle D2

A1	B1	C1	D1	E1
A2	*B2*	*C2*	*D2*	*E2*
A2 -> *A3*	B2 -> *B3*	C2 -> *C3*	D2-> *D3*	E2 -> *E3*
A3 -> *A4*	B3 -> *B4*	C3 -> *C4*	D3 -> *D4*	E3 -> *E4*

...und nach dem Einfügen. Eingefügt wurde die grau gekennzeichnete Zeile. Die Bezeichnung der Zellen stimmt nun allerdings nicht mehr, daher wurden in kursiver Schrift die korrekten Bezeichnungen eingefügt.

Sie können auf mehrere Arten eine neue Zeile einfügen:

Zeile einfügen

- Sie klicken auf das Symbol *Zeilen einfügen* in der Symbolleiste *Standard*. Es handelt sich dabei um dasselbe Symbol, mit dem Sie eine Tabelle einfügen. Solange sich die Schreibmarke innerhalb der Tabelle befindet und nichts oder eine Zeile markiert ist, erzeugen Sie über dieses Symbol eine neue Zeile.

- Sie markieren innerhalb der Tabelle nichts oder eine komplette Zeile. Die Schreibmarke befindet sich in der Zeile, oberhalb derer eine neue Zeile eingefügt werden soll. Nun rufen Sie im Menü *Tabelle* den Befehl *Zeilen einfügen* auf. Alternativ können Sie den Befehl natürlich auch aus dem Kontextmenü aufrufen.

Wenn Sie die Schreibmarke hinter die letzte Zelle einer Tabellenzeile setzen und die ⏎ Taste drücken, wird ebenfalls eine neue Zeile erzeugt.

Tabulatortaste in der letzten Zelle

Ein Sonderfall entsteht, wenn sich die Schreibmarke in der letzten Zelle einer Tabelle befindet. Durch Drücken der ⇥ Taste entsteht eine neue Zeile unterhalb der bereits vorhandenen Zeile

Eine Spalte einfügen

Um eine Spalte einzufügen, müssen Sie eine komplette Spalte markieren. Die neue Spalte wird immer links vor der markierten Spalte eingefügt.

Wie beim Einfügen von Zeilen haben Sie wieder mehrere Möglichkeiten:

Spalte einfügen

- Sie klicken auf das Symbol *Spalte einfügen* in der Symbolleiste *Standard*. Der Befehl, der über dieses Symbol ausgeführt wird, ist abhängig von der aktuellen Markierung.

- Sie rufen im Menü *Tabelle* den Befehl *Spalten einfügen* auf. Alternativ können Sie den Befehl natürlich auch aus dem Kontextmenü mit der rechten Maustaste aufrufen.

Eine Zelle einfügen

Sie können innerhalb einer Word für Windows-Tabelle auch einzelne Zellen einfügen. Dabei wird die geordnete Struktur einer Tabelle zwar durchbrochen, aber es gibt Situationen, in denen man dies benötigt, z.B. für Zwischenüberschriften.

Um eine Zelle einzufügen, muß eine komplette Zelle markiert sein. Dies geschieht am einfachsten über einen schnellen Dreifachklick innerhalb der Zelle.

Auch für das Einfügen gibt es mehrere Möglichkeiten:

- Sie markieren eine komplette Zelle und klicken dann auf das Symbol *Zelle einfügen* in der Symbolleiste *Standard*. Der Befehl, der über dieses Symbol ausgeführt wird, ist abhängig von der aktuellen Markierung.

Zelle einfügen

- Sie rufen im Menü *Tabelle* den Befehl *Zellen einfügen* auf oder Sie wählen den Befehl aus dem Kontextmenü.

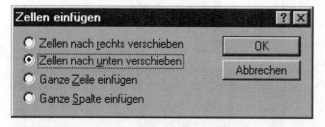

Zellen können auf unterschiedliche Weise eingefügt werden

Wenn Sie eine Zelle einfügen, müssen Sie angeben, was mit bereits vorhandenen Zellen geschehen soll. Sie können *Zellen verschieben* oder eine *ganze Zeile* oder *Spalte einfügen*.

Die Möglichkeiten des Befehls *Zellen einfügen*

In der Ausgangstabelle ist die Zelle mit dem Inhalt 2 markiert. Neu entstehende Zellen sind der besseren Sichtbarkeit wegen mit einer Graufläche gekennzeichnet, ansonsten wird die Formatierung der Ursprungs-Zelle übernommen.

Die Tabelle vor dem Einfügen einer Zelle

A	B	C
1	2	3

Zellen nach rechts ver-schieben

A	B	C	
1		2	3

Zellen nach unten ver-schieben

A	B	C
1		3
	2	

Ganze Zeile einfügen

A	B	C
1	2	3

Ganze Spalte einfügen

A		B	C
1		2	3

Mehrere Zeilen, Spalten oder Zellen einfügen

Es werden immer soviele Zeilen, Zellen oder Spalten eingefügt, wie vor Aufruf des entsprechenden Befehls markiert
waren.

A	B	C
1	2	3

*Zwei Zellen sind markiert, als der Befehl Zellen einfügen aufgeru-
fen wird...*

A	B	C		
1			2	3

... die Zellen wurden nach rechts verschoben

Haben Sie z.B. drei komplette Zeilen markiert und rufen den
Befehl *Tabelle/Zeilen einfügen* auf, so werden drei neue
Zeilen oberhalb der markierten Zeile eingefügt.

Zellen teilen

Eine andere Art, neue Zellen innerhalb einer Tabelle einzufügen, besteht darin, eine vorhandene Zelle in mehrere
gleichgroße Zellen zu teilen. Der Vorteil dieser Vorgehensweise ist, daß die Tabelle nicht breiter wird.

A	B	C
1	2	3

*Die Zelle mit dem Inhalt 2 ist markiert. Der Befehl Tabelle/ Zellen
teilen wird aufgerufen...*

A	B	C
1	2	3

... es entstehen zwei neue Zellen

Markieren Sie die zu teilenden Zellen und rufen im Menü den Befehl *Tabelle/Zellen teilen* auf.

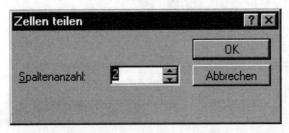

Eine Zelle kann in bis zu 31 neue Zellen geteilt werden

Geben Sie die neue *Spaltenanzahl* ein. Werte von 2 bis 31 sind möglich. Vielleicht verwirrt Sie der Begriff Spaltenanzahl, da Sie ja eine Zelle teilen wollen. Dies liegt daran, daß eine Zelle in neue Spalten geteilt wird und dementsprechend keine neuen Zeilen entstehen. Zellen können auch beim Verbinden nur spaltenweise miteinander verschmolzen werden.

12.6 Zeilen, Spalten, Zellen und Tabellen löschen

Hinweis: Wenn Sie die [Entf] Taste drücken, löschen Sie
den Inhalt der Zellen.

Zeilen löschen

Um eine Zeile innerhalb einer Tabelle zu löschen, setzen Sie
die Schreibmarke in die betreffende Zeile. Es ist nicht erforderlich, die komplette Zeile zu markieren, es stört aber auch
nicht. Rufen Sie nun den Befehl *Tabelle/Zeilen löschen* auf.

Spalten löschen

Um eine oder mehrere Spalten zu löschen, müssen diese
komplett markiert sein. Rufen Sie dazu den Befehl *Tabel-
le/Spalten löschen* auf.

Zellen löschen

Sind mehrere benachbarte Zellen oder Zeilen markiert können Sie die selektierten Zellen aus der Tabelle entfernen. Der
Befehl hierzu lautet *Tabelle/Zellen löschen*.

Zellen verbinden

Der umgekehrte Weg zum Teilen einer Zelle besteht darin,
benachbarte Zellen zu einer einzigen Zelle zu verbinden.
Hierdurch werden Spalten gelöscht, der Inhalt der Zellen
bleibt jedoch in neuer Form erhalten.

Hinweis: Zellen können nur innerhalb einer Zeile verbunden werden.

A	B	C
1	2 3 4	5

Die Zellen mit dem Inhalt 2, 3 und 4 sind markiert. Der Befehl Tabelle/ Zellen verbinden wird aufgerufen...

A	B	C
1	2 3 4	5

... es entsteht eine gemeinsame Spalte

Markieren Sie die zu verbindenden Zellen und rufen Sie aus dem Menü den Befehl *Tabelle/Zellen verbinden* auf. Die einzelnen Zellen werden zu einer gemeinsamen Spalte verschmolzen. Die Inhalte der Zellen werden in der Reihenfolge von links nach rechts, durch Absatzendezeichen getrennt, in die neue Zelle eingefügt.

Tip: Eine Tabellenüberschrift können Sie in der ersten Tabellezeile plazieren, wenn alle Zellen dieser Zeile zu einer einzigen Zelle verbunden sind.

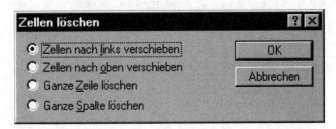

Wie beim Einfügen von Zellen gibt es auch beim Löschen Alternativen

Wenn Sie eine oder mehrere Zellen löschen, müssen Sie angeben, was mit den bereits vorhandenen Zellen geschehen soll. Sie können die *Zellen verschieben* oder die *ganze Zeile* oder *Spalte löschen*.

Tabelle löschen

Um eine komplette Tabelle zu löschen, sind zwei Schritte nötig: Zuerst wird die komplette Tabelle z.B. über den Befehl *Tabelle/Tabelle markieren* selektiert und dann der Befehl *Tabelle/Zeilen löschen* aufgerufen.

Gefahren beim Einfügen und Löschen von Spalten, Zeilen und Zellen

Wenn Sie Berechnungen innerhalb einer Tabelle durchführen und hierbei direkt auf eine Zellenbezeichnung, wie z.B. *D3* Bezug nehmen, müssen Sie die entsprechenden Formeln nachträglich ändern. Ansonsten erhalten Sie ein falsches oder gar kein Ergebnis. Dieser Fehler wird dadurch verhindert, daß Sie mit Textmarken arbeiten.

12.7 Tabellen benutzen

Wenn Sie das Grundgerüst einer Tabelle erzeugt haben, können Sie sofort mit der Eingabe beginnen. In der Zelle einer Tabelle arbeiten Sie wie in ganz normalen Text. Die Zellenhöhe wird während der Eingabe automatisch angepaßt. Auch die Befehle zur Zeichen- und Absatzformatierung stehen zur Verfügung. Außerdem können Sie Grafiken und Objekte in die Tabelle einfügen.

Um in die nächste Zelle zu gelangen, benutzen Sie die ⇥ Taste, um zur vorhergehenden Zelle zu gelangen dagegen die Tastenkombination ⇧ + ⇥ .

Dateneingabe in ein Formular

Eine besondere Art der Dateneingabe in eine Tabelle stellt Word für Windows nach einer kleinen Anpassung der Arbeitsumgebung zur Verfügung.

- Rufen Sie den Befehl *Ansicht/Symbolleisten* auf und klicken Sie im Dialogfenster auf die Schaltfläche *Anpassen*.

- Auf der Registerkarte *Symbolleisten* wählen Sie die Kategorie *Tabelle* aus und verschieben die Schaltfläche *Bearbeitet eine Liste oder Tabelle in einem Formular* über eine geöffnete Symbolleiste des Dokumentenfensters.

- Schließen Sie das Dialogfenster und setzen Sie die Schreibmarke in eine bestehende Tabelle.

Die verwendete Tabelle

- Klicken Sie auf das neue Symbol *Datenmaske.*

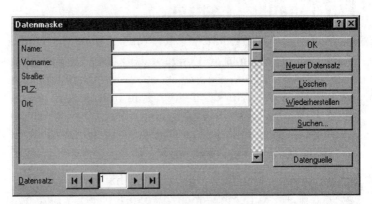

Die bequeme Dateneingabe in eine Tabelle über die Datenmaske

Damit in der Datenmaske die Eingabefelder mit Namen versehen werden, müssen in der ersten Zeile der Tabellen die Spaltenüberschriften enthalten sein. Zudem ist der Befehl *Tabelle/Überschriften* zu aktivieren.

Hinweis: Im folgenden wird von Datensatz gesprochen. Gemeint ist immer eine komplette Zeile einer Word-Tabelle.

Über die Datenmaske können Sie einen *Neuen Datensatz* anlegen, er wird an das Ende der Tabelle angefügt. Über die Schaltfläche *Löschen* entfernen Sie einen Datensatz und über *Suchen* haben Sie allen Komfort beim Finden eines Eintrags in größeren Tabellen.

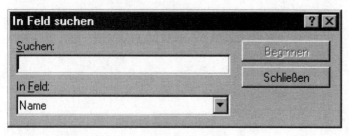

Suchen innerhalb einer Tabelle

Sie können zudem jeden *Datensatz* über die gleichnamige Schaltfläche erreichen.

Über die Schaltfläche *Datenquelle* gelangen Sie direkt in die Tabelle und können natürlich auch hier Ihre Eingaben machen. Überhaupt ist es jederzeit möglich, zwischen der direkten Eingabe in die Tabelle und der Datenmaske zu wechseln.

13 Grafiken

Was wäre heutzutage ein Textverarbeitungsprogramm ohne die Möglichkeit, Bilder und Grafiken in einen Text einzufügen? Sehr oft veranschaulicht ein Bild schneller und überschaulicher was viele Worte nicht zu sagen vermögen.

Auch in Word für Windows können Sie Grafiken importierten und sogar neue Zeichnungen erzeugen. Dies können z.B. Firmenlogos, Diagramme, Fotos oder Illustrationen sein.

Mit Hilfe der weitreichenden Layoutfunktionen von Word für Windows können Sie dieses Programm ohne weiteres für kleine Zeitschriften, Bedienungsanleitungen oder Berichte einsetzen – was bisher eigentlich die Domäne der Desktop Publishing Programme war.

13.1 Eine Grafik importieren

Eine Grafik wird in Word für Windows an der Position der Schreibmarke importiert, d.h. das Bild wird innerhalb des Fließtextes wie ein Buchstabe behandelt – es sei denn, man ändert dies nachträglich.

Grundsätzlich bestehen zwei Möglichkeiten eine Grafik zu plazieren: Entweder auf Basis einer bereits bestehenden *Grafikdatei* oder über den word-eigenen Bildeditor. Der zweite Weg wird im Kapitel *Zeichnen* beschrieben.

Einfügen/Grafik Mit dem Befehl *Einfügen/Grafik* öffnen Sie das Dialogfenster *Grafik einfügen*.

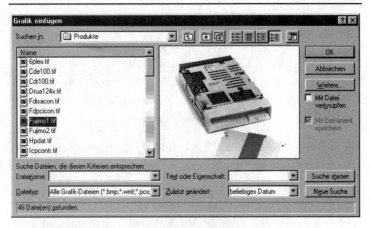

Das Dialogfenster zur Grafikdatei-Auswahl

Hinweis: Wenn Sie die Grafikdateien mit der Vorschau
anzeigen lassen, kann dies unter Umständen einige Zeit in Anspruch nehmen, da das Vorschaubild
erst importiert und skaliert werden muß.

Die Grundelemente aus dem Dialogfenster kennen Sie bereits vom *Öffnen* und *Speichern* eines Dokuments. Neu sind
hingegen die Optionen *Mit Datei verknüpfen* und *Mit Dokument speichern*. Im Normalfall wird beim Einfügen einer
Grafik die komplette Grafikdatei in das Word-Dokument
kopiert – die Kopie ist fortan ein fester Bestandteil des Dokuments und vergrößert deshalb die Dateigröße nicht unerheblich.

Ist die Option *Mit Datei verknüpfen* beim Einfügen einer
Grafik aktiviert, so wird im Word-Dokument nur ein Verweis
auf die Grafikdatei gespeichert. Es handelt sich hierbei um
eine *Feldfunktion.* Sofern Sie sich die Feldfunktionen anzeigen lassen (*Extras/Optionen* Registerkarte *Ansicht*), sehen
Sie statt des Abbildes die folgende Funktion:

*Mit Datei ver-
knüpfen*

```
{ EINFÜGENGRAFIK „C:\Bilder\Grafikdatei.tif" \*
FORMATVERBINDEN }
```

Der Vorteil des Verknüpfens besteht darin, daß Speicherplatz gesapart wird und die Grafik später verändert werden. Eine Grafik, die z.B. in dem Word-Dokument zweimal plaziert wird, vergrößert das Dokument als normal eingefügte Grafik um das Doppelte seiner Dateigröße. Als verknüpfte Grafikdatei allerdings nur um ein paar Bytes.

Ein kleiner Nachteil des Verknüpfens soll aber nicht verschwiegen werden. Verschieben Sie die Grafikdatei in ein anderes Verzeichnis oder löschen diese Grafikdatei, so erscheint keine Warnmeldung. Den Fehler erkennen Sie erst beim nächsten Aufruf oder Drucken des Dokuments, in dem diese Grafik benötigt wird.

Mit Dokument speichern

Um die soeben beschriebene Fehlerursache auszuschließen, gibt es für verknüpfte Grafiken die Option *Mit Dokument speichern*. Ist diese Option aktiv, wird eine Kopie der Grafikdatei in die Word-Dokumentdatei integriert. Dieses kann auch dann erforderlich sein, wenn Sie das Word-Dokument per E-Mail verschicken wollen und nicht alle Grafikdateien zusätzlich senden möchten.

Probleme beim Einfügen einer Grafik in den Textfluß

Eine Grafik wird an der Position der Schreibmarke in den Text eingefügt. Ist der Zeilenabstand des Absatzes auf einen genauen Wert eingestellt, so sehen Sie von der Grafik nur einen Ausschnitt.

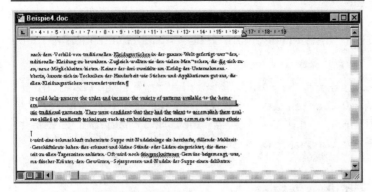

Die Grafik ist nicht vollständig sichtbar, da der Absatz einen genauen Zeilenabstand enthält

Stellen Sie den Zeilenabstand des Absatzes auf einen automatischen Wert, z.B. *einfach, doppelt, mindestens* usw., um die komplette Grafik zu sehen.

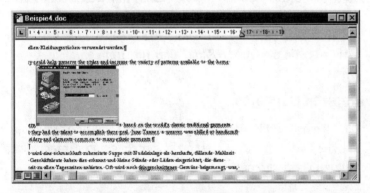

Der Zeilenabstand ist auf Einfach eingestellt, hierdurch wird die komplette Grafik sichtbar

Da bei den automatischen Zeilenabständen die Höhe der Grafik über den Zeilenabstand entscheidet, entstehen oftmals große Unterschiede innerhalb eines Absatzes. Was bei kleinen Symbolbildern vielleicht noch tragbar ist, gilt jedoch nicht für große Grafiken. Hier ist es besser, die Grafik in einen eigenständigen Absatz einzufügen. Als Zeilenabstand

Grafiken in eigene Absätze einfügen

für diesen Absatz wählen Sie am besten *Einfach* und geben den Abstand vor und nach dem Absatz mit mindestens 3 pt an.

Das eigene Bild-Absatzformat hat noch einen weiteren Vorteil: Grafiken werden von Word für Windows wie Text behandelt, d.h. Sie können diese innerhalb der Textspalte linksbündig, zentriert oder rechtsbündig ausrichten.

Grafiken ausblenden

Nicht immer ist es erforderlich, den Inhalt einer Grafik auch im Dokument zu sehen. Bei vielen Grafiken kann dies zu einer echten Arbeitsbehinderung werden, da Word für Windows die Bilder jedesmal neu aufbaut.

Statt der Grafik können Sie sich auch nur den leeren Rahmen anzeigen lassen. Rufen Sie den Befehl *Extras/Optionen* auf und wechseln Sie auf die Registerkarte *Ansicht*. Dort aktivieren Sie die Option *Platzhalter für Grafiken*.

Grafiken markieren

Damit eine Grafik weiter bearbeitet werden kann, muß sie markiert werden. Dies geschieht durch einen Einfachklick auf den Grafikrahmen.

Eine markierte Grafik

Ein markierter Grafikrahmen zeichnet sich durch 8 Greif-punkte aus, die sich in den Ecken und Mitten des Rahmens befinden. Diese Greifpunkte dienen zum Skalieren der Gra-fik.

13.2 Skalieren einer Grafik

Sie können auf verschiedene Arten eine Grafik nachträglich in ihrer Größe verändern. Zum einen, indem Sie die Größe direkt im Dokument mit der Maus festlegen, zum anderen, indem Sie numerische Werte eingeben.

Skalieren mit der Maus

Hinweis: Beim Skalieren einer Grafik mit der Maus wird der Skalierungsfaktor zugleich in der Statuszeile an-gezeigt.

Um eine Grafik in ihrer Größe zu verändern, können Sie die Greifpunkte benutzen. Ein Verschieben der Eckpunkte be-wirkt eine proportionale Skalierung, während die Mittel-punkte nur die Höhe oder Breite skalieren.

Skalieren

Halten Sie während der Größenveränderung die ⇪ Taste gedrückt, so wird der sichtbare Bildausschnitt verändert, während die Größe erhalten bleibt. Beim Beschneiden einer Grafik geht nichts von der Grafikdatei verloren, deshalb können Sie auch nachträglich den Ausschnitt wieder ver-größern.

Beschneiden

Um auf die Ausgangssituation direkt nach dem Importieren einer Grafik zurückzukommen, halten Sie die Strg Taste gedrückt und führen einen Doppelklick innerhalb des Gra-fikrahmens aus. Veränderungen an der Grafik, die Ska-lierung und Beschneidung betrafen, sind hiernach nicht mehr vorhanden.

Originalgröße wiederher-stellen

Eine Grafik löschen

Grafiken werden genau wie Buchstaben behandelt und lassen sich durch die ⌊Entf⌋ Taste löschen.

Grafiken ersetzen

Wenn Sie in den Grafikrahmen eine andere Grafik importieren möchten, d.h. die Grafik austauschen, müssen Sie den Befehl *Einfügen/Grafik* bei markierter Grafik aufrufen. Die neue Grafikdatei paßt sich allerdings nicht in den vorhandenen Rahmen ein, sondern erzeugt einen eigenen Rahmen.

Genaues Skalieren

Nicht immer ist das Arbeiten mit der Maus genau genug. Wenn Sie z.B. eine Grafik auf 10 cm Breite bringen wollen, ist die direkte Wertangabe wesentlich einfacher.

Genaue Skalierungen und Beschneidung von Grafiken werden über den Befehl *Format/Grafik* erzeugt.

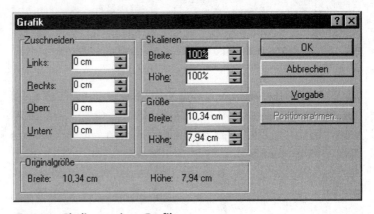

Genaues Skalieren einer Grafik

Originalgröße

Die Originalgröße einer Grafik ist Bestandteil der Grafikdatei und daher von Word für Windows nicht veränderbar. Auf diese Originalwerte kommen Sie jederzeit über die Schaltfläche *Vorgabe* zurück.

Um eine Grafik zu skalieren, können Sie entweder prozen-
tuale Werte oder genaue Maßeinheiten angeben. Da keine
proportionale Skalierung stattfindet, müssen Sie die Werte
jeweils für *Höhe* und *Breite* eingeben.

Skalieren

Um in dem Beispiel mit der Vorgabe einer Breite von 10 cm
zu bleiben, ändern Sie im Feld *Größe* die *Breite* durch Überschreiben auf genau 10 cm und wechseln dann über die
Tastenkombination ⟨⇧⟩ + ⟨⇥⟩ in das Feld *Skalieren, Höhe*.
Nachdem ein Feld verlassen wurde, berechnet Word die
entsprechenden Werte für das inhaltsgleiche Feld. Lesen Sie
den Wert des Feldes *Skalieren Breite* ab und übertragen Sie
den Wert in *Skalieren Höhe*. Nur auf diese Weise erhalten
Sie eine proportionale Skalierung.

Proportionales Skalieren

Sobald Sie das Dialogfenster über *OK* schließen, werden die
neuen Ausmaße an den Grafikrahmen weitergegeben. Die
Bildschirmdarstellung der Grafik muß daraufhin neu gezeichnet werden.

Hinweis: Die Größe einer Grafik wird immer auf Basis der
Originalgröße und der Skalierung berechnet.

Wieviel einer Grafik beschnitten wird, kann ebenfalls eingegeben werden. Negative Werte vergrößern den Rahmen
um das Bild, positive Werte verkleinern den sichtbaren Bildausschnitt.

Zuschneiden

Zusatzinfo für Programmierer

Der Befehl *FormatGrafik* kann dazu benutzt werden, eine
Grafik per Makro zu skalieren. Es gibt jedoch Probleme bei
der genauen Skalierung, wenn Sie die Grafik nicht vorab auf
die Originalgröße setzen. Das folgende Makro skaliert eine
markierte Grafik proportional auf eine genaue Breite von 10
cm, die Höhe wird dementsprechend angepaßt.

```
REM Grafik proportional auf 10 cm Breite skalieren
Sub MAIN
FormatGrafik .GrößeBestimmen = 0, .SkalierenX = 100,
.SkalierenY = 100
Dim Dlg As FormatGrafik
GetCurValues Dlg
XGr = Val(Dlg.GrößeX)
prozzahl = 1000 / XGr
FormatGrafik .GrößeBestimmen = 0, .SkalierenX =
prozzahl, .SkalierenY = prozzahl
End Sub
```

Zusammenfassung der Bearbeitungsmöglichkeiten einer Grafik

Was soll getan werden?	Wie geht das?
Proportional skalieren	An den Ecken des Rahmens ziehen
Breite skalieren	An den Mitten der vertikalen Punkte ziehen
Höhe skalieren	An den Mitten der horizontalen Punkte ziehen
Genaues Maß für Grafik	Befehl *Format/Grafik*
Grafik beschneiden	⇧ + Greifpunkte ziehen
Originalgröße wiederherstellen	Strg + Doppelklick innerhalb des Rahmens
Grafik löschen	Entf
Grafik frei positionieren	Befehl *Einfügen/Positionsrahmen*
Grafik im Word-Bildeditor bearbeiten	innerhalb des Rahmens doppelklikken

13.3 Einen Rahmen um eine Grafik ziehen

Über den Befehl *Format/ Rahmen und Schattierungen* können Sie einen rechteckigen Rahmen um einen Grafikrahmen zeichnen lassen.

Die Rahmenlinien werden entlang der Außenlinien des Grafikrahmens gezogen. Möchten Sie einen Abstand zwischen der Grafik und der Rahmenlinie, dann geben Sie im Menü *Format/Grafik* negative Werte in den *Zuschneiden*-Feldern ein. Dies funktioniert natürlich nur, wenn ansonsten keine Beschneidung nötig war.

13.4 Grafiken frei positionieren

Soll die Grafik frei auf einer Seite plaziert werden, dann muß vorher ein Positionsrahmen um den Grafikrahmen gelegt werden. Um einen Positionsrahmen einzufügen, markieren Sie den Grafikrahmen und rufen dann den Befehl *Einfügen/Positionsrahmen* auf. Der Positionsrahmen kann nur in der *Layout* Ansicht verwendet werden, daher schaltet Word für Windows die Ansicht gegebenenfalls um.

13.5 Grafiken beschriften

Sie können Grafiken in Word für Windows zum Teil automatisch beschriften lassen. Es ist über die automatischen Funktionen möglich, fortlaufende Nummern und eine Grafikkategorie anzugeben. Auch bei der Beschriftung handelt es sich um eine Feldfunktion.

Um eine Grafik zu beschriften, muß diese markiert sein. Rufen Sie dann den Befehl *Einfügen/Beschriftung...* auf.

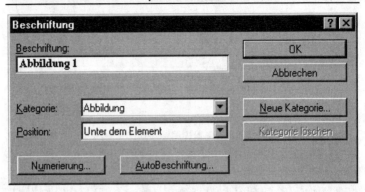

Grafiken können beschriftet werden

Vorgegeben wird die Kategorie *Abbildung*. Zudem stehen immer auch die Kategorien *Gleichung* und *Tabelle* zur Verfügung.

Neue Kategorie....

Wenn Ihnen die vorgegebenen Kategorien nicht ausreichen, z.B. weil Sie Ihre Grafiken mit „Bild" beschriften wollen, klicken Sie auf die Schaltfläche *Neue Kategorie... .*

Neue Kategorien werden einfach durch eine Namensvergabe erzeugt

Geben Sie den Namen der Kategorie ein und klicken Sie auf *OK*. Mehr Informationen braucht eine neue Kategorie nicht.

Kategorie löschen

Eine selbstdefinierte Kategorie können Sie auch wieder löschen. Hierzu wählen Sie die Kategorie aus und klicken auf die Schaltfläche *Kategorie löschen.*

Bei der ersten zu beschriftenden Grafik einer Kategorie wird die Zahl 1 verwendet. Dies können Sie genauso wie das Zahlenformat ändern. Klicken Sie auf die Schaltfläche *Numerierung...*, um eigene Vorgaben zu machen.

Numerierung...

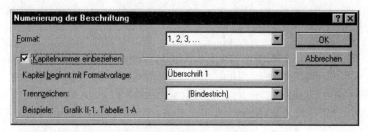

Hier werden eigene Numerierungen festgelegt

Die Einstellungen der Numerierung gelten immer nur für die gerade ausgewählte Kategorie, d.h. Sie können für jede Kategorie eine andere Numerierung verwenden.

Als Zahlenformat stehen arabische Ziffern, Buchstaben und römische Ziffern zur Auswahl. Das Zahlenformat gilt nur für die Grafiken.

Zahlenformat

Zudem können Sie die Kapitelnummer mit in die Numerierung einbeziehen. Voraussetzung für das Funktionieren ist natürlich, daß das Dokument in Standardabsätze und Überschriften-Ebenen gegliedert wurde.

Kapitelweise Numerierung

Damit die *Kapitelweise Numerierung* weiß, wann ein neues Kapitel beginnt, müssen Sie den Namen der Überschriften-Formatvorlage angeben, mit der ein Kapitelanfang gekennzeichnet ist. Alle Überschriften innerhalb des Kapitels müssen folglich mindestens eine Ebene tiefer liegen oder anders lauten. Findet Word für Windows einen neuen Kapitelanfang, wird die Grafiknumerierung für dieses Kapitel neu begonnen.

Trennzeichen Zwischen der Kapitel- und Grafiknummer muß ein Trennzeichen stehen. Zur Auswahl stehen *Bindestrich, Punkt, Doppelpunkt, der lange* und *kurze Gedankenstrich.*

Position Die Position der Numerierung kann alternativ über oder unter dem Element (der Grafik) geschehen. Üblich ist eine Beschriftung unter dem Bildelement.

Hinweis: Sie können in das *Beschriftung*-Feld zusätzlichen Text eingeben, der auch im Dokument erscheint. Allerdings gehört dieser Text nicht zur Beschriftung, sondern wird einfach angehängt. Wollen Sie die Beschriftung eines Elements später über den Befehl *Einfügen/Beschriftung* ändern, so bezieht sich die Änderungsmöglichkeit nur auf die Kategorie und Nummer.

Die Feldfunktion Wenn Sie sich in einem Dokument die Feldfunktionen anzeigen lassen (*Extras/Optionen/Ansicht*), sehen Sie, was hinter der automatischen Beschriftung steckt:

Abbildung { SEQ Abbildung * ALPHABETISCH }

Der Teil in den geschweiften Klammern ist für die Numerierung verantwortlich. Hieraus ist auch ersichtlich, daß Sie das Wort „Abbildung" innerhalb des Dokuments ohne Probleme ändern können.

AutoBeschriftung

Es ist etwas lästig, bei jeder Grafik eine Beschriftung auf manuellem Wege einzufügen. Daher gibt es in Word für Windows auch die automatische Vorgehensweise. Sie brauchen nur angeben, welche Objekte derart behandelt werden sollen, den Rest erledigt das Programm.

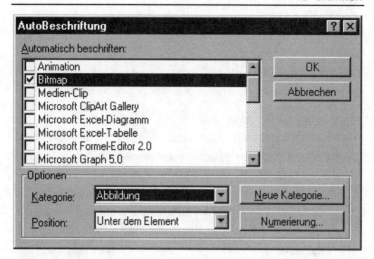

AutoBeschriftungen gibt es für alle möglichen Objekte

Die *AutoBeschriftung* wird über die gleichnamige Schaltfläche eingestellt.

Wählen Sie einen *Objekttyp* aus und stellen Sie hierfür die *Kategorie, Position* und *Numerierung* ein. Die Einstellungen gelten immer nur für diesen Objekttyp. Sobald Sie einen anderen Typus auswählen, können Sie hierfür gleiche oder andere Angaben machen. Hierdurch können Sie die AutoBeschriftung sehr flexibel gestalten. Alle Grafiken werden z.B. in der Kategorie *Abbildung* verwaltet, alle *Excel-Tabellen* in der Kategorie *Tabellen* usw.

Automatisch beschriften

Je nach installierter Software unterscheidet sich der Inhalt der Objektliste. Daher ist es manchmal nötig, mehreren Objekten die gleiche Beschriftungsart zuzuweisen. Für Grafiken stellen Sie z.B. die Objekttypen *Bitmap, Microsoft ClipArt Gallery* und *Paintbrush-Bild* genau gleich ein.

Hinweis: Die AutoBeschriftung wird nur dann wirksam, wenn Sie eine Grafik nachträglich einfügen. Bereits importierte Grafiken bleiben unberührt.

13.6 Abbildungsverzeichnis

Sofern Sie Grafiken mit der *AutoBeschriftung* oder manuell beschriftet haben, können Sie eine weitere Feldfunktion von Word für Windows nutzen – das Abbildungsverzeichnis.

Alles was Sie hierfür tun müssen, ist den Befehl *Einfügen/Index und Verzeichnisse...* aufzurufen und die Registerkarte *Abbildungsverzeichnis* auszuwählen.

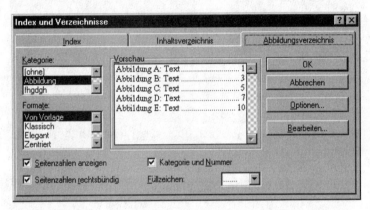

Vollautomatische Verzeichnisse für Grafiken, Tabellen usw.

Kategorie

Wählen Sie die *Kategorie*, von der ein *Abbildungsverzeichnis* erzeugt werden soll. Ein Verzeichnis über mehrere Kategorien ist nicht möglich. Sie müßten in diesem Fall das Abbildungsverzeichnis für jede Kategorie gesondert anlegen.

Formate

Ein Abbildungsverzeichnis ist eine gestaltete Liste. Es gibt mehrere vorgefertigte Layouts, die über die *Formate* ausgewählt werden. In der *Vorschau* sehen Sie, wie das ausgewählte Format ungefähr aussehen wird.

Gefällt Ihnen keines des Formate, können Sie auch eine eigene Gestaltungen aufgrund der *Formatvorlage* benutzen. Wählen Sie als *Format* den Eintrag *Von Vorlage* und klicken Sie dann auf die Schaltfläche *Bearbeiten*.

Hinweis: Die vorgegebenen Layouts können nicht bearbeitet werden. Allerdings können Sie die Schriftart jederzeit über die Formatvorlage *Abbildungsverzeichnis* ändern.

Zu jedem Abbildungsverzeichnis-Format können Sie optional die Anzeige der *Seitenzahlen*, deren Ausrichtung innerhalb der Zeile, ein *Füllzeichen* zwischen Textende und Seitenzahl, sowie den Text als *Kategorie und Nummer* oder nur als Nummer bestimmen.

Gestaltungselemente

Optionen

Prinzipiell wird ein Abbildungsverzeichnis aus den Absätzen mit der Formatvorlage *Beschriftung* zusammengestellt. Dies muß jedoch nicht sein. Sie können genauso gut ein Abbildungsverzeichnis aufgrund einer selbstdefinierten Formatvorlage „Bild" erzeugen.

Klicken Sie auf die Schaltfläche *Optionen*, um Angaben über die Zusammenstellung des Verzeichnisses zu machen.

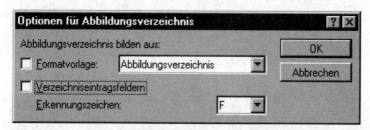

Weitere Einstellungen zum Abbildungsverzeichnis werden über die Optionen gemacht

Soll eine andere *Formatvorlage* als *Beschriftung* benutzt werden, aktivieren Sie diese Option und wählen Sie aus dem Listenfeld die gewünschte Vorlage aus.

Formatvorlage

Hinweis: Sicher fällt Ihnen die Ähnlichkeit mit den Inhalts-
verzeichnissen auf. Sie können über das Abbildungsverzeichnis auch ein Überschriften-
verzeichnis erzeugen – aber dafür gibt es eigentlich eine eigene Registerkarte.

Verzeichnis-
eintragsfelder

Ist die Option Verzeichniseintragsfelder aktiviert, so aufgrund der *INHALT*-Felder in einem Dokument ein Abbildungsverzeichnis erzeugt. Da die INHALT-Felder nicht automatisch erzeugt werden, ist diese Option eher für sehr
spezielle Aufgaben geeignet.

Die INHALT-Felder werden über den Befehl *Einfügen/Feld*
eingefügt und als unsichtbarer Text behandelt. Damit die
INHALT-Felder zu einem Verzeichnis zusammengestellt werden können, müssen Sie ein Erkennungszeichen angeben.
Das Zeichen darf nur aus einem einzelnen Großbuchstaben
bestehen.

```
{ INHALT „Beispieltext" \f [Erkennungszeichen] }
```

Das *Erkennungszeichen* des Verzeichnisses muß gleich dem
Erkennungszeichen des INHALT-Feldes sein.

```
{ VERZEICHNIS \f [Erkennungszeichen] }
```

13.7 Importierbare Grafikformate

Es kann sein, daß sich mit Ihrem Word für Windows nicht alle hier aufgeführten Grafikformate importieren lassen. Dieses liegt fast immer daran, daß die entsprechenden Grafikfilter bei der Installation nicht ausgewählt waren. Um einen Grafikfilter nachträglich zu installieren, führen Sie das Setup-Programm von Word für Windows erneut aus.

TIFF (Tagged Image File Format)

Typ: Bitmap

maximale Anzahl von Farben: 16,8 Mio.

Version: 5.0

WPG (WordPerfekt Grafik)

Typ: Mischformat

EPS (Encapsulated PostScript)

Typ: Mischformat

Version: 1.0 und 2.0

GIF (CompuServe Graphics Interchange Format)

max. 256 Farben

Version: GIF87a und GIF89a

PCT (Mac PICT)

Typ: Bitmap

Version: 2.0

BMP (Windows Bitmaps)

max. Farben: 16.8 Mio.

WMF (Windows Metafile)

Typ: Vektor

TGA (Targa)

Typ: Bitmap

PCX (PC Paintbrush)

Typ: Bitmap

Version: bis 3.0

JPG

max. Farben: 16.8 Mio.

DXF (Draw Exchange Format)

Typ: AutoCad 2-D Format, Vektorgrafik

PCD (Kodak Photo CD)

- PhotoCD Bilder werden in der Grundeinstellung mit einer Auflösung von 512 x 786 Pixeln bei 256 Farben importiert.

Tip: Diese sehr eingeschränkte Vorgabe des PCD-Filters können Sie in nur in dem Programm PowerPoint ändern. Rufen Sie hier den Befehl *Einfügen/Grafik* auf, wählen Sie dort eine PCD-Datei und klicken auf *OK*.

Die Vorgabe des PCD-Grafikfilters kann in PowerPoint geändert werden

Stellen Sie eine spezifische Auflösung und die gewünschte Farbtiefe ein. Die getroffenen Veränderungen werden anschließend auch beim Import in Word für Windows berücksichtigt.

CGM (Computer Grafics Metafile - Version 1)

Typ: Vektorgrafik

DRW (Micrografx Designer/Draw)

Typ: Mischformat

Version: Designer 3.0; Charisma 2.1 und Draw

HPGL (HP Graphics Language)

Typ: Vektor-Plottdatei

Version: HP-GL/2

CDR (CorelDraw3.0)

Typ: Mischtyp

Tip: Importieren Sie eine Corel-Draw Datei als OLE-
Objekt.

14 Zeichnen

Word für Windows ist in erster Linie eine Textverarbeitung mit zusätzlichen Layoutfunktionen. Zusätzlich enthält das Programm einen kleinen Grafikeditor, mit dem sich Vektorzeichnungen und Beschriftungen in das aktuelle Dokument einfügen lassen.

Um in Word für Windows zeichnen zu können, müssen Sie

* die Ansicht Layout eingeschaltet haben

* die Symbolleiste *Zeichnung* über den Menübefehl *Ansicht/Symbolleisten* sichtbar machen

14.1 Die Symbolleiste Zeichnung

Die Symbolleiste Zeichnung

Symbol	Erklärung
	Linie zeichnen
	Quadrat/Rechteck zeichnen
	Kreis/Ellipse zeichnen
	Kreissegment zeichnen

	Freihandfigur zeichnen
	Textfeld zeichnen
	Legende einfügen
	Legende formatieren
	Füllfarbe einstellen
	Linienfarbe einstellen
	Linienart einstellen
	Zeichnungsobjekt markieren
	Zeichnungsobjekt in den Vordergrund
	Zeichnungsobjekt in den Hintergrund
	Zeichnungsobjekt vor den Text
	Zeichnungsobjekt hinter den Text
	Zeichnungsobjekte gruppieren

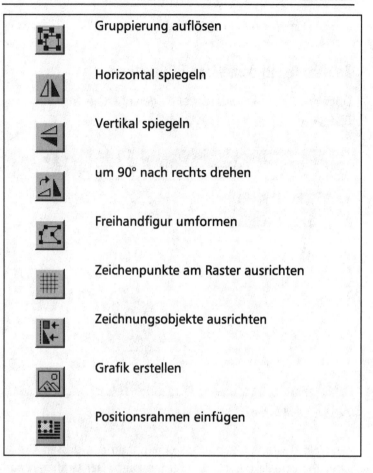

	Gruppierung auflösen
	Horizontal spiegeln
	Vertikal spiegeln
	um 90° nach rechts drehen
	Freihandfigur umformen
	Zeichenpunkte am Raster ausrichten
	Zeichnungsobjekte ausrichten
	Grafik erstellen
	Positionsrahmen einfügen

Direkt im Text zeichnen

Sie können die Zeichnungsobjekte (Rechteck, Kreis etc.) direkt im Dokument zeichnen. In diesem Fall wird das Objekt nicht mit dem Textfluß verankert, d.h. Sie können den normalen Text über die Zeichnung schreiben. Die Zeichnung selbst liegt im Hintergrund.

Möchten Sie, daß eine Zeichnung mit dem Textfluß verankert wird, bestehen zwei Möglichkeiten:

• Sie fügen einen *Grafikrahmen* ein.

• Sie fügen einen *Positionsrahmen* ein.

Zeichnung mit dem Word-Bildeditior

Über das Symbol *Grafik erstellen* gelangen Sie in den Word-Bildeditor.

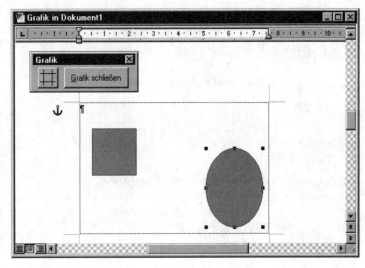

Der Word-Bildeditor

Eine Word-Grafik besteht aus einem Rahmen, dessen Größe über die Lineale eingestellt werden kann. Der Grafikrahmen ist durch eine gepunktete Linie dargestellt. Nur die Objekte, die sich innerhalb des Grafikrahmens befinden, werden später in dem aufgerufenen Word-Dokument dargestellt. Somit können Sie Zeichnungsobjekte auch anschneiden.

Im *Word-Bildeditor* können Sie auf alle Objekte der Symbolleiste *Zeichnung* zurückgreifen und/oder wie gewohnt Text schreiben. Daß für Text im Grafikrahmen die gleichen Gestaltungsmöglichkeiten wie für normalen Text bestehen, versteht sich von selbst.

Da der Word-Bildeditor im Prinzip ein neues Word-Dokument anlegt, können Sie die *Seite einrichten, drucken* und mit dem Befehl *Kopie speichern unter* als Word-Dokument sichern.

Die Symbolleiste Grafik

Der Word-Bildeditor bedient sich der Symbolleisten des Hauptprogramms und bringt eine neue Symbolleiste hinzu. Die Schaltfläche *Grafik schließen* beendet die Grafikbearbeitung und aktualisiert den Inhalt des Grafikrahmens im Word Dokument. Den gleichen Effekt erreichen Sie auch über den Menübefehl *Datei/Schließen und zurückkehren zu xxx.*

Über dieses Symbol passen Sie die Ausmaße der Zeichnung an die Zeichnungselemente an. Es wird immer der kleinstmögliche umschließende Rahmen verwendet.

Vorsicht ist nur dann geboten, wenn Sie in der Zeichnung Positionsrahmen verwenden, da diese nicht in die Größenermittlung einbezogen werden.

Hinweis: In eine Zeichnung innerhalb des Word-Bildeditors können Sie Grafiken, Tabellen, OLE-Objekte etc. einfügen.

14.2 Die Zeichnungsobjekte

Wenn Sie ein Zeichnungsobjekt-Symbol einmal anklicken, können Sie eine Kopie des Objekts zeichnen. Möchten Sie mehrere Objekte nacheinander zeichnen, müssen Sie das Symbol doppelklicken, es bleibt eingerastet. Zum Deaktivieren klicken Sie das Symbol nochmals an oder wählen ein anderes aus.

Linien zeichnen

Eine Linie besteht aus einer Verbindung zwischen zwei Punkten. Über das Symbol *Linienart* bestimmen Sie, wie die Linie gemustert werden soll. Die Linienfarbe wird über das Symbol *Linienfarbe* eingestellt.

Wenn Sie beim Zeichnen von Linien gleichzeitig die ⇧ Taste gedrückt halten rasten die Linien in einem Winkel von 0°, 30°, 45°, 60° oder 90° ein.

Linienarten

Über das Symbol *Linienart* haben Sie vordefinierte Auswahlmöglichkeit der Linienstärke, der Pfeile und der Punktierung.

Vordefinierte Linienarten in Word für Windows

Sie können auch eigene Linien definieren. Wählen Sie dazu aus dem Listenfeld den Eintrag *Weitere...* aus.

Weitere...

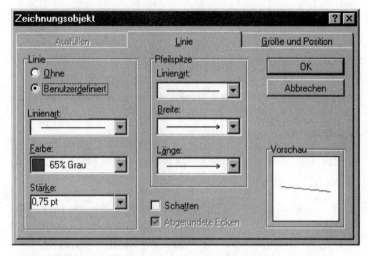

Eigene Linienarten legen Sie in diesem Dialogfenster fest

Sie gelangen in das Dialogfenster *Zeichnungsobjekt* und aktivieren dort die Registerkarte *Linie*.

Wählen Sie eine der weiteren *Linienarten*, sowie die *Farbe* und Stärke der Linie aus.

Linie

Wenn Sie eine Linie mit Pfeilspitzen benötigen, müssen Sie im Listenfeld *Linienart* angeben, an welchem Ende sich die Pfeilspitzen befinden sollen und welche grundsätzliche Form die Pfeile haben sollen. Zusätzlich können Sie noch die *Breite* und *Länge* der Pfeilspitze in den dafür vorgesehenen Listenfeldern beeinflussen.

Pfeilspitze

Soll die Linie mit einem Schatten versehen werden, um eine schwebende Wirkung zu erzielen, dann aktivieren Sie die Option *Schatten*. Die Stärke, Farbe und Lage der Schatten-linie lassen sich nicht weiter beeinflussen. Die Schattenlinie ist immer schwarz.

Schatten-Zeichnen:

6 pt Linienstärke, Grau 50% mit Schatten

Rechtecke und Quadrate zeichnen

Mit dem Symbol *Rechteck* zeichnen Sie rechteckige Objekte. Wenn gleichzeitig die ⟨⬆⟩ Taste gedrückt wird, entsteht ein Quadrat.

Wollen Sie das Rechteck von dem Mittelpunkt aus zeichnen, halten Sie zusätzlich die ⟨Strg⟩ Taste gedrückt.

Über das Symbol *Füllfarbe* wählen Sie aus, welche Farbe die Fläche haben soll. Über die Symbole *Linienfarbe* und *Linienart* legen Sie fest, wie die Umrahmung aussehen soll.

Rechtecke mit abgerundeten Ecken

Wenn Sie ein Rechteck mit abgerundeten Ecken zeichnen wollen, markieren Sie ein bestehendes Rechteck und rufen im Kontextmenü den Befehl *Zeichnungselement formatieren* auf. Auf der Registerkarte *Linie* aktivieren Sie die Option *abgerundete Ecken*.

Rechteck mit abgerundeten Ecken und Füllmuster

Kreise und Ellipsen zeichnen

Über das Symbol *Ellipse* zeichnen Sie eine Ellipse. Wenn gleichzeitig die ⟨⬆⟩ Taste gedrückt wird, entsteht ein Kreis.

Wollen Sie die Ellipse vom Mittelpunkt aus zeichnen, halten Sie zusätzlich die ⟨Strg⟩ Taste gedrückt.

Über das Symbol *Füllfarbe* wählen Sie aus, welche Farbe die Fläche haben soll. Über die Symbole *Linienfarbe* und *Linienart* legen Sie fest, wie die Umrahmung aussehen soll.

Bögen zeichnen

Mit dem Symbol *Bogen* zeichnen Sie eine gevierteilte Ellipse. Wenn Sie gleichzeitig die ⎡⬦⎤ Taste drücken, entsteht ein Viertelkreis.

Wollen Sie die Viertelellipse vom Mittelpunkt aus zeichnen, halten Sie zusätzlich die ⎡Strg⎤ Taste gedrückt.

Über das Symbol *Füllfarbe* wählen Sie aus, welche Farbe die Fläche haben soll. Über die Symbole *Linienfarbe* und *Linienart* legen Sie fest, wie die Umrahmung aussehen soll.

Eventuell müssen Sie die Bogen erst spiegeln, bis die richtige Lage erreicht wird.

4 Bogen

Um einen Halbkreis oder einen Dreiviertelkreis zu zeichnen, müssen Sie mehrere Bogen zueinander ausrichten und anschließend *gruppieren*.

Halbkreis

Freihandfiguren zeichnen

Nicht immer benötigt man die geometrischen Grundformen zum Zeichnen, sondern möchte lieber eine unregelmäßige Form erstellen. Unregelmäßige Linien und Flächen werden über das Symbol *Freihandfläche* gezeichnet.

Mit dem ersten Mausklick zeichnen Sie den Anfangspunkt einer verbundenen Linie. Wenn Sie die Maustaste gedrückt halten und weiterzeichnen, werden immer neue Punkte an das Polygon angefügt. Sie können aber auch jeden einzelnen Punkt per Mausklick definieren – in diesem Fall erhalten Sie miteinander verbundene, gerade Linien. Mit einem Doppelklick beenden Sie das Zeichnen der Linien.

Achtung: Es entsteht keine geschlossene Form. Diese können Sie anlegen, indem der letzte Punkt auf den Anfangspunkt gelegt wird.

Wenn gleichzeitig die ⟨ ⇧ ⟩ Taste gedrückt wird, richten sich die Linien an dem vorgegebenen Winkel aus.

Über das Symbol *Füllfarbe* wählen Sie aus, welche Farbe die Fläche haben soll. Über die Symbole *Linienart* legen Sie fest, wie die Umrahmung auss

Freihandfiguren können regelmäßig, aber auch gekritzelt aussehen.

Tip: Reinigen Sie die Maus bevor Sie frei zeichnen, da ansonsten die Bewegung der Maus nur mangelhaft übertragen wird.

Umformen

Mit dem Symbol *Umformen* können Sie die Lage der Punkte einer Freihandfigur verschieben. Bewegen Sie den Mauszeiger über den Punkt und verschieben Sie diesen bei gedrückter Maustaste.

Um einen Punkt in die Linie einzufügen, drücken Sie die Strg Taste und klicken an die Stelle der Linie, an welcher der Punkt eingefügt werden soll. Oberhalb des Mauszeigers erkennen Sie ein kleines Pluszeichen.

Einfügen

Um einen Punkt der Linie zu löschen, drücken Sie ebenfalls die Strg Taste und klicken auf einen bestehenden Punkt. Der Mauszeiger hat dabei die Form eines Kreuzes.

Entfernen

Um das Umformen zu beenden, klicken Sie außerhalb der Freihandfigur in das Dokumentenfenster.

Textfeld

Das *Textfeld* erzeugt ein rechteckiges Feld, in das Sie Text eingeben können.

Wenn gleichzeitig die ⬧ Taste gedrückt wird, entsteht ein quadratisches Feld.

Wollen Sie das *Textfeld* vom Mittelpunkt aus zeichnen, halten Sie zusätzlich die Strg Taste gedrückt.

Über das Symbol *Füllfarbe* wählen Sie aus, welche Farbe die Fläche haben soll. Über die Symbole *Linienfarbe* und *Linienart* legen Sie fest, wie die Umrahmung aussehen soll.

Für den Text haben Sie alle Gestaltungsmöglichkeiten der Symbolleiste *Format* und des Menüs.

> ## Textfelder eignen sich hervorragend, um wichtige Passagen hervorzuheben

Ein Textfeld mit Schatten

Textfelder bestehen eigentlich aus zwei Rahmen, dem Flächen- und dem Textrahmen. Um an den Flächenrahmen zu gelangen, müssen Sie an den äußersten Rand des Textfeldes klicken. Der Textrahmen ist durch einen hellen Rahmen gekennzeichnet.

Hinweis: Soll der Text nicht so weit an den Rand gehen wie in der Grundeinstellung, müssen Sie das Absatzformat mit einem rechten und linken Einzug versehen.

Legende

Die *Legende* dient zum Beschriften von Zeichnungen und Grafiken. Hierbei werden Linienelemente und ein Textfeld miteinander verbunden. Sowohl die Linien als auch das Textfeld können nachträglich verschoben werden.

Über das Symbol *Füllfarbe* wählen Sie aus, welche Farbe das Textfeld haben soll. Über die Symbole *Linienfarbe* und *Linienart* legen Sie fest, wie die Verbindungslinien aussehen sollen.

Eine Zeichnung mit Legende

Hinweis: Natürlich können Sie die Legende auch direkt im Dokument einem Bild zuordnen. Hierbei besteht allerdings die Gefahr, daß es nach einer Texteingabe zu Verschiebungen kommt. Besser ist es, alle Elemente in einem Grafikrahmen zusammenzufassen.

Legende formatieren

Über das Symbol *Legende formatieren* können Sie weitere Formatierungen für eine hinweisende Beschriftung vornehmen.

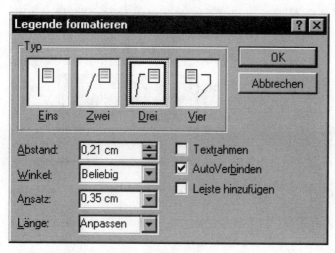

Die Formatoptionen für Legenden

Typ

Vier verschiedene Grundtypen der Legende stehen zur Verfügung. Jeden Grundtyp können Sie weiter verändern.

Abstand

Über *Abstand* können Sie genau angeben, welcher Abstand zwischen einer markierten Legendenlinie und dem Textfeld bestehen soll. Soll die Linie direkt an das Legendenfeld anschließen ist ein Abstand von 0 cm einzugeben.

Winkel

Sie können die Legendenlinien in einem beliebigen *Winkel* zeichnen, aber auch festlegen, daß ein markiertes Liniensegment in einem bestimmten Winkel gedreht werden soll.

Stellen Sie z.B. einen *Winkel* von 30° ein, so wird dieser Winkel konsequent für ein Liniensegment eingehalten und im Bedarfsfall ein horizontales Liniensegment angefügt. Die Einschränkung auf einen Winkel bewirkt gleichzeitig eine Einschränkung der Positionierbarkeit des Textfeldes.

Ansatz

Mit *Ansatz* legen Sie fest, wo die Linie und der Textrahmen vom Textrahmen aus gesehen miteinander verbunden werden sollen. Zur Auswahl stehen *Oben, Mitte* und *Unten*. Sie können aber auch einen festen Zahlenwert, z.B. 0,5 cm eingeben. Der Verbindungspunkt liegt dann genau 0,5 cm unterhalb der oberen Kante des Textrahmens.

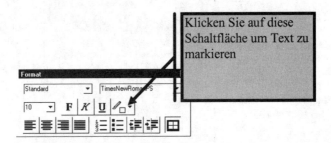

Eine Zeichnung mit Legende. Die Legende wurde mit dem Winkel 45°, Textrahmen, AutoVerbinden und Leiste hinzufügen formatiert.

Mit *Länge* legen Sie fest, wie lang eine Verbindungslinie sein darf. Entweder belassen Sie die Einstellung bei *Anpassen* oder Sie geben für ein markiertes Liniensegment eine genaue Länge an. Bei nachträglichen Verschiebungen des Textfeldes ändert sich die die Linienlänge allerdings wieder. *Länge*

Soll der Textrahmen eine Umrahmung erhalten, dann aktivieren Sie das Kontrollkästchen *Textrahmen*. Die Rahmenfarbe und Linienart werden von den Segmentlinien übernommen. *Textrahmen*

Wenn der Startpunkt einer markierten Legendenlinie bei einer horizontalen Verschiebung automatisch geändert werden soll, aktivieren Sie das Kontrollkästchen *AutoVerbinden*. *AutoVerbinden*

Das Kontrollkästchen *Leiste hinzufügen* koppelt an das Textfeld eine vertikale Linie in der Höhe des Feldes an. Diese Linien befindet sich immer auf der Seite der Liniensegmente. *Leiste hinzufügen*

14.3 Zeichnungsobjekte formatieren

Die Einstellungen der *Füllfarbe*, *Linienfarbe* und *-art* gelten für ein markiertes Objekt und alle neuen Zeichnungsobjekte.

Hinweis: In Word für Windows ist es nicht möglich, andere als die vorgegebenen Farben zu verwenden.

Füllfarbe

Mit *Füllfarbe* legen Sie die Füllung des Zeichnungselements fest. Die Bezeichnung *Ohne* bedeutet, daß der Rahmeninhalt transparent ist.

Füll- und Linienfarbe

Linienfarbe

Mit *Linienfarbe* legen Sie Farbe der Umrahmung einer Fläche und eines Linienobjekts fest.

Linienart

Mit *Linienart* legen Sie das Aussehen der Umrahmungslinie einer Fläche oder eines Linienobjekts fest.

Zeichnungsobjekt formatieren

Über den Kontextmenübefehl *Zeichnungsobjekt formatieren* können Sie weitere Einstellungen vornehmen. Die Linieneinstellungen wurden bereits zuvor erklärt.

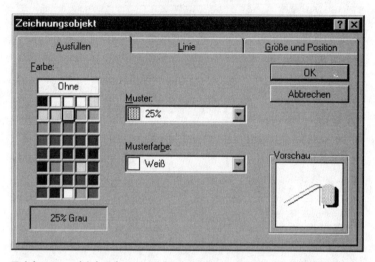

Zeichnungsobjekte lassen sich über dieses Dialogfenster genauer einstellen

Auf der Registerkarte *Ausfüllen* legen Sie die Füllfarbe und eine eventuelle Musterung der Fläche fest. Die *Musterfarbe* kann ebenfalls festgelegt werden. Die Einstellungen der Registerkarten *Ausfüllen* und *Linie* werden zu Vorgabewerten für neue Zeichnungsobjekte.

Hinweis: Der Schatteneffekt und abgerundete Ecken für Flächen befinden sich auf der Registerkarte *Linie*. Der Schatteneffekt setzt allerdings voraus, daß die Fläche nicht transparent ist, d.h. die Füllfarbe *Ohne* verwendet wurde.

Größe und Position des Zeichnungsobjekts genau bestimmen

Um die *Größe und Position* eines Zeichnungsobjekts genau zu bestimmen, rufen Sie den Befehl *Format/Zeichnungselement* mit der gleichnamigen Registerkarte auf. Der Befehlsaufruf kann natürlich auch über das Kontextmenü erfolgen.

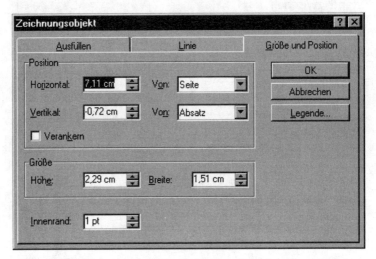

Genaue Größen- und Positionsangaben für Zeichnungsobjekte

Position

Die Position eines Zeichnungsobjekts wird per Zahlenwert festgelegt. Hierbei ist die Einstellung im Feld *Von* entscheidend:

Seitenrand gemeint ist der Rand des Blattes

Seite gemessen vom linken Seitenrand aus

Spalte ausgehend vom linken Rand der aktuellen Spalte gemessen

Absatz vom oberen Rand des aktuelles Absatzes gemessen

Um sicherzustellen, daß ein Zeichnungsobjekt immer auf derselben Seite des Dokuments an der eingegebenen Position erscheint, aktivieren Sie das Kontrollkästchen *Verankern*. Eine Verankerung ist natürlich für Objekte innerhalb eines Grafik- oder Positionsrahmens nicht erforderlich, da in diesem Fall der Rahmen verankert wird. *Verankern*

Über das Feld *Innenrand* legen Sie fest, wie groß der Abstand zwischen dem Rahmen eines markierten Textfeldes und dem darin enthaltenen Text sein soll. *Innenrand*

Über die Schaltfläche *Legende* legen Sie die Grundeinstellungen für neu zu zeichnende oder markierte Legenden fest. *Legende*

14.4 Zeichnungsobjekte anordnen

Um Zeichnungsobjekte in bestimmten Positionen anzuordnen, ihre Schichtung zu ändern, sie zu gruppieren oder an einem Raster auszurichten, stehen die folgenden Befehle zur Verfügung:

Vorder- und Hintergrund

Über die Schaltflächen *In den Vordergrund* oder *In den Hintergrund* verändern Sie die Schichtung der Zeichnungsobjekte. Davorliegende Objekte verdecken dahinterliegende, es sei denn, die Füllfarbe ist auf *Ohne* eingestellt.

 -> ->

Das Rechteck wird in den Vordergrund gelegt

Bei der Schichtung kann es, wie im Beispiel, zur totalen Abdeckung kommen. Möchten Sie wieder an den hinteren Rahmen gelangen, müssen Sie zuerst den vorderen Rahmen verschieben.

Vor oder hinter den Text

Ein Zeichnungsobjekt, das direkt im Dokument angelegt wurde oder sich in einem Grafikrahmen befindet, kann vor oder hinter dem Dokumententext liegen. Mit den Symbolen *Vor den Text* bzw. *Hinter den Text* beeinflussen Sie die Lage.

Dieses ist ein Beispieltext Dieses ist ein Beispieltext
Dieses ist ein Beispieltext Dieses ist ein Beispieltext
Dieses ist ein Beispieltext D   text
Dieses ist ein Beispieltext D   text
Dieses ist ein Beispieltext D   text
Dieses ist ein Beispieltext D   text
Dieses ist ein Beispieltext D   text
Dieses ist ein Beispieltext Dieses ist ein Beispieltext

Zeichnungsobjekt Hinter dem Text und Vor dem Text

Gruppieren

Mehrere markierte Objekte können in einem Gruppenrahmen zusammengefaßt werden. Die Objekte einer Gruppe werden dann gemeinsam verschoben und skaliert. Alle nachträglichen Formatierungen betreffen die Gruppenobjekte in gleicher Art.

Eine Gruppe kann auch wieder aufgelöst werden, um z.B. ein einzelnes Element neu zu formatieren oder zu löschen.

Spiegeln und Drehen

Das markierte Element wird vertikal gespiegelt

Das markierte Element wird horizontal gespiegelt

Das markierte Element wird um 90° nach rechts gedreht

Am Raster ausrichten

Wenn Sie Zeichnungsobjekte anlegen, können diese frei positioniert werden. Hieraus folgt, daß auch die Größe frei bestimmbar ist. Diese Freiheit hat allerdings einen Nachteil wenn es um die genaue Positionierung per Maus geht. Um dieses Problem zu umgehen, können Sie ein Raster definieren:

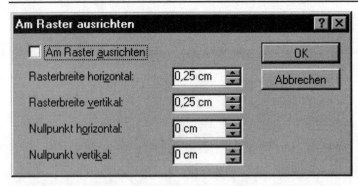

Das Dialogfenster Am Raster ausrichten

Damit die neu erzeugten Zeichnungspunkte auf die Rasterpunkte eingeschränkt werden, muß das Kontrollkästchen *Am Raster ausrichten* aktiviert sein.

Sie können das Raster in waagerechter und senkrechter Richtung getrennt einstellen.

Der *Nullpunkt* wird vom oberen linken Blattrand aus gemessen. Wenn Sie den Nullpunkt verschieben, beginnt das Fangraster erst ab dieser Position.

Wenn Sie während des Zeichnens die Alt Taste gedrückt halten, wird das Raster kurzzeitig außer Kraft gesetzt.

Hinweis: Wenn Sie Zeichnungsobjekte ohne Raster zeichnen und nachträglich ein Raster aktivieren, werden die bereits gezeichneten Objekte nicht am Raster ausgerichtet.

Zeichnungsobjekte ausrichten

Über das Symbol *Zeichnungsobjekte ausrichten* können Sie markierte Objekte relativ zueinander oder zur Seite ausrichten.

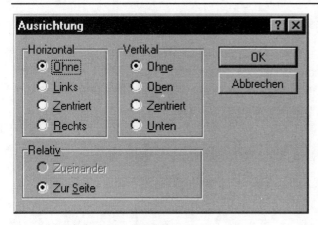

Das Dialogfenster Ausrichtung

Eine Ausrichtung *Zueinander* kann nur dann erfolgen, wenn mindestens zwei Zeichnungsobjekte markiert sind.

Relativ Zueinander

Die Ausrichtung erfolgt zwischen den Objekten. Bei der horizontalen Ausrichtung *Links* bestimmt das Objekt, das ganz links steht, wo die anderen plaziert werden. Bei der Ausrichtung *Zentriert* wird ein Mittelwert aus allen Objektmittelpunkten gebildet und dieser auf eine Achse gelegt.

Ausrichtung Vertikal Zentriert

Ein einzelnes Element oder mehrere gruppierte Elemente können nur relativ zur Seite ausgerichtet werden. Soll das Zeichnungsobjekt z.B. mittig auf der Seite plaziert werden, aktivieren Sie die Optionen *Horizontal* und *Vertikal Zentriert*, sowie *Relativ Zur Seite*.

Relativ zur Seite

Positionsrahmen einfügen

Wenn Sie in eine Grafik oder in das Dokument einen Positionsrahmen einfügen wollen, können Sie dieses z.B. über den Menübefehl *Einfügen/Positionsrahmen* oder über das Symbol *Positionsrahmen einfügen*.

14.5 Tips zu Zeichnungsobjekten

Kopieren

Um ein Zeichnungsobjekt zu kopieren, halten Sie die ⌈Strg⌋ Taste gedrückt.

Grafikrahmen frei positionieren

Um einen Grafikrahmen, der mit dem Bildeditor erzeugt wurde, frei auf der Seite zu positionieren, markieren Sie den Rahmen und rufen Sie dann den Befehl *Einfügen/Positionsrahmen* auf.

ClipArt

Wenn Sie die *ClipArts* von Word für Windows installiert haben, können Sie diese ebenfalls in den Bildeditor laden und dort weiter bearbeiten. Eventuell müssen Sie die Gruppierung der Grafiken erst aufheben.

Beschriftungen von Zeichnungsobjekten

Ein oder mehrere Zeichnungsobjekte, die direkt in den Text eingegeben wurden, lassen sich nicht beschriften. Ein Grafikrahmen kann jedoch beschriftet werden. Daher markieren Sie alle zusammengehörigen Zeichnungsobjekte und klicken dann auf das Symbol *Grafik erstellen*. Nun können Sie auch eine *Beschriftung* vornehmen.

15 WORD wird zu WordMail 404

15 WORD wird zu WordMail

In Zusammenarbeit mit anderen Programmen können Sie Word für Windows zu einem kompletten E-Mail System umfunktionieren. Ein kleiner Teil hiervon ist die Adressverwaltung, die sie auch ohne Fax und Datentransfer nutzen können.

15.1 Adressenverwaltung in Word für Windows

Eine neue Funktion in Word für Windows 95 ist die Adressverwaltung. Die Adressen werden allerdings nicht in Word, sondern in dem Programm *Schedule+* gespeichert. Unter Windows 3.11 war Schedule+ im Lieferumfang des Betriebssystems enthalten, ab Windows 95 gehört es zum Office 95-Paket. Über die Kombination Word für Windows, Schedule+ und MS Exchange können Sie ein komplettes E-Mail System aufbauen. Aber auch wenn Sie nur schnell ein paar Adressen in einen Brief einfügen wollen, erleichtert Ihnen diese Programmkombination die Arbeit.

Um die Adressenverwaltung überhaupt nutzen zu können, muß diese erst einmal konfiguriert werden. Klicken Sie in der Symbolleiste *Standard* auf die Schaltfläche *Adresse einfügen*.

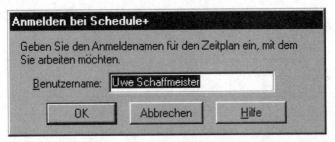

Beim ersten Start von Schedule+ müssen Sie sich anmelden

Geben Sie in der Anmeldung bei Schedule+ Ihren Namen ein. Unter diesem Namen speichern Sie Ihre persönlichen Adressen und Termine. Jedes Mal, wenn Sie später auf die gespeicherten Adressen zugreifen wollen, müssen Sie diese Namen angeben. Klicken Sie anschließend auf die Schaltfläche *OK*.

Schedule+ 7.0 zum ersten Mal benutzen

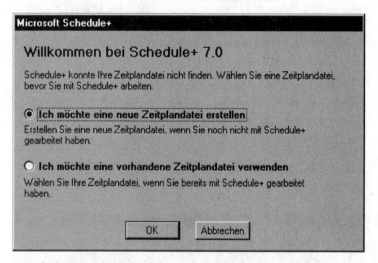

Besteht bereits eine Schedule+ Datei, können Sie auf diese zugreifen

Haben Sie bereits unter Windows 3.11 mit Schedule+ gearbeitet, dann können Sie die Dateien weiter nutzen, indem Sie die Option *Ich möchte eine vorhandene Zeitplandatei verwenden* aktivieren. Ansonsten erzeugen Sie einfach eine *neue Zeitplandatei*.

Geben Sie den Namen der Zeitplandatei an

Für einen einzelnen Benutzer wird ein *Lokaler Zeitplan* erzeugt, auf den andere keinen Zugriff erhalten. *Speichern* Sie die Datei im vorgegebenen Verzeichnis.

Schedule+ arbeitet mit E-Mail Funktionen, die spätestens jetzt konfiguriert werden müssen.

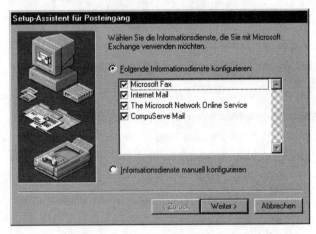

Wählen Sie aus der Liste der möglichen E-Mail-Dienste aus.

Nach dem Anlegen einer lokalen Zeitplandatei wird der *Posteingang* konfiguriert. Verfügen Sie über ein Modem, können Sie die Dienste nutzen. Um das *Microsoft Fax* nutzen zu können, muß das Modem eine Fax-Option besitzen.

Klicken Sie auf die Schaltfläche *Weiter.*

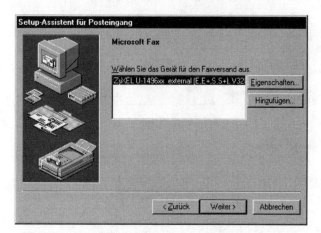

In diesem Dialog wählen Sie den Modemtyp aus.

Um ein Modem auszuwählen, klicken Sie auf die Schaltfläche *Hinzufügen...*

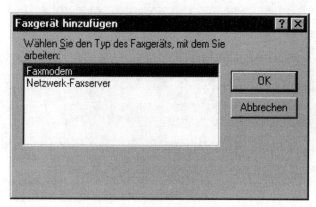

Den Typ des Faxgerätes auswählen

Arbeiten Sie in einem Netzwerk und Ihr Rechner verfügt nicht über ein eigenes Modem, wählen Sie *Netzwerk-Faxserver,* ansonsten *Faxmodem.* Weiter geht es über die Schaltfläche *OK.*

Faxmodem

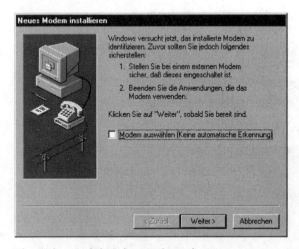

Plug&Play auch bei der Modemerkennung

Sie müssen das Modem spätestens jetzt mit dem Rechner verbinden und einschalten. Bei Modems neuen Typs klappt die automatische Erkennung des Modemtyps recht gut. Sollte Ihr Modemtyp nicht erkannt werden, wiederholen Sie den Posteingang-Setup und aktivieren die Option *Modem auswählen.*

Netzwerk-Faxserver

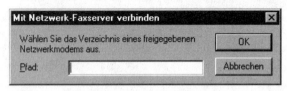

Bei einem Netzwerk-Faxserver müssen Sie den Pfad angeben

Um ein Netzwerk-Fax auszuwählen, muß dieses auf dem Server freigeben sein. Sie können z.B. auf dem Server *Microsoft Fax* installieren und den „Drucker" freigeben.

Hinweis: Im Dialogfenster *Mit Netzwerk-Faxserver* verbinden müssen Sie den kompletten Pfad angeben.

Nach der Installation des (Netzwerk)Faxes gelangen Sie in den *Setup-Assistenten für Posteingang* zurück. Stellen Sie noch die *Eigenschaften* des Modems ein. Dies ist auch immer dann erforderlich, wenn es Probleme mit dem Modem gibt.

Wollen Sie nur Faxe senden oder auch ankommende Faxe annehmen?

Nun müssen Sie noch einstellen, ob das Faxmodem ankommende Anrufe automatisch annehmen soll. Verfügen Sie nur über eine Leitung, auf der sowohl normale Telefongespräche als auch Faxe verschickt werden, sollten Sie die automatische Anrufannahme deaktivieren – ansonsten pfeift es des öfteren in den Ohren Ihrer Anrufer, da eine Faxerkennung nicht stattfindet. Über die Schaltfläche *Weiter* gelangen Sie zur nächsten Assistentenseite.

Der Fax-Versender wird festgelegt

Geben Sie den Namen und Ihre Faxnummer an. Diese Daten können später automatisch in das Fax integriert werden, ähnlich dem Header bei einem konventionellen Faxgerät.

Adressbuch-Setup

Nun kommt endlich das Setup für ein neues Adreßbuch.

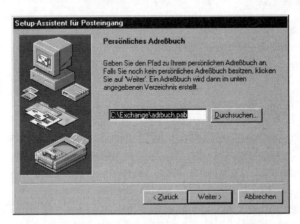

Bei einer bestehenden Adreßbuch-Datei nehmen Sie diese

Das Adreßbuch wird in einer eigenen Datei gespeichert und erhält die Endung *.pab. Da Sie unter Windows 95 arbeiten, sind Sie nicht auf 8 Zeichen für die Namensvergabe festgelegt.

Auf der nächsten Assistentenseite müssen Sie den Pfad für Ihr persönliches Postfach angeben. In diesem Postfach werden E-Mails, Faxe und sonstige an Sie gerichtete Nachrichten abgelegt, allerdings nur, wenn Sie einen Posteingang konfiguriert haben.

Den Posteingang können Sie direkt beim Starten von Windows 95 aktivieren, indem Sie den *Posteingang der Gruppe 'Autostart' hinzufügen.*

Die Installation ist nun komplett

Nachdem alle Angaben über den Posteingang und den Pfad zum persönlichen Adreßbuch gemacht wurden, teilt Ihnen Windows 95 mit, welche Telekommunikationsdienste ab jetzt nutzbar sind.

Klicken Sie auf die Schaltfläche *Beenden.*

15.2 Das persönliche Adreßbuch

Das persönliche Adreßbuch besteht aus einer Auflistung von einmal eingegeben Namen und Adressen. Beim ersten Start ist die Liste natürlich noch leer.

In das Dialogfenster *Name auswählen* gelangen Sie direkt über die Schaltfläche *Adresse einfügen*, nachdem Schedule+ einmal konfiguriert wurde.

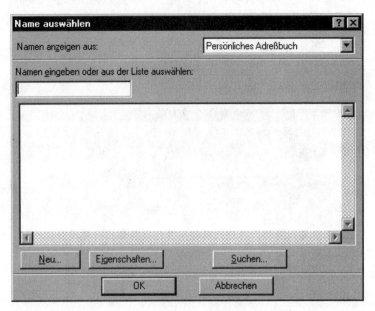

Die Adressenauswahl – beim ersten Mal natürlich noch ohne einen Eintrag

Eine neue Adresse eingeben

Klicken Sie auf die Schaltfläche *Neu* um eine neue Adresse einzugeben.

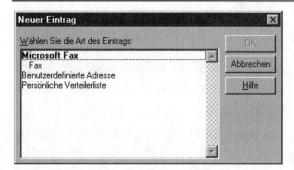

Wählen Sie die Art des Eintrags aus

Sie müssen nun festlegen, um was für einen Eintrag es sich handelt. Für eine über E-Mail erreichbare Adresse wählen Sie die Art *Benutzerdefinierte Adresse* aus. Über *OK* werden die Namen endgültig festgelegt.

Die Registerkarte Neu-Adresse

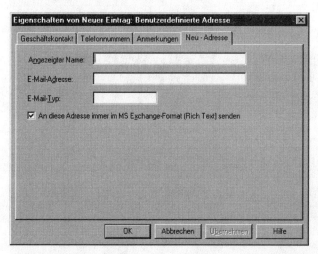

Eine neue Adresse wird zuerst über den späteren Suchnamen festgelegt

Geben Sie den Namen, der in der Adreßbuch-Liste angezeigt werden soll, ein. Dies kann z.B. ein Firmenname, ein ausgeschriebener Name oder ein Spitzname sein. Der Name wird gleichzeitig als Name des *Geschäftskontakts* benutzt.

Verfügt der Adressat über eine E-Mail Adresse, weil er z.B. über Internet zu erreichen ist, geben Sie die E-Mail typische Bezeichnung dafür an.

Verfügt der Teilnehmer derzeit über keine E-Mail Adresse, gibt es Schwierigkeiten bei der Datenerfassung, da diese Angaben verlangt werden, d.h. die Felder dürfen nicht leer bleiben. Tragen Sie in diesem Fall einfach „unbekannt" ein.

Hat der Teilnehmer ebenfalls das Mail-Programm Microsoft Exchange installiert, aktivieren Sie die Option *An diese Adresse immer im MS Exchange-Format (Rich Text) senden.* Das versandte Dateiformat stimmt zwar nicht mit dem Word-Dokumentenformat überein, aber kann von Word für Windows geöffnet und gespeichert werden.

Die Registerkarte Geschäftskontakt

Die Kontaktadresse geben Sie auf der Registerkarte Geschäftsadresse ein

Füllen Sie nun die Registerkarte *Geschäftsadresse* aus. Der *Vorname* und *Nachname* werden wiederum in das Feld *Neu-Adresse/Angezeigter Name* übernommen.

Die Registerkarte Telefonnummern

Besitzt der Teilnehmer nur einen Telefonanschluß, geben Sie dessen Nummer als *Geschäftlich 1* an. Bei mehr als einer Nummer wechseln Sie auf die Registerkarte *Telefonnummern* und machen die Eingaben dort.

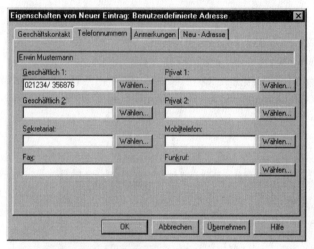

Selbst für Menschen mit Telefonitis gibt es genügend Einträge

Über die Schaltfläche *Wählen* gelangen Sie in die *Wahlhilfe*. Die angegebene Telefonnummer wird über ein angeschlossenes Modem gewählt - vergessen Sie nicht den Telefonhörer bei einem Voice-Anruf abzuheben!

Wählen

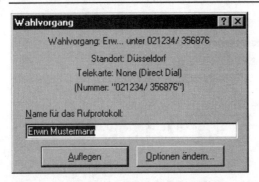

Alle Wahlvorgänge werden protokolliert

Die Registerkarte Anmerkungen

Zu jeder Adresse können Sie Anmerkungen einfügen. Bei der Eingabe in das Feld können Sie die ⏎ Taste benutzen, um ein Absatzende einzugeben.

15.3 Adresse in ein Word-Dokument einfügen

Wenn Sie nach einer Neuerfassung die Schaltfläche *OK* anklicken, wird das Dialogfenster *Eigenschaften von Neuer Eintrag* geschlossen und die folgenden Elemente der Registerkarte *Geschäftskontakt* in das Word-Dokument eingefügt:

Vorname Nachname

Adresse

PLZ Ort

Land

Über das Symbol *Adresse einfügen* können Sie ab nun eine neue Adresse in Ihr persönliches Adreßbuch aufnehmen.

Eine bestehende Adresse ist schnell über das Listenfeld-Symbol neben der Schaltfläche erreichbar. Klicken Sie dieses Listenfeld an und wählen Sie aus der Liste den gewünschten Namen aus.

15.4 Adressdatei bei neuen Arbeitssitzungen benutzen

Eine einmal eingegebene Adresse möchten Sie auch später nutzen. Jedesmal, wenn Sie innerhalb einer Arbeitssitzung in Word für Windows 95 die Schaltfläche *Adresse einfügen* zum ersten Mal anklicken, müssen Sie sich bei *Schedule+* anmelden. Gleiches gilt für die Auswahl einer Adresse aus der Liste der vorhandenen Adressen.

Dieses mag lästig erscheinen, hat aber den Vorteil, daß sich jeder seine eigene Adressdatei zusammenstellen kann. Zusätzlich können Sie eine private Adressdatei unter einem anderen Benutzernamenablegen.

Hinweis: Erfolgt die Anmeldung unter einem anderen Namen, werden die Adressen des Listensymbols nicht gefunden und stehen auch bei späteren Arbeitssitzungen nicht mehr in der Liste. Erst nachdem Sie die Adresse aus dem Dialogfenster *Name auswählen* in das Dokument eingefügt haben,

wird der Name auch wieder in der Symbolliste ge-
führt.

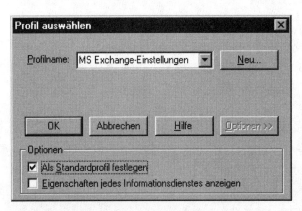

*Diese Einstellung müssen Sie bei jedem erstmaligen Start von
MS Exchange vornehmen*

Nach der Anmeldung werden Sie aufgefordert, ein Benut-
zerprofil auszuwählen. Da die Eingaben unter MS Exchange
erfolgten, belassen Sie es bei dem Profilnamen *MS Exchan-
ge-Einstellungen*.

Klicken Sie auf die Schaltfläche *Optionen*, um weitere Einstellungen vornehmen zu können. Die Optionen beziehen
sich auf Einstellungen zu den Diensten von MS Exchange.

*Als Standard-
profil festlegen*

Mit der Option *Als Standardprofil festlegen* bestimmen Sie
eine weitgehende Automatisierung der Anmeldung bei den
MS Exchange Diensten.

*Eigenschaften
jedes Informa-
tionsdienstes
anzeigen*

Mit der Option *Eigenschaften jedes Informationsdienstes
anzeigen* werden die Anmelde-Dialogfelder aller eingerichteten Informationsdienste angezeigt.

Über die Schaltfläche *OK* gelangen Sie wieder in Ihr Adreßbuch und können Adressen ändern, neu eingeben oder
suchen.

15.5 MS Exchange Dienste nachträglich konfigurieren

Das Programm MS Exchange können Sie auch nachträglich konfigurieren und um Dienste erweitern, die erst im Laufe der Zeit neu hinzukommen. Rufen Sie hierzu im *Start-Menü* das Programm *Microsoft Exchange* auf.

Die MS Exchange Dienste lassen sich nachträglich konfigurieren

Über den Menübefehl *Extras/Dienste...* sehen Sie die derzeit eingerichteten Dienste und können diese mit neuen *Eigenschaften* versehen oder einen weiteren Dienst *hinzufügen...* Natürlich lassen sich auch nicht mehr benötigte Dienste *Entfernen*.

Neue Einträge in das Adreßbuch

Natürlich können Sie auch neue Einträge in Ihr Adreßbuch aufnehmen. Rufen Sie den Befehl *Extras/Adreßbuch* auf oder drücken die Tastenkombination $\boxed{\text{Strg}} + \boxed{\Diamond} + \boxed{\text{B}}$.

Eine Nachricht von MS Exchange aus verfassen

Wenn Sie eine Nachricht oder ein Fax an jemanden verfassen möchten, können Sie dies auch direkt aus MS Exchange heraus. Rufen Sie aber erst einmal den Befehl *Verfassen/Neue Nachricht* auf oder drücken die Tastenkombination $\boxed{\text{Strg}} + \boxed{\text{n}}$.

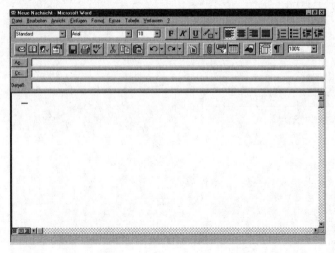

WordMail ist ein speziell konfiguriertes Word für Windows

Sie gelangen über das Verfassen einer *Neuen Nachricht* in Word für Windows. Allerdings hat sich das Aussehen des Programms geändert. Es enthält spezielle Symbole, die nur im Zusammenhang mit E-Mail nutzvoll sind. Die *Standard*-Symbolleiste von Word für Windows heißt nun *WordMail (Verfassen)* und bietet Ihnen neue Symbole an:

Die Symbolleiste WordMail

Symbol	Erklärung
	Senden
	Adreßbuch
	Namen überprüfen
	Eigenschaften des Adressaten
	Datei einfügen, z.B. ein Word Dokument oder eine Grafik
	Nachrichtenkopf anzeigen/verbergen

Geben Sie im Nachrichtenkopf die Adresse an. Diese können Sie entweder komplett eingeben oder über die Schaltfläche *An...* aus dem Adreßbuch auswählen.

Eine weitere Möglichkeit besteht darin, z.B. nur den Vornamen einzugeben und dann die Schaltfläche *Überprüfen* anzuklicken. Der komplette Name, sofern vorhanden, wird unterstrichen angezeigt. Sie brauchen ggf. nur den ersten Buchstaben des Vor- oder Nachnamens eingeben, um dann eine Überprüfung vorzunehmen. Bei mehreren gefundenen Einträgen werden Sie um eine Auswahl des richtigen Namens gebeten.

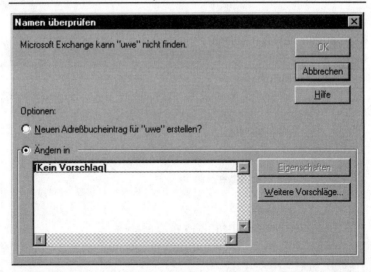

Findet die Namensüberprüfung keinen entsprechenden Eintrag, müssen Sie einen *Neuen Adreßbucheintrag für 'xxx' erstellen* oder einen der möglichen Vorschläge auswählen.

Den Adressatenkopf können Sie über das Symbol *Nachrichtenkopf anzeigen an/aus* verbergen. Dies empfiehlt sich immer dann, wenn Sie eine Bildschirmauflösung von 800x600 Punkten oder kleiner eingestellt haben, der verfügbare Platz für das Dokument wird dann größer.

Nachricht erzeugen

Im eigentlichen Dokumentenbereich befinden Sie sich wieder in einer gewohnten Word für Windows Umgebung. Hier können Sie auf alle Funktionen zugreifen, mit Ausnahme der Serienbrieffunktion.

Geben Sie ihre Nachricht direkt ein und/oder klicken Sie auf das Symbol *Datei einfügen*, um ein bereits bestehendes Word-Dokument zu verwenden.

In dem Dialogfenster *Datei einfügen* haben Sie die Option, das Dokument *Als Anlage* einzufügen. Sofern diese Option aktiviert ist, erscheint in der WordMail-Nachricht nur ein Symbol, während bei deaktivierter Option der Inhalt des Dokuments eingefügt wird. Das bedeutet, daß die Anlage als OLE-Objekt eingebunden wird. Der Befehl *Einfügen/Objekt* bewirkt das gleiche.

Die Nachricht versenden

Über die Schaltfläche *Senden* wird das WordMail-Dokument an MS Exchange geschickt, wobei sich MS Exchange darum kümmert, daß diese Datei auf den Versandweg kommt. Sie finden die Datei übrigens in ihrem eigenen *Postausgang* wieder. Ist bis zu diesem Zeitpunkt eine Überprüfung des Adressaten Ihrer Nachricht nicht erfolgt, so geschieht dies jetzt automatisch.

In MS Exchange erhalten Sie vordergründig nur eine Nachricht darüber, ob der Versand geklappt hat oder nicht. Möchten Sie das Dokument ändern oder ansehen, müssen Sie die *Ordnerliste einblenden* und im Verzeichnis *Gesendete Objekte* die WordMail Nachricht doppelt anklicken.

WordMail-Nachrichten nachträglich bearbeiten

Index

B

Bedingter Trennstrich 96
Befehlstasten 98
BENUTZER.DIC 199
Benutzer-info 123
Beschriftungen
   Zeichnungsobjekte 402
Bildlaufleisten 75; 99
BMP 374
Brüche
   durch Sonderzeichen
      ersetzen 217

C

CD-Key 35
CDR 376
CGM 376
ClipArt-Gallery 46
Copyright-Zeichen 95
Cursor 92
Cursortasten 97

D

Datei neu 163
Datei öffnen 137
Datei/Neu 164
Dateiformat 26; 112
Datei-Info 172
   drucken 127
Dateilisten-Anzeige 152
Dateiname 111; 141
   Einschränkung unter DOS 111
Dateityp 142
Datenbankzugriffe 50
Datum und Uhrzeit 97
Desktop-Symbol erzeugen 67

Dialog-Editor 44
Dialogfenster öffnen
   Beispiele 159
Die Ansicht-Symbole 76
Die Favoriten 150
Dokument schließen 131
Dokumente öffnen 136
   mehrere gleichzeitig 140
Dokumentenfenster 75
Dokumentenvorlage 164
Dokumentenvorlagen
   anpassen 42; 167
Dokumentenvorlagen-
   Assistenten 168
Dokumentvorlage 296
Doppelworte 197
Drag&Drop 184
Druckausgabe in Datei
   umleiten 126
Drucken 124
   Anmerkungen 130
   Bereich 125
   Datei-Info 129
   einzelne Seiten 125
   Felder aktualisieren 129
   Feldfunktionen 130
   Grundeinstellungen 128
   in Formularen nur Daten 130
   linke, rechte oder
      alle Seiten 126
   mehrere Exemplare 126
   verborgener Text 130
   Verknüpfungen
      aktualisieren 129
   Zeichnungselemente 130
Drucken abbrechen 126
Drucken im Hintergrund 129
Drucker wechseln 124
Druckereinrichtung 125
Druckjob 161